稻渔共作

产业舆情分析与研究案例解析

杨勇 · 著

中国农业科学技术出版社

图书在版编目（CIP）数据

稻渔共作：产业舆情分析与研究案例解析 / 杨勇著 . —北京：中国农业科学技术出版社，2020. 11

ISBN 978-7-5116-5076-4

Ⅰ. ①稻…　Ⅱ. ①杨…　Ⅲ. ①稻田养鱼-农业产业-研究-中国　Ⅳ. ①F326. 4

中国版本图书馆 CIP 数据核字（2020）第 218881 号

责任编辑　穆玉红
责任校对　马广洋
责任印制　姜义伟　王思文

出 版 者　中国农业科学技术出版社
北京市中关村南大街 12 号　邮编：100081
电　　话　(010)82106626(编辑室)　(010)82109702(发行部)
(010)82109709(读者服务部)
传　　真　(010)82106650
网　　址　http://www.castp.cn
经 销 者　各地新华书店
印 刷 者　北京建宏印刷有限公司
开　　本　710mm×1 000mm　1/16
印　　张　13
字　　数　262 千字
版　　次　2020 年 11 月第 1 版　2020 年 11 月第 1 次印刷
定　　价　68. 00 元

前　言

世界农业始于约一万年以前，经历了由原始农业到传统农业、再到现代农业的转变。随着农业生产技术的发展以及化学工业技术的不断进步，全球农业生产发生了根本性的变化，以“高投入、高能耗、高效率”为主要标志的现代农业在解决了人类吃饭问题的同时，也给环境和人类健康带来了极大的危害。化肥、农（渔）药、激素等的过量使用及掠夺式的生产方式，造成了空气、水域、土壤的严重污染、作物害虫的抗药性逐渐增强，害虫日益猖獗，天敌减少等一系列严重的生态环境问题，由于食物链的富集作用，有害物质在人体内越集越多，严重影响了人们的身体健康。

传统的污染控制模式是对污染进行终端控制，这种方法只能防止污染物的排放，而不能阻止污染物的发生，不能减少污染源。因此，集安全、优质、高产、高效、生态于一身的生态农业的发展已逐步成为当代农业发展的主题。稻渔共作就是近年来生态农业发展的杰出代表之一。

稻渔共作是水稻种植与蟹、虾、鱼等水生经济动物养殖互利共作的复合生态农业模式。“稻渔共作”一词起源于以往的“稻田养鱼”“稻鱼兼作”“稻田养殖”，但随着稻田内水生经济动物品种的不断丰富，作为脊椎动物的常规鱼类在养殖稻田内越来越少，取而代之的是一些节肢类动物（如蟹、虾等）、爬行类动物（鳖、龟等）、两栖类动物（蛙）及名特优鱼类等的养殖，而稻田内以蟹为主的蟹、虾、鱼混养模式最具规模。鉴于上述这些情况，为了方便研究与科学地认识这种农渔复合型生态农业模式，张洪程院士将其定义为“稻渔共作”，似能较客观地体现这一生态农业类型。

稻渔共作融合我国传统的精耕细作农业、生态农业和现代低耗高效农业于一体，实行稻、蟹（虾、鱼）互利共生，双方面安全生育的要求，有效地改善了稻渔共作生态系统内外的环境条件，符合当前农业绿色发展、农业供给侧结构性改革和乡村振兴的现实需要。

本书回顾了国内外稻渔共作的历史以及前人的理论和生产技术研究基础，并针对当前稻渔共作的互联网大数据进行了产业舆情分析，作者根据多年前在江苏里下河地区开展的系统科研试验的研究成果（该成果在2004年获得了江苏省科技进步二等奖），分享了涵盖产业调研、环境生态、栽培机理、生产技术、共生模式、效益分析、标准制定等的研究案例，以期为相关科研、管理和生产从业者提供有益参考。

目 录

第一章　稻渔共作的历史与研究背景

第一节　我国稻渔共作的历史及发展概况

我国是历史上稻田养鱼最早的国家，古代劳动人民认识到稻田中的鱼蛙等与水稻生长的互利关系，稻田养鱼在 2 000 多年以前陕西的汉中、四川的成都就已经盛行，在陕西、四川的东汉墓中出土的陶器上就有水田内养殖鲤鱼和草鱼的模型，在三国时期也有着“郫县子鱼黄鳞赤尾，出稻田可以作酱”的记载，彭山出土的汉代水田鱼池模型也说明稻田养鱼曾盛极一时。

浙江丽水青田县稻田养鱼距今已有 1 200 多年历史，最早是由农民利用溪水灌溉，溪水中的鱼在稻田里自然生长，经过长期驯化而形成的天然稻鱼共生系统。古青田县志中记载，“田鱼，有红、黑、驳数色，土人在稻田及圩池中养之”。2005 年 5 月 16 日，联合国粮农组织在世界范围内，评选出 5 个古老的农业系统。其中，浙江省青田县的“稻鱼共生系统”代表中国，成为世界上第一个“世界农业文化遗产”。在当时，它不仅是中国唯一一个，也是亚洲唯一一个。

我国也是世界上稻渔共作最发达的国家。从南到北，从东到西，从平原到丘陵，凡能种植水稻的地方，都有稻田养鱼的分布。

总体来看，我国的稻渔共作生产可划分为以下 3 个发展阶段。

一、零星分散、自生自养阶段

从最早记载的东汉时代出现稻田养鱼到 20 世纪 80 年代初，基本上可作为“零星分散、自生自养”阶段。1949 年前的稻田养鱼主要分布于西南及华南省份的山区和高原，主要有四川、贵州、湖南、江西、浙江等地，很多是由于缺少养鱼的池塘和河沟，因而利用稻田来进行渔业生产，以满足鱼产品的需求。稻田养鱼在当地被作为一项传统的渔业生产方式。生产一般是在平板稻田放水后“白水放鱼苗、只放不养，自然生长”的粗放养鱼方法，这种生产方式产量低、效益差，不能形成商品化生产，仅作为繁殖鱼苗、鱼种的生产形式。中华人民共和国成立后，稻田养鱼一度受到政府的重视，但规模较小，生产仍较粗放。

二、人工精养、规模经营阶段

20世纪80年代初至90年代中后期可作为发展的第二阶段，即“人工精养、规模经营”阶段。由于市场经济的驱动和稻、渔研究工作者的潜心研究，不断总结经验，稻渔共作从传统的、自给型的粗放经营逐步向科学化、规范化、商品化的集约经营方向发展。这一阶段的发展极为迅速，规模不断扩大。如1993年，全国稻田养鱼面积已达 1 475万亩（15亩 = $1hm^2$。全书同），产鱼23万t（亩产15.5kg），产稻谷45万t。到了1994年，面积增加到了 1 540万亩，产鱼26万t，产稻谷48万t。稻田养鱼已不再局限于四川、贵州等山区省份，全国20多个省（自治区、直辖市），包括华北地区，甚至黑龙江都有一定的分布。生产主要发生了三大转变：一是由过去传统的平板式粗养方式逐步向高标准稻渔工程精养方式转变，已形成沟池结合式、宽沟式、垄稻沟鱼式、流水沟式等多种稻渔田间工程形式，并将池塘养殖技术引进稻田养殖；二是由分散自给型生产为主，向适度集中连片，形成一定规模的商品化生产转变；三是由单一常规种类养殖，向复合结构的多种养殖种类发展，在最初稻田鱼种繁殖的基础上，开辟了稻鱼、稻蟹、稻虾、稻鳖、稻蛙等多种稻渔共作生产形式。稻渔共作面积的迅速扩大也带来了效益大幅度提高，稻渔共作在不少地区被誉为“稻田渔业”，逐步成为振兴农村经济、富裕广大农民的一条有效途径和产业，并在1986年被国家农牧渔业部授予科技进步奖一等奖。世界银行有关专家称誉我国的稻渔工程田块是农民的“小粮仓”“小水库”“小银行”。

三、因地制宜、生态高效发展阶段

20世纪90年代末，渔业生产的迅速发展导致水产品市场逐步走向饱和，此外，随着人们对于环保、食品安全意识的增强及我国加入WTO等形势的影响，以高投入、高产出为主要模式的稻渔共作生产形式已不能符合经济与社会发展的方向，稻渔共作生产开始进入了发展的第三个阶段，即“因地制宜，生态高效”阶段，强调安全、优质、高效与生态的可持续发展。各地实践表明，稻渔共作生产在取得显著经济效益的同时，也带来了土壤肥力提高，稻区蓄水抗灾能力加强，环境污染减轻，稻、渔产品质量提高、市场竞争力增强等一系列的生态效益和社会效益。

第二节　国外稻渔共作生产的发展

在国外，稻渔共作生产主要以稻田养鱼为主，开展的国家和地区也很广泛。

印度—太平洋地区是世界上稻田养鱼最发达的地区，约有 13.6hm^2，占稻田总面积的 0.64%（我国未计在内），稻田养鱼较发达的国家有日本、印度尼西亚、泰国、越南、马来西亚、菲律宾、印度、韩国和朝鲜等国，已有百余年的历史。

日本的稻田养鱼始于 19 世纪（Tamura，1961），在 20 世经 40 年代全国已有 90 万亩稻田养鱼，但近 20 年来，由于大量施用农药和强化农业的影响，稻田养鱼的面积逐年减少。马来西亚半岛西部历来有稻田养鱼的习惯，其采用的是一种叫稻田灌水纳苗的养殖方法，稻田基本不放养鱼种，依靠灌水时，让野生鱼类自然游进稻田并在其中生长繁殖。泰国和越南的稻田养鱼分布较广，根据各地的实际情况而具有不同的类型，稻田养鱼也是泰国近年来生态农业研究的主要内容之一。在菲律宾，利用低洼稻区进行稻田养鱼十分普遍，与我国南方的稻田养鱼相似。

在欧洲，主要有俄罗斯、乌克兰、意大利、匈牙利和保加利亚等国。苏联于 1932 年首次在乌克兰南部的稻田放养 1 龄的当地野鲤和家鲤的养殖试验。意大利的稻田养鱼在 19 世纪末开始发展起来的，是欧洲最早开展稻田养鱼的国家之一，但由于存在一系列的技术问题，而使稻田养鱼生产逐渐衰落。匈牙利和保加利亚两国在 20 世纪 60 年代末才开始试验稻田养鱼，稻田主养鲤鱼鱼种。

美洲的稻田养鱼主要在美国、中美洲和南美洲等国家开展。中美洲和南美洲地区稻田养鱼发展较慢，主要有海地、巴西和阿根廷等国。美国 1950 年才开始稻田养鱼，养鱼时间较长，面积也较大，较多进行机械化生产。

在非洲大陆也有稻田养鱼。其中，马达加斯加的稻田养鱼已有上百年的历史，而其他非洲中南部的国家如扎伊尔、赞比亚及津巴布韦等国则稻田养鱼历史较短，大部分在 1950 年后才开始养殖罗非鱼。

总之，在国外，最早进行稻田养鱼的不过百余年。主要性质都是根据稻田的水源条件，以培育鱼种或作为产卵池为主，但所有的稻田养鱼类型养殖周期都比较短，一般只有几个星期，有些主要是用鱼来除草，养殖商品鱼较少。此外，在非洲有些国家已开始应用生物防治学原理，如用黑胸非洲鲫鱼在稻田中除草和清除血吸虫中间宿主的螺类。

第三节　稻渔共作系统理论与生态特征研究

一、稻渔共作系统理论的初步形成

自然生态系统中有多种生物共生的现象，这是长期自然选择协同进化的结果。而在生态农业的系统中各种群间，常由人工诱导多种共生互利关系，从而加强物质能量的系统内循环，提高系统的生态效益及经济效益，稻渔共作就是这种共生互利的模式。

自20世纪80年代初倪达书提出“稻田养鱼，鱼养稻，稻养鱼”和“稻鱼共生互利理论”以来，人们开始对稻田养鱼的生态作用有了初步认识，同时也为稻渔共作系统的理论研究奠定了基础。在此基础上，福建省农业科学院研究并提出了“稻田人工生物圈及新耕作体系”理论，其应用现代生态学和协同学理论，通过人工调控的方法，改变传统稻田的结构和功能，将单纯以水稻为主体的稻田生物群体转变为稻、萍、鱼三者共存的生物群体生产方式。李友军等将稻—鱼—蛙立体农业生态系统的结构进行了分类。陈飞星等对稻田养蟹模式从系统结构、食物链理论、生态位理论、互利共生理论等方面进行了阐述。

倪达书等研究认为，稻渔共作可以合理地利用常规稻田系统损失的物质与能量，起到了“截流”作用。在常规稻田的生物群落中，水稻作为稻田生态系统中的主体，大量吸收日光能、水分、二氧化碳和无机盐类，借光合作用制造有机物，然后通过能量的转换、运转和贮存，形成稻谷和稻草，与此同时，田间大量的杂草、浮游生物及其他水生物、光合细菌，也同样进行着能量的交换、运转和贮存，但是它们不能提供有益的产品。相反，还与水稻争夺营养及占据地面空间及争夺日光能。为了使水稻在竞争中取胜，必须人工清除杂草，但清除的结果，使土壤肥力下降，浪费了杂草所获得的营养和日光能，同时，大量的浮游生物、细菌及其他水生生物也随稻田排水而流失，一些水生昆虫羽化后飞出水面，也间接和直接地造成土壤肥效和日光能的损失，同时一些水稻害虫会使水稻大量减产，水稻中的物质和能量又会随着这些害虫的流失或羽化而离开稻田生态系统。稻田中引入水生经济动物后，稻田生态系统中生物种群、群落的组成和相互关系就发生了重大的变化。作为初级消费者，稻田大部分杂草都是鱼类等很好的天然饵料，水体中的大量浮游生物和细菌，绝大部分被鱼类等直接摄食，稻田中有机物腐屑，一方面被鱼等直接摄食，另一方面提高了稻田土壤和水体的肥力水平，为水稻和水体浮游生物的生长和繁殖提供了更为丰富的营养来源。此外，稻田内的鱼、蟹等可以消灭部分农业害虫，保障了水稻的安全生产。因此，稻田里养了鱼、蟹等水生经济动物后，能动地发挥了鱼、蟹等在稻田生态系统中的积极作用，促进物质就地循环，向稻渔均有利的方面流动，又阻止了稻田能量流的外溢，使得稻田的生态从结构及功能上均得到了合理的改善和利用，充分发挥了稻田生态系统最大的负载力。

二、稻渔共作的生态特征

改造后的稻田，由于地形多样、沟系丰富，为鱼蟹等提供了较大活动、取食空间和躲避天敌的隐蔽场所。稻渔共作系统中由于水稻的存在，一些可作为鱼蟹饵料的无脊椎浮游动物、藻类及细菌均比其他养殖水体为多，由于水稻的隔离作用及稻田多类生境条件，稻田鱼、蟹等发病率要低于一般养殖水体，因而可大幅度减少渔药的使用。

稻田中鱼、蟹等的取食与活动，使稻田内田间杂草和害虫发生量大为减少。李学军认为，稻田中青蛙和草鱼对水稻害虫表现出较强的吞噬能力，稻田内优势种杂草的繁殖生长受到了抑制，一些天敌和有益生物数量明显增加。王玉堂等研究认为，稻田由于鱼、蟹的介入形成了稻鱼生态系统，稻、鱼、有害生物和有益生物（天敌）共存，形成相互依存、相互制约的自然调控体系。吴宗文研究认为，稻—鱼—萍复合结构的稻渔共作模式稻田水稻纹枯病只有一般稻田的 1/3 左右，并认为红萍对水稻纹枯菌核有物理阻隔和化学抑制作用。曹志强等研究认为，纹枯病减轻可能是由于鱼、蟹等在田间游动，搅动水体与土壤，一定程度上破坏了纹枯病菌核的萌发条件，或者是其直接吞食了一部分菌核所致。稻田养鱼已成为近年来东南亚国家稻田病虫草生态防治的重要措施。

稻渔共作可以有效地改善土壤的理化性状，耕作层土壤容重下降，孔隙度增加，土壤表面胶泥层的封固被打破，有利于土壤养分的分解，鱼蟹粪便沉积于土壤，提高了土壤地力。李玉梅认为，稻田养鱼一般节肥在 10%~20%，并不影响水稻产量，且随着养殖年限的增加，节肥效应可明显提高。陈飞星认为，稻田养蟹系统内，尽管化肥的施用量减少，但由于残饵和河蟹排泄物的大量输入，土壤的养分状况仍得到明显改善。

对稻渔共作系统的水环境特点，李友军认为，稻渔共作稻田水体为面积不大的浅水层，水层浅则水内不同深度获得的太阳辐射差较小，同时，水内的对流和紊流活动较弱，单位水体表面积与大气和土壤的接触比面积大，稻田水温对大气状况和地理状况的反应较敏感，水温随气温的变化而变化，不但季节温差大，昼夜温差也大。凌熙和提出，在养殖池塘或江河湖泊中，春季水易出现正分层期，甚至温跃层，即在水体中水深增加不多，水温却下降很快的现象，这对水产养殖，特别是下层水的利用是不利的，而在稻渔共作体系中水深最高不会超过 3m，绝大部分为浅水区，因而这种现象不会出现。对水体的生态环境特点，国内的大部分研究仍处于理论分析阶段。而在国外，近年来这方面研究较为丰富。Rothuis 对稻渔共作系统水稻不同的直播密度对稻田中杂草数量、水体温度、溶解氧等理化性状、浮游生物数量的影响进行了较多的研究，提出由于稻渔共作稻田种稻区浮游植物相对较少，到达水面的太阳辐射少，其溶氧水平一般要低于同田块的沟凼，但一般仍能满足鱼类生长的需要，他同时指出，在高温季节系统稻田内水体的温度与溶氧变化较大，而系统沟凼中变化则相对缓和，合理安排稻渔共作系统内的沟系比例非常重要。Thibaud 通过建立不同稻渔共作类型，比较分析了系统内水体浮游生物种群变化及水土理化性状特征。Mustow 对稻渔共作系统中水稻不同种植方式的边际效应与水体中浮游生物种群数量的关系进行了分析。

第四节　稻渔共作生产技术研究进展

国内外有关稻渔共作生产技术研究的报道很多，尤其在国内，近年来有关稻田养蟹的生产技术与效益分析的报道非常之多，绝大部分针对养殖中稻田的田间工程、苗种选择、水质管理、饵料投喂与病虫害防治等方面，而对于水稻的高产优质规律与生产技术的研究不多。国外稻渔共作生产与技术研究的报道主要集中在越南湄公河三角洲、泰国、印度等地区，研究角度主要在稻渔共作稻田养殖水体的环境特点、鱼类的生长特点与产量、水稻的种植密度等方面。在欧美、非洲等地，有关稻渔共作生产的研究报道较为少见。

一、稻渔共作的生产模式

稻渔共作的生产模式依水稻的熟期、稻田的结构、水生经济动物的种类及搭配等因素可分为多种类型。如依水稻的生育期来分，有单季稻田稻渔共作（早稻田、中稻田或晚稻田）和双季稻田稻渔共作连养。从田间结构上看，目前已从早期的“平板式”发展到“流水沟式”“沟凼结合式”“垄稻沟鱼式”等。“垄稻沟鱼”最初是由生态学家侯光炯提出的，一般采用一沟一垄，垄面种稻，沟中养殖，目前在我国西南地区广为应用。在长江中下游等地区目前主要采用“宽沟深凼”式的稻田工程类型。稻渔共作田间工程已初步形成“田埂、田块、鱼凼、鱼沟，排洪与进水系统”五大基础工程建设有机结合的“稻田生态渔业工程理论与技术体系”。在水生经济动物的类型上，已由最初的常规家鱼类发展到稻蟹、稻虾、稻蛙、稻鳖、稻鱼以及多类水生经济动物混养的类型。

二、稻渔共作水产品的养殖技术

有关稻渔共作生产技术的研究与报道目前主要仍以稻田内水产品的养殖技术为主。前人研究认为，适应稻田生态环境的水生经济动物养殖品种应具有如下特点：一是食性上应是草食性及杂食性的种类，肉食性种类不适宜在稻田养殖；二是在生态条件的适应性上应具有适温广泛而适应温差变化大的种类，且能耐浅水和低溶氧，适温范围狭并对温差变化反应敏感的种类不适宜在稻田养殖；三是在生活习性方面，应选择中下层栖息性的种类，上层跳跃性的种类不适宜于在稻田养殖。李月梅研究认为，不同水生经济动物的天然习性对稻田水层要求是有差异的，稻田水层直接影响水生经济动物的生存能力，有些虽不至于影响其生存，但表现为生长缓慢。近几年来，有关稻田养蟹的生产试验报道极为丰富，稻田内大规格商品蟹、优质蟹种的培育以及蟹病防治是近年来研究的热点问题，但大多仅从常规水产养殖的角度进行分析，很少从水稻的栽培调控角度进行研究。

三、稻渔共作稻田水层的管理

稻渔共作稻田水层的管理，既要有利于鱼蟹等生长的要求，又不能过分影响水稻的生长，因此生产上常常没有统一的形式，一般随水稻株型特征、季节及水稻施肥喷药操作来调控水位。叶重光等把稻田养鱼的水层灌溉分为干干湿湿灌溉型、水层、湿润与晒田相结合型、浅—深—深灌溉型、深—浅—深灌溉型、因时灌溉型、长期水层灌溉型 7 种类型。刘国芬等研究认为，稻田由于水位浅、水温高，易导致水质恶化，稍不注意就能导致河蟹性早熟，因此安全度夏是稻田养蟹的关键所在，生产实践中常采取多种水草、勤换水、调节水层深度、流水灌溉以及加大沟凼比例等方法来调控水位与水质。Rothuis（1999）研究认为，养鱼稻田水层的深度应为常规稻田需水深度的 2~3 倍，从而在满足水稻生长需要的同时，满足渔类的需要。

此外陈昌齐等认为，对长期稻渔共作的稻田进行适时的水旱轮作对稻田生态环境的改善具有重要作用：一是轮作可减轻病虫草害，如一些生活在水中的病虫害在旱时即可消失，同样一些生长在旱处的病虫害在水中时也将消亡；二是轮作有利于土壤养分的充分发挥，水生经济动物与农作物所需的土壤养分不完全一致，而且它们各自的代谢产物也正是对方所需的营养，因此轮作有利于土壤养分的充分发挥；三是轮作可改善土壤的通透性，长期养殖造成养殖水体淤泥过多，长期种植会造成土壤板结，而养殖与种植轮作，可改善土壤的结构。

四、稻渔共作水稻的播栽技术

稻渔共作稻田水稻品种的合理选用关系到水稻生育的安全和产量潜力的发挥，一般双季稻区早稻宜选择早、中熟品种，晚稻宜搭配迟熟品种，若早稻采用迟熟品种，晚稻则宜选择早、中熟的杂交种；利用早稻和再生稻的要求水稻品种生育期短、抗逆性好、头季产量高、再生芽成活率高；在单季稻区应选择生育期较长的迟熟品种，生长期长、茎秆粗壮，耐深水、抗病抗倒的紧穗型品种。侯光炯认为，"垄稻沟鱼式"稻渔共作生产稻田开沟起垄种稻，可解决稻、鱼需水一浅一深的矛盾，沟凼的增多，耕作层增厚，拓宽了水稻根系伸展领域，垄上水位的降低，有效地增加了土壤的热量，土温升高，土壤的理化性状得以改善，供肥能力提高，土壤中有害的还原物质积累减少，土壤微生物数量增加，活性增强，土壤的呼吸强度也显著提高，水稻边际优势明显，田间通透性改善，病虫害减轻。稻渔共作水稻的种植密度方面，已有的研究均提倡实行稀植化管理，生产上提出了"宽行窄株""双龙出海"等水稻栽植方式。国外也有较多相关的研究，Rothuis 研究认为，水体温度、溶氧、pH 值受水稻种植密度的影响较大，较低的种植密度可使太阳辐射直接穿透稻丛到达水体，增强水生生物的光合作用，提高生物量，并增加水体温度，提高水体溶氧水平和 pH 值。Mustow 提出稻渔共作田水稻"边际栽培法"（Border planting），通过降低水稻的栽插密度，增加群体透光，增加水体浮游生物的生长，使稻田天然饵料充足，因而鱼产量提高且对水稻产量影响不显著。

五、稻渔共作稻田肥料的施用

稻田施肥不仅可增加土壤的肥力，促进稻谷的增产，也有利于饵料生物如浮游生物和底栖生物的繁殖，从而促进鱼蟹的生长，但肥料的种类，数量和施用时间、方法对水稻和鱼蟹的生长发育均有很大影响，掌握得好就能获得高的产量和效益。林忠华等研究认为，养殖稻田应以有机肥为主，有机肥施入稻田后分解缓慢，对鱼蟹等毒害小，且肥效长，可使水稻稳定生长保持中期不早衰，还能调节土壤微生物的活动，增加土壤的缓冲性，防止土壤的板结和渗水，一部分有机肥可作为鱼类的饵料。张辉等研究认为，施用生物有机无机复合肥可以改善土壤结构，提高土壤供肥能力，微生物总量增加，酶的活性增强，稻田中氮的含量是决定稻田水体中浮游植物数量的重要条件之一，有机肥施用有利于浮游生物的繁殖。近年来有些地方采用一次性施肥法，将有机肥和无机肥混合后施用，或在耕田前分别施用，形成一种"全层"施肥法，不仅可以提高肥效，而且对鱼蟹较为安全。我国西南地区稻渔共作田半旱式水稻种植，磷肥、锌肥、有机肥作底肥，氮肥 70%做底肥，30%做追肥，这种"底七追三"重底早追的施肥方法，水稻增产效果明显。

六、稻渔共作水稻病虫草害的防治

鱼蟹等的生物防治作用，较大程度上减少了对水稻病虫防治所需化学农药的使用量，减轻了对水稻、水产品及生态环境的污染，但并不能完全替代农药的作用，特别是在当前生产条件下，不少病虫易暴发为害，当其达到或超过防治指标，采用药剂防治可直接快速发挥控害作用，收到确保丰产丰收的效果。稻田中天敌是调节害虫种群密度、维持稻田生态平衡的重要因素，稻渔共作水稻病虫害防治，首先要倡导和保护水稻病虫害的天敌。有研究表明，稻渔共作稻田的蜘蛛是水稻二化螟、稻纵卷叶螟、稻飞虱、叶蝉等害虫的自然天敌类群，在稻田耕翻前放水泡田，待蜘蛛等天敌迁移到田块杂草和其他作物上，再进行耕翻，有利保护天敌；放松对次要害虫的防治，也有利于稻田天敌种类和数量的积累和保存。在农药的选择与使用方面，蔡道基等研究表明，大多数的除草剂、杀虫杀菌剂等化学农药对蟹、虾、鱼等水生经济动物具有毒害作用。因此正确选择好农药品种和合理的施用方法是稻渔共作田水稻与水生经济动物安全生产的关键。Hakan Berg 对越南湄公河三角洲稻田养鱼的调查分析表明，稻田杀虫剂的过多使用对鱼类的养殖影响较大，采用有害生物综合防治（IPM）可显著提高稻田中鱼的产量，他同时指出，稻田水位提高，沟凼面积的增加等措施可以稀释进入稻田水体的杀虫剂浓度，从而减轻对鱼类的危害。

第二章　稻渔共作产业舆情分析研究

第一节　研究目的

从农业产业结构调整到农业供给侧改革，再到农业绿色发展以及乡村振兴，稻田综合种养一直以来都是社会关注的焦点，因此，很有必要进一步分析基于网络大数据等的稻渔共作产业的舆情分析。

生产者与消费者处于食物的两端，我们常说，要实现田间到餐桌的透明，但由于不同的角度赋予不同的产业认知，这种透明的打通，通过技术角度的追溯道路艰辛，而通过舆情分析，则可以进一步发现消费者的认知、喜好、误解及风险，同时进一步通过人物画像了解不同地区、不同性别、不同年龄、不同行业等的认知差异，从而有目的地促进沟通、推送、科普及相关决策的支持。

而从另一个角度，通过科学工作者的研究成果大数据，即期刊、报纸、毕业论文、会议论文、出版书籍等文献资源大数据，可以了解研究热点、研究方向、研究团队，更精确地发现成果、问题，以及问题的解决之道。

总而言之，基于网络大数据的产业舆情研究虽然刚刚起步，但已成为产业利益各方重要的研究工具和决策支持手段。

第二节　研究方法

研究基于稻渔共作产业大数据的范畴，重点获取以下互联网数据以及采用对应的工具进行分析。

一、基于搜索、社交与电商大平台的指数发布分析

当前百度、微信、淘宝等一系列互联网头部企业均基于产业和社会热点发布了相关公开的指数研究结果，本研究主要基于百度指数（主要是搜索）、微信指数（主要是社交）、1688 指数（淘宝的电商指数）等开展研究。

二、基于互联网全网大数据的产业舆情研究

主要基于“清博”的舆情分析工具，对涉“稻渔共作”的全网大数据进行舆情分析，发现热点、风险点及人物画像等信息，以支持利益各方的决策实施。

三、基于文献分析工具的科学类大数据分析

主要基于“中国知网”的数据库及大数据分析工具，开展研究现状、热点、团队及重点方向性案例研究。

不得不说，由于农业生产的特殊性以及稻渔共作的综合性，研究在选择关键词方面面临着较大的难度，由于很多词汇有别于专业表达和网民表述认知差异，因而所取得的结果不尽如人意。因此也只能有一定的角度上去表现相关的趋势。

第三节 基于互联网平台相关指数的舆情研究

对于农业产业中的热点，百度、腾讯、京东等均在其公开平台上发布了相关指数并作了解析。正如前节所提到的困难，在具体关键词的选择上，我们不能像工业类产品去准确表达，也不能像一般单一类农产品产业去简洁表达，我们只能从相近领域或一个具体而细微的领域去发现相关的趋势，这是本研究存在的缺陷。

一、百度指数分析

（1）小龙虾。小龙虾产业的发展与稻田综合种养有着较为密切的关系，因此分析小龙虾产业的网络舆情趋势，也能够较好地反映网络的关注度与热点。分析 2011 年以来小龙虾产业的百度搜索指数，从图 2-1 中可以看到，整体上小龙虾产业的关注呈现逐年上升的趋势，2020 年由于疫情因素的影响，出现的指数峰值显著低于往年。由于小龙虾的消费具有较强季节性，因此每年的春末夏初或夏天是小龙虾搜索指数的高点。而资讯指数也差不多出现在此时期（图 2-2）。从媒体指数来看，2015 年后，小龙虾产业受到了持续较高的关注。从产业关注的区域来看，广东稳居前列，这与其饮食文化、饮食习惯以及网民群体等因素密切相关，浙江、四川、江苏、北京、山东、河南紧随其后，也与其经济发展水平、饮食习惯及人口等因素密切相关。从年龄上看，关注人群集中在 20~39 岁，男女比例相差不大，这也符合消费习惯和上网习惯（图 2-3 至图 2-6）。

（2）稻田蟹。稻田蟹也是在百度指数中能搜索到为数不多的几个关键词之一，从搜索指数来看（图 2-7），2017 年后稻田蟹得到迅速关注，但在 2019 年

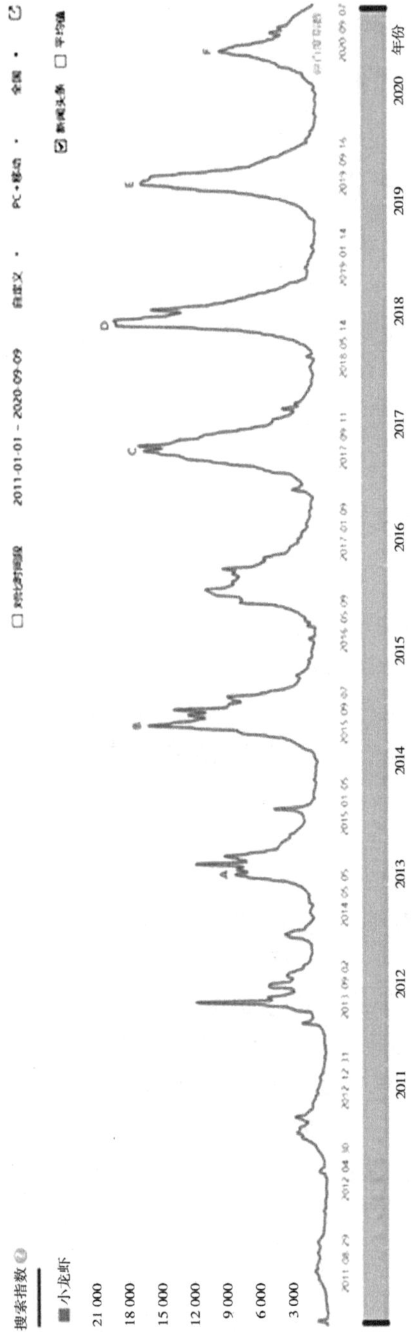

图2-1　小龙虾产业的百度搜索指数

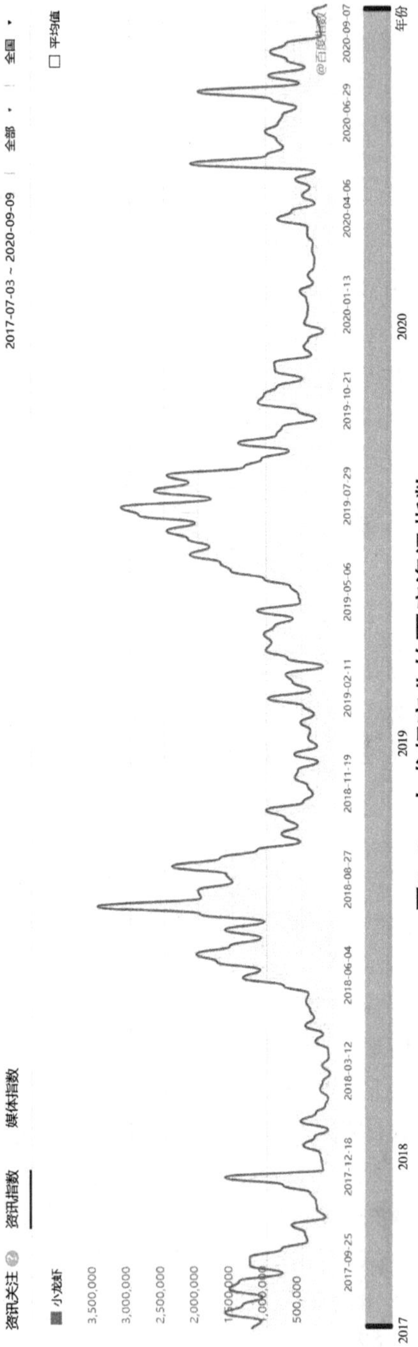

图2-2　小龙虾产业的百度资讯指数

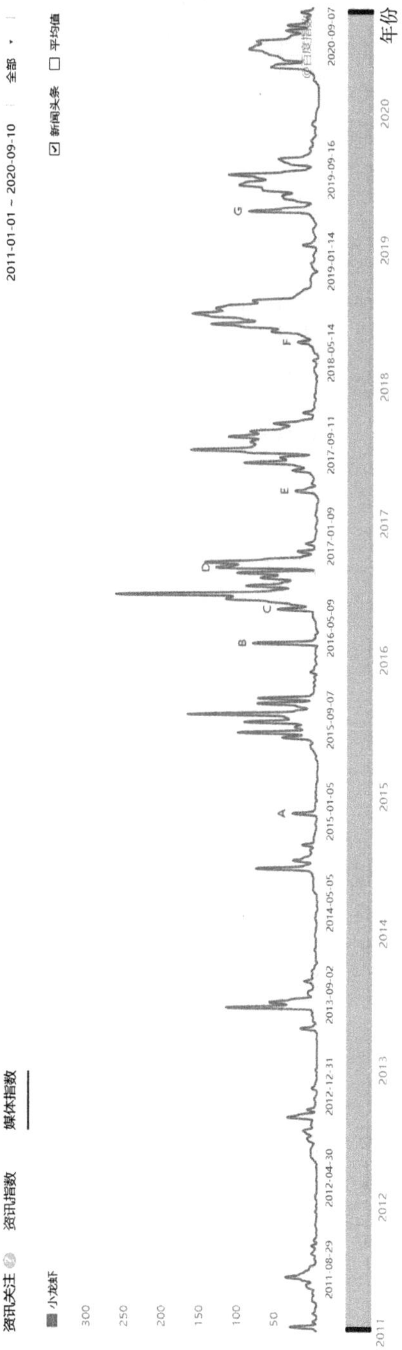

图2-3　小龙虾产业的百度媒体指数

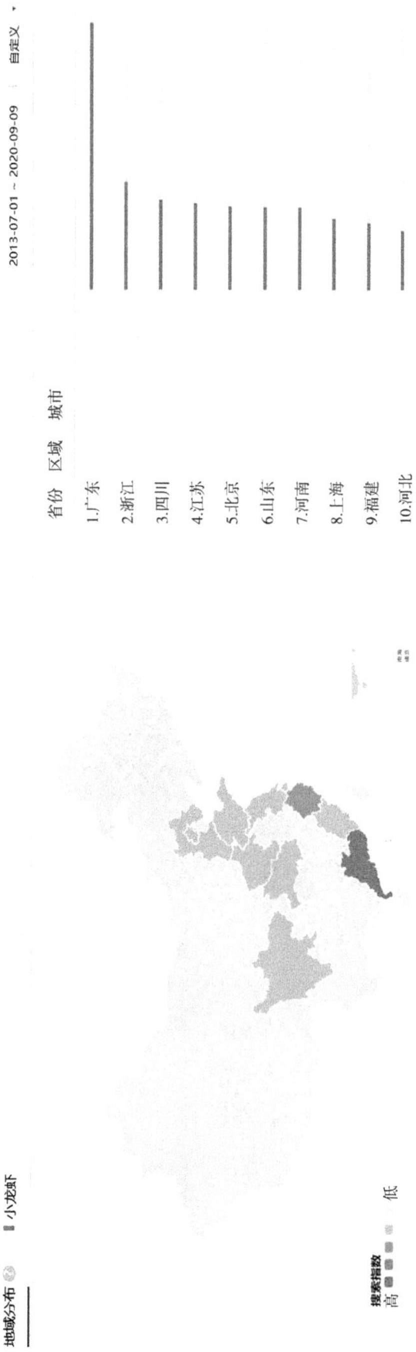

图2-4　小龙虾产业关注的地域分布

后关注有所下降，2020 年有新冠疫情的影响，关注回落。从媒体指数和资讯指数来看，媒体指数在 2011 年和 2012 年出现过高点，之后基本平淡（图 2-8），资讯指数则在 2019 年 10 月出现过高点，其余时间总体平淡（图 2-9）。从产业关注的区域来看，广东、江苏、浙江稳居前列，这应该与这三个地方的生产和饮食较为相关（图 2-10）。从年龄看，关注人群集在中 20~39 岁（图 2-11），其中男性较大幅度多于女性（图 2-12）。

（3）蟹田米。蟹田米作为生态大米近年来社会关注较多，从百度搜索指数看，2016 年后关注度得到显著增长（图 2-13），从关注的地域分布上看，广东、北京、河北居于前列，其次是山东、辽宁、江苏、上海、浙江这些传统的稻田养殖区域，而河北对蟹田米的高关注度是一个比较意外的现象，值得进一步挖掘研究（图 2-14）。

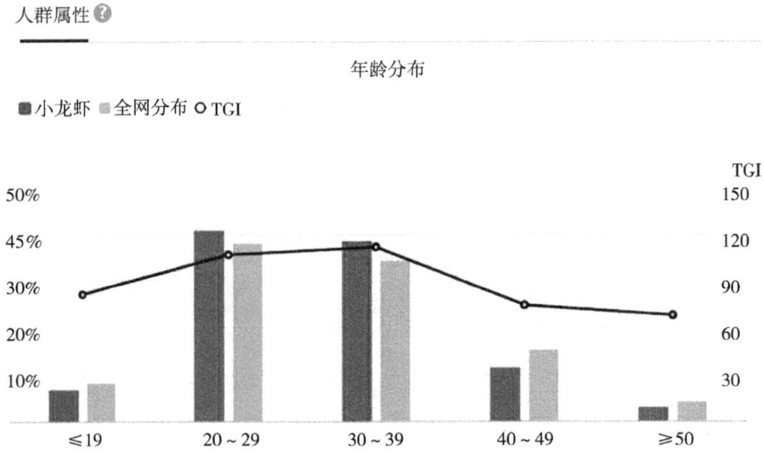

图 2-5　小龙虾产业关注人群年龄分布

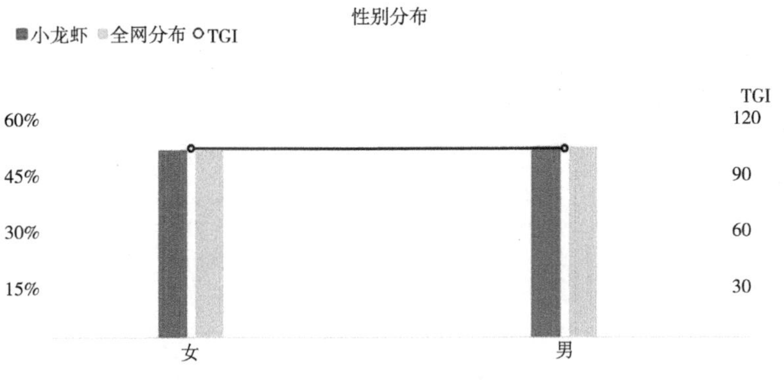

图 2-6　小龙虾产业关注人群性别分布

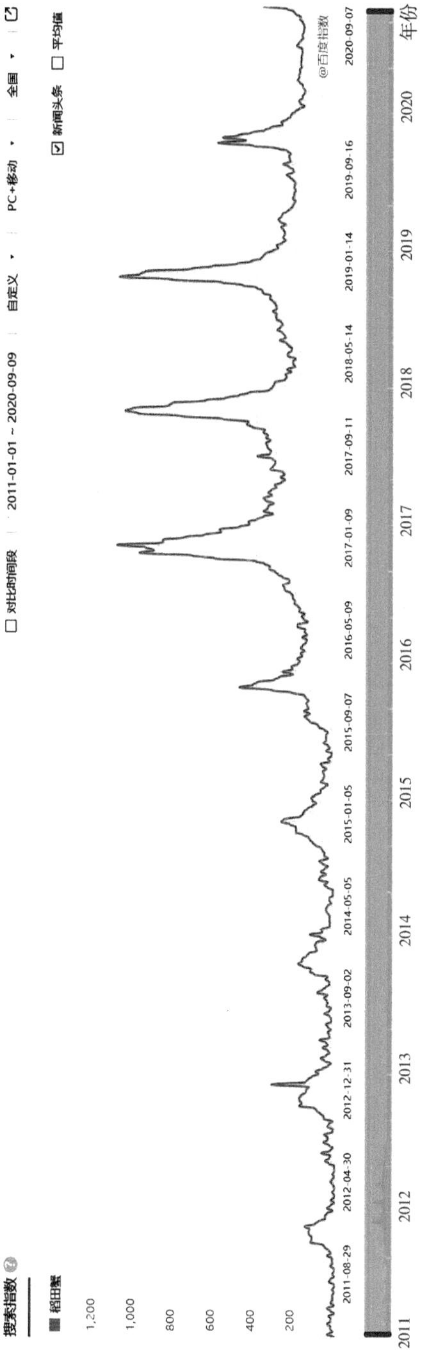

图2-7　稻田蟹产业百度搜索指数

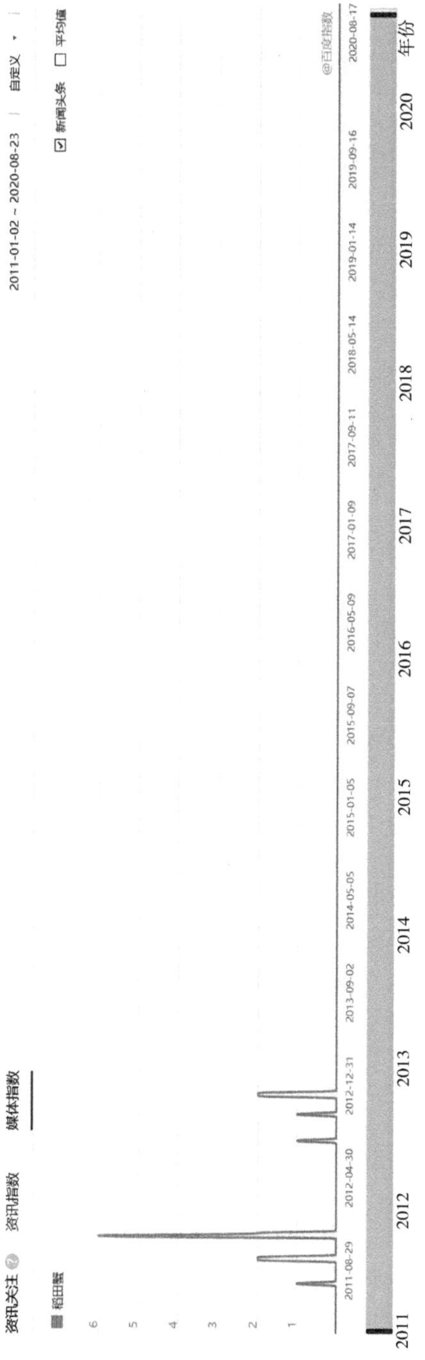

图2-8　稻田蟹产业百度媒体指数

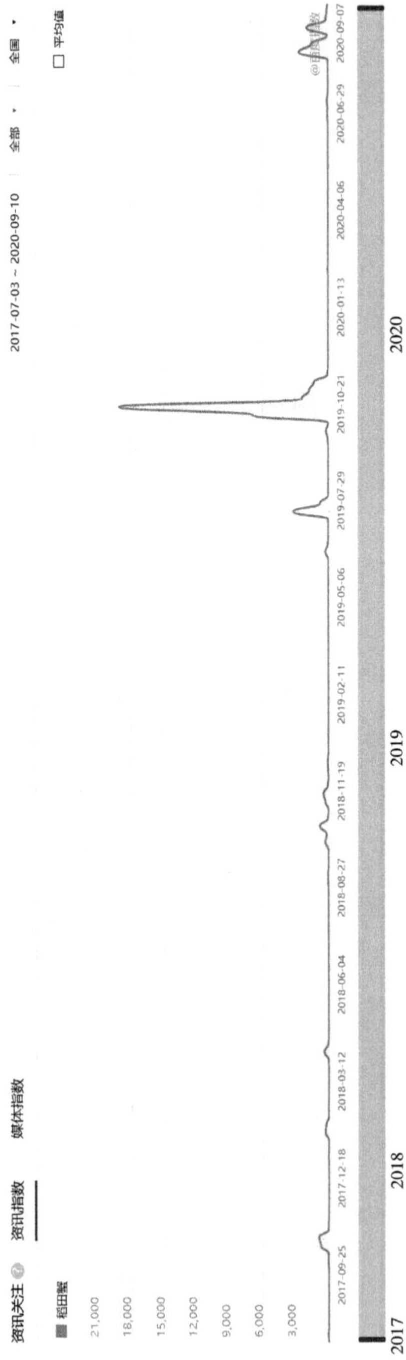

图2-9　稻田蟹产业百度资讯指数

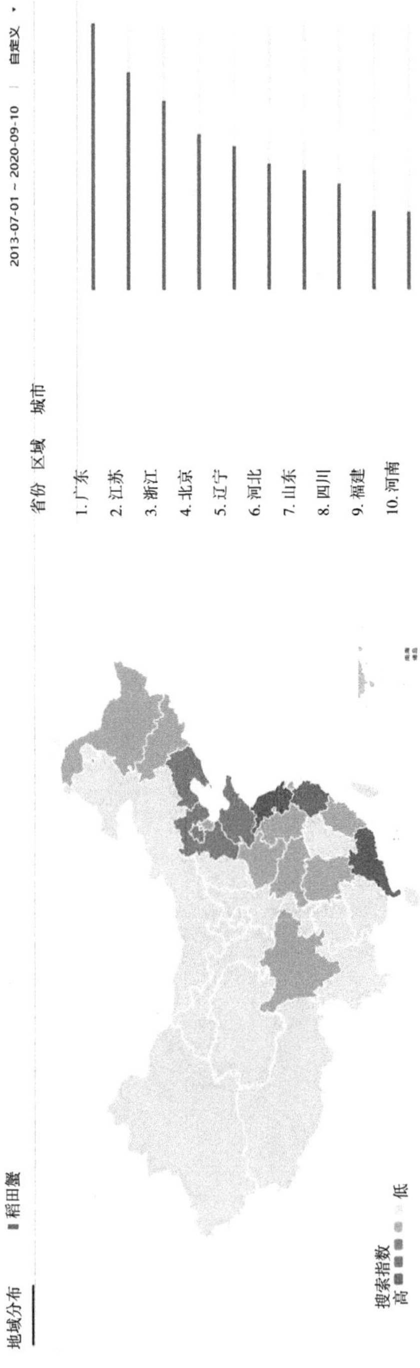

图2-10　稻田蟹产业关注的地域分布

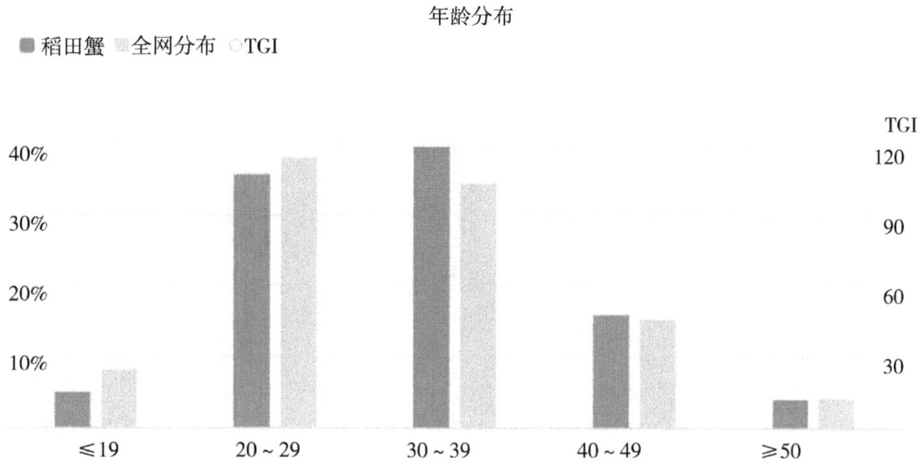

图 2-11　稻田蟹产业关注人群年龄分布

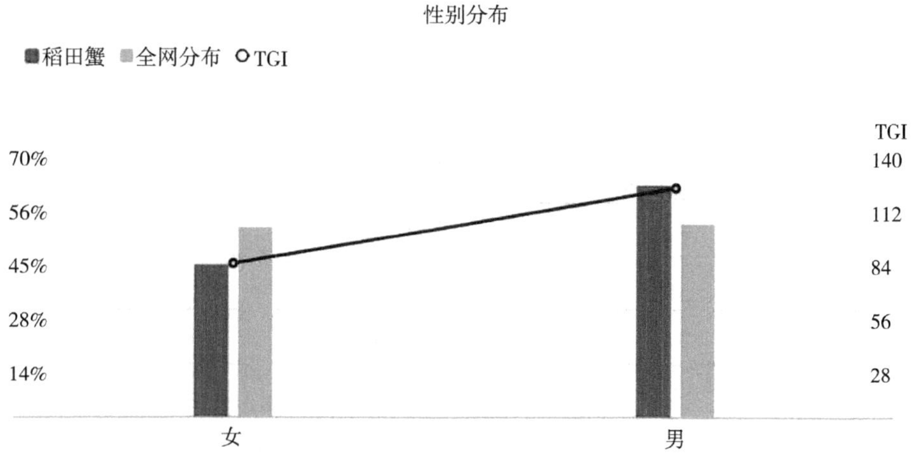

图 2-12　稻田蟹产业关注人群性别分布

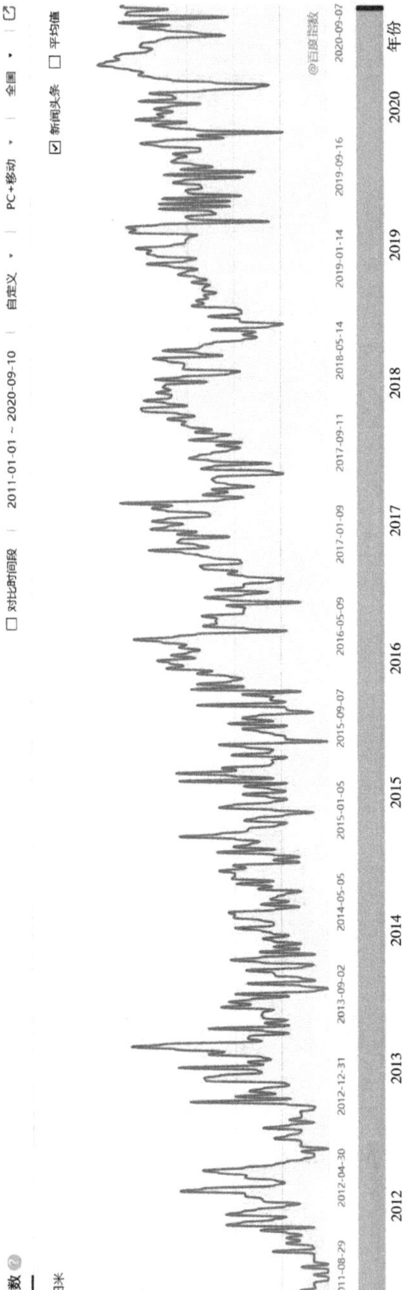

图2-13　蟹田米产业的百度搜索指数

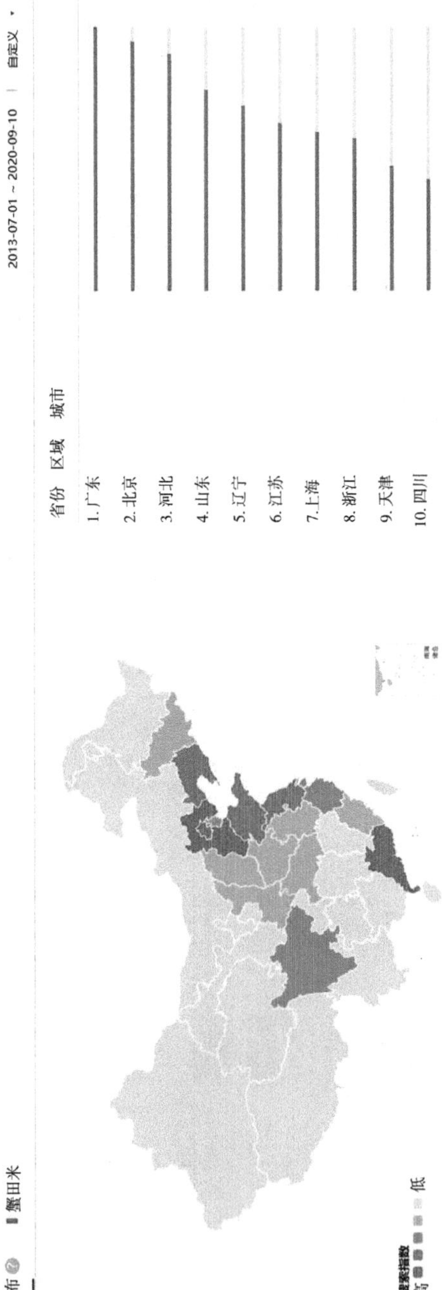

图2-14　蟹田米产业关注的地域分布

二、微信指数分析

微信指数中能搜到的稻渔共作相关信息非常有限，且指数所涵盖的数据周期最多 90 天，从稻田蟹的微信指数来看，2020 年 9 月 9 日达到近期的高点，为 120 848（图 2－15）；稻蟹的微信指数近期中在 7 月 13 日达到高点，为 1 306 185（图 2–16）；稻田养殖的微信指数近期中也在 7 月 13 日达到高点，为 16 257（图 2–17）。

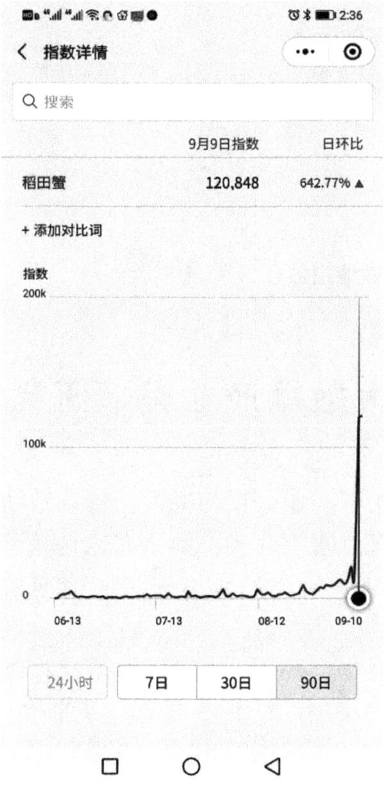

图 2–15　稻田蟹微信指数

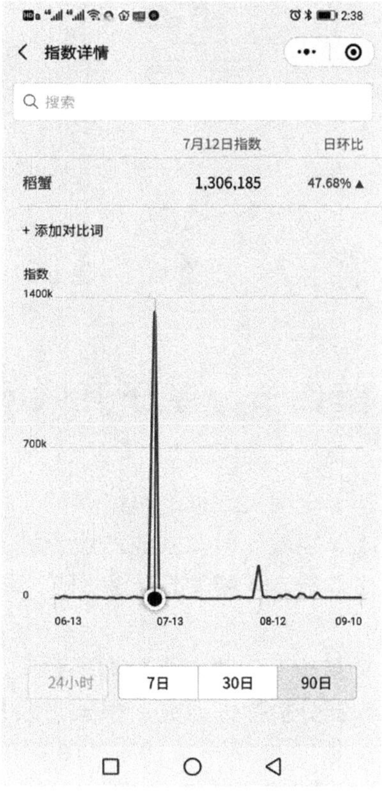

图 2–16　稻蟹微信指数

总的来说，指数越高说明这个关键词的热度越高。但受限于一点关键词的理解，研究具有较大的局限性，本章也主要是为了提供一种可参考的方法研究。

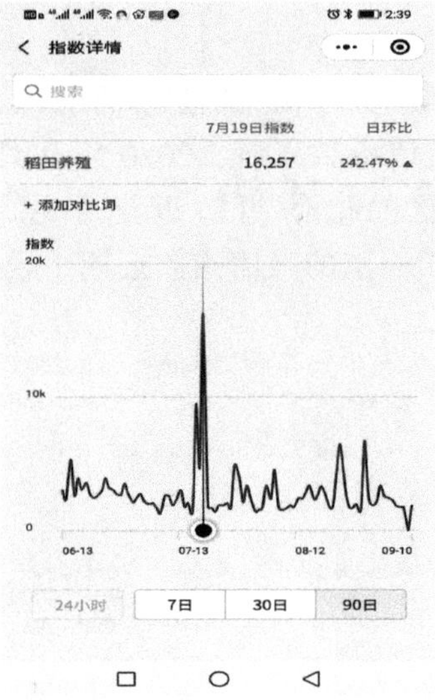

图 2-17　稻田养殖微信指数

第四节　基于互联网全网大数据产业舆情研究

基于全网大数据的网络舆情研究广泛应用于产业分析与决策，精确营销、广告投放等领域，但在农业产业领域，目前仅仅是刚刚起步，本研究也是基于相关的合作基础，开展了探索性研究，尚不够深入，有待后续进一步向精准和纵深发展。

研究基于“清博大数据平台”（http：//www. gsdata. cn）开展稻渔共作产业的大数据分析挖掘研究，根据平台规则，在 2020 年 9 月 13 日选择了前 90 天的数据，即 2020 年 6 月 19 日的 0 时到 2020 年 9 月 16 日的 24 时。考虑到稻渔共作涉及的关键词语比较丰富，为尽量照顾到相关领域，研究设计的检索方案为“（水稻| 稻田）+（渔| 鱼| 虾| 蟹| 鸭| 养| 鳅）”，其中“+”为“与”的意思，“|”为“或”的意思，把稻和渔分为两类进行扩展，选择的都是稻渔共作产业中比较常见的品类与模式。舆情分析结果如下。

一、数据来源与汇总

研究共采集到数据 332 138 条，主要来自网页、微信、微博、App、论坛、头条号等，从数据动态分布来看，总体处于相对稳定的波动中，在近一段时间有一个比较高的峰值（图 2-18）。

从信息来源的构成上看，来自 App、微信和网页的信息量较多。

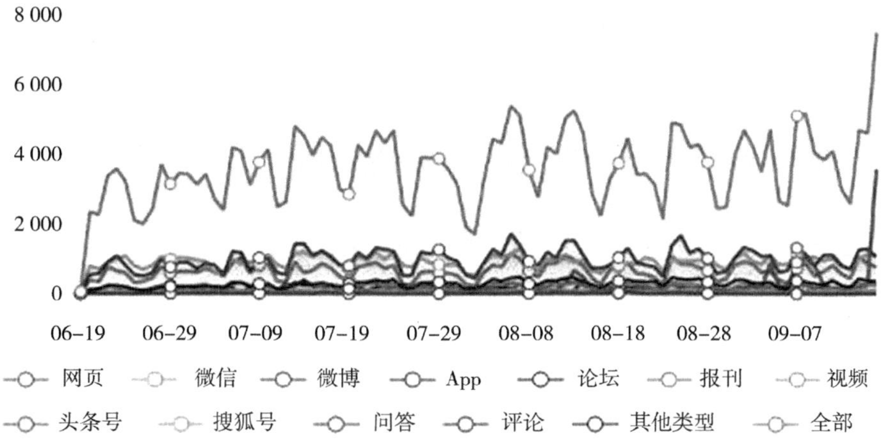

图 2-18　网络舆情数据汇总

二、信息发布地区与提及地区

信息主要来自北京、广东等地区（图 2-19）。

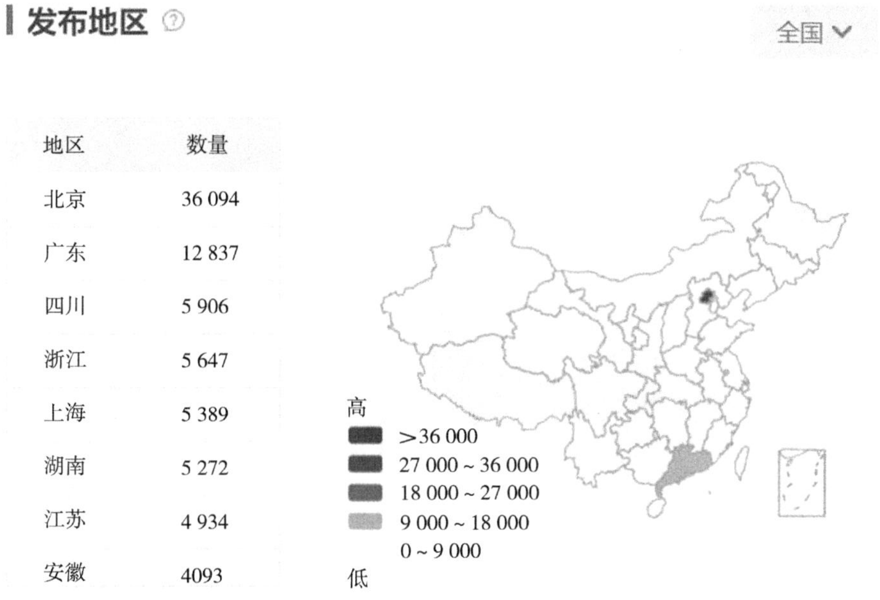

地区	数量
北京	36 094
广东	12 837
四川	5 906
浙江	5 647
上海	5 389
湖南	5 272
江苏	4 934
安徽	4093

图 2-19　网络信息发布的地区来源

而信息提交的地区主要分布在广东、浙江、四川、江苏、江西等传统稻渔共作比较发达的地区（图 2-20）。

提及地区 全国

地区	数量
广东	56 895
浙江	55 249
四川	51 252
江苏	51 248
江西	50 805
湖南	47 406
山东	43 247
湖北	42 251

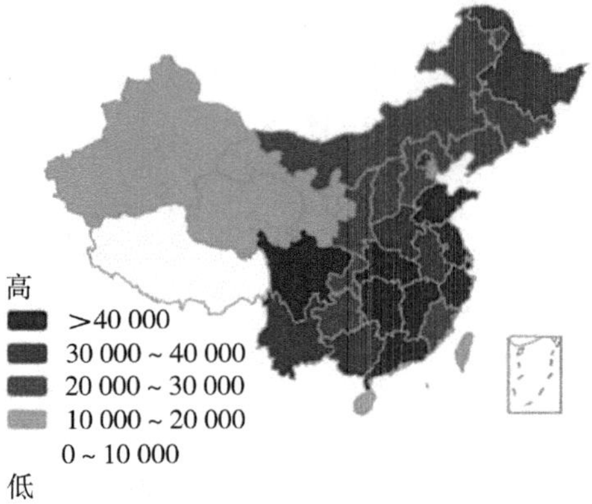

图 2-20　网络信息提及的地区

三、信息聚焦的热点话题

从词云图来看（图 2-21），信息主要聚焦在水稻、稻田、农业等主要热词，此外，生态、鸭子、泰国、模式、合作社、基地、害虫、贫困户等也较多提及，再次就是小龙虾、杀虫剂、稻米、价格、产量也是大家较多关心的话题。

图 2-21　信息聚焦的热点话题

四、整体公共的情绪走势与情感属性分析

整体来说，信息内容中公众的情绪走势对这种业态赞扬较多（图2-22），在情感上中性与正面的较多，负面信息比例较小（图2-23）。

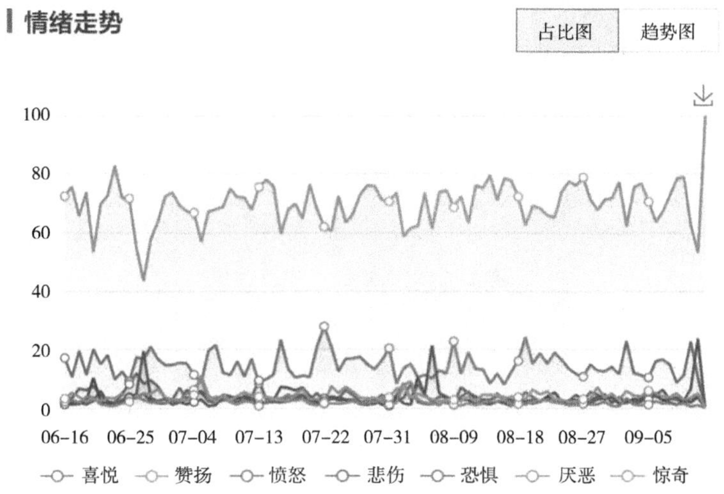

图 2-22　公共的情绪走势分析

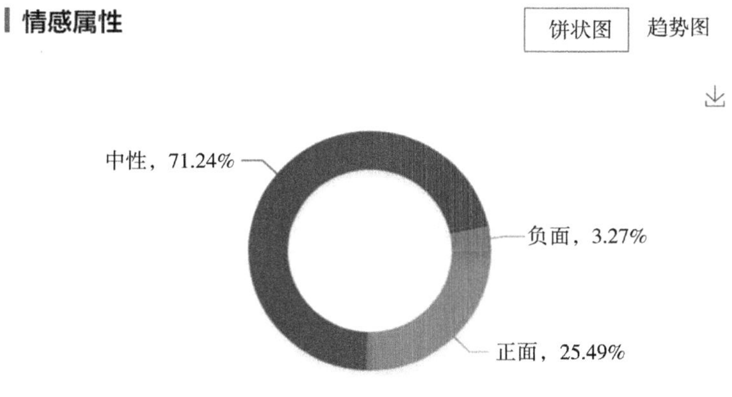

图 2-23　公众的情感属性分析

五、文章类型与活跃渠道

文章类型主要分类在社会、旅行、时政和财经中（图2-24），而相对传统的

科技类则不高，这也提醒我们在开展产业宣传的时候，要基于消费者的认知选好相应的分类属性。

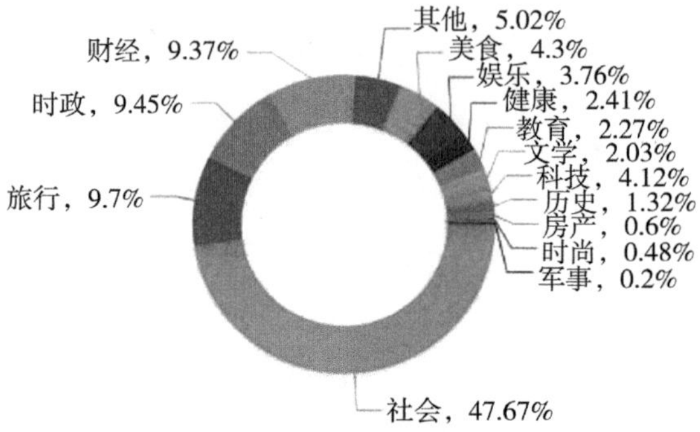

图 2-24　文章的类型及占比

从文章的活跃渠道来看，主要在于手机移动端的信息，其中 58 本地版、人民网、金台资讯中信息较多，地方平台中掌上衡阳占据高位。

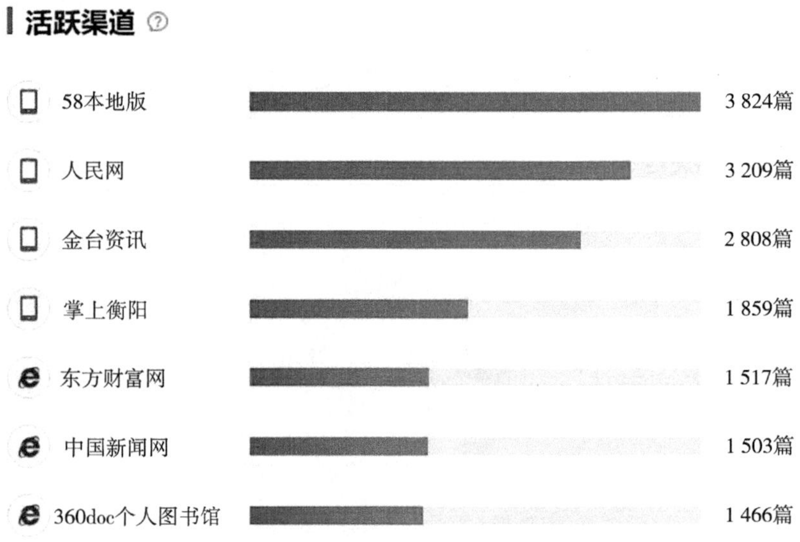

图 2-25　文章的主要活跃渠道

第五节　基于文献类科学大数据的产业研究

研究稻渔共作文献类大数据，进行挖掘分析，可以了解当前研究动态、研究热点、面临问题、研究团队等信息，无论是对科研、管理、生产还是市场相关者都有较好的参考借鉴与支持服务作用。

研究根据“中国知网”文献检索的规则，基于稻渔共作设置了综合的检索方案：

TI=‘稻’and TI=(‘虾’+‘蟹’+‘鱼’+‘渔’+‘鸭’+‘养殖’+‘鳅’)

共检索出自1981年以来的文献3 293篇，主要分析如下。

一、论文发表年度趋势及热点

从图2-26来看，从1981年以来一直到2002年，总体上对稻渔共作的研究较少，2002年后达到一个新的高度，此后一直到2015年，总体相对平稳，但2016年之后，关于稻渔共作的研究迅速增加。可见这一生态发展模式得到了研究者的极大重视。这与之前研究的百度指数等指标所反映的趋势也是相符的。

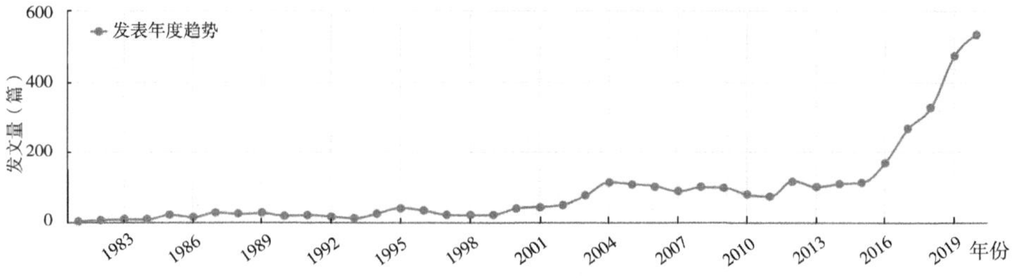

图2-26　论文发表年度趋势

从研究发表论文的主要主题来看，主要侧重于稻鸭共作、稻渔综合种养、种养模式、生态种养、种养技术、稻虾共作等方面，其中稻鸭共作的研究相对较多（图2-27）。

而从研究的次要主题来看（图2-28），居于首位的是小龙虾，其次是稻田养鱼、水稻生长、种养模式等。

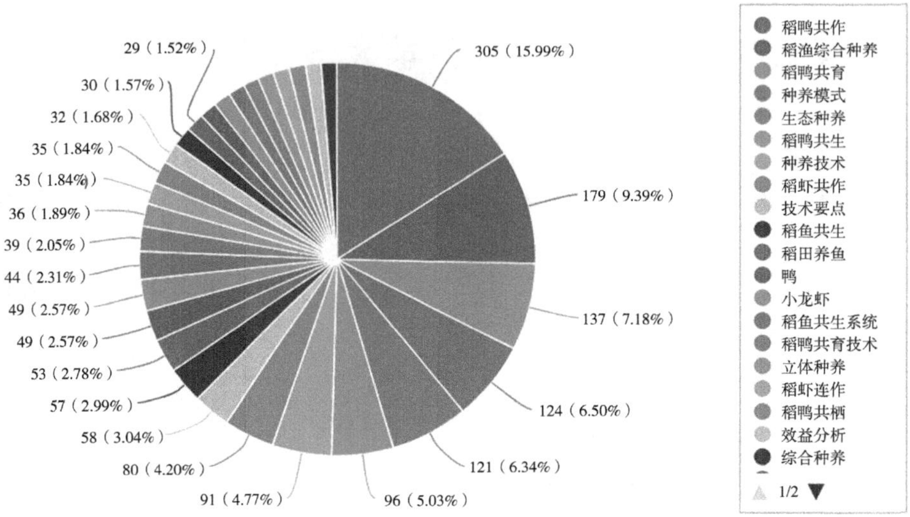

图 2-27　研究的主要主题情况

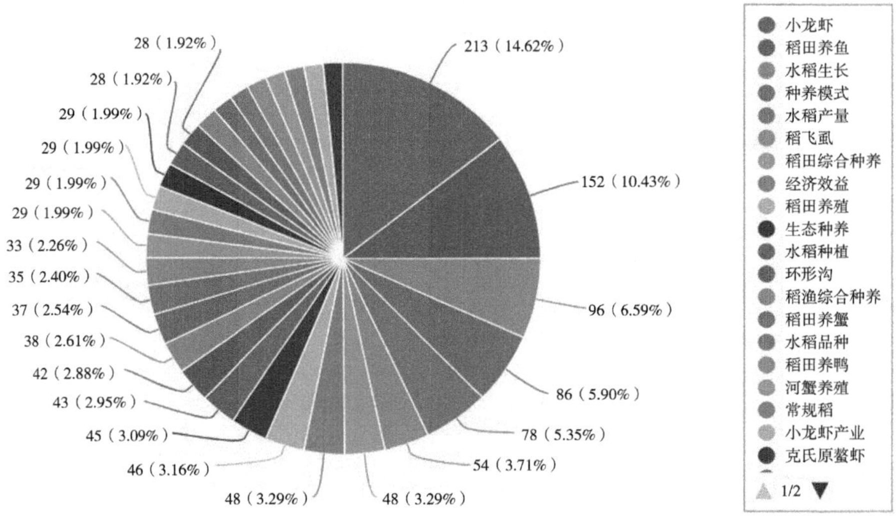

图 2-28　研究的次要主题情况

二、文献来源分布与学科分布

从文献来源分布上来看，文献主要来自《渔业致富指南》《科学养鱼》《中国水产》《现代农业科技》《中国稻米》，主要是一些具体的生产技术心得和技术试验类文章。

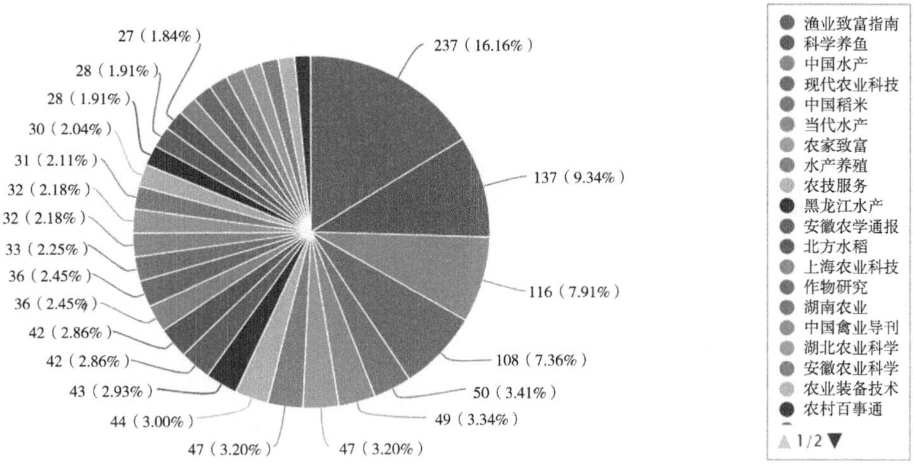

图 2-29 文献的来源分布

从学科分布来看，主要是水产和渔业，因为这一方面的研究在业务领域大多划分在水产领域。其次是农作物，主要是水稻。然后是农业经济，作为一种经济效益比较高的种养模式，更多的研究者加强了这一方面的研究。最后是畜牧与动物医学，种养中涉及的动物也与之相关（图 2-30）。

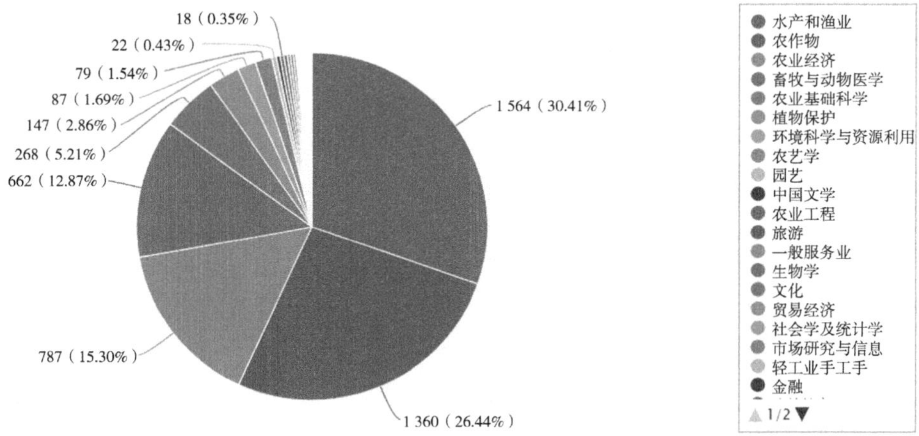

图 2-30 文献的学科分布

三、论文的高产作者与研究的主要单位

分析历年来的文献数据（图2-31），来自湖南大学的黄璜发表论文最多，占了近15%，其次是江苏镇江科技局的沈晓昆、湖南农业大学的陈灿、南京农业大学的王强盛、华中农业大学的曹凑贵、汪金平等。

分析研究的主要单位（图2-32），主要是湖南农业大学，其次是南京农业大学、华中农业大学、上海海洋大学、华南农业大学、镇江科技局等单位。

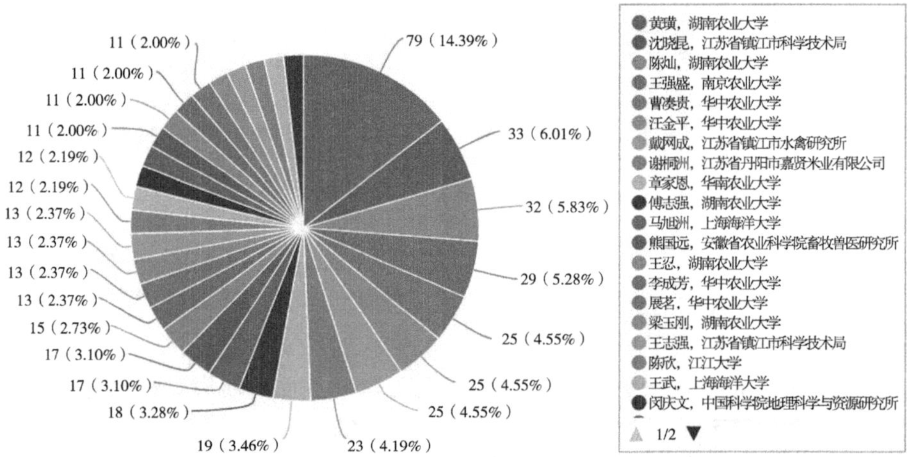

图2-31　论文的高产作者情况

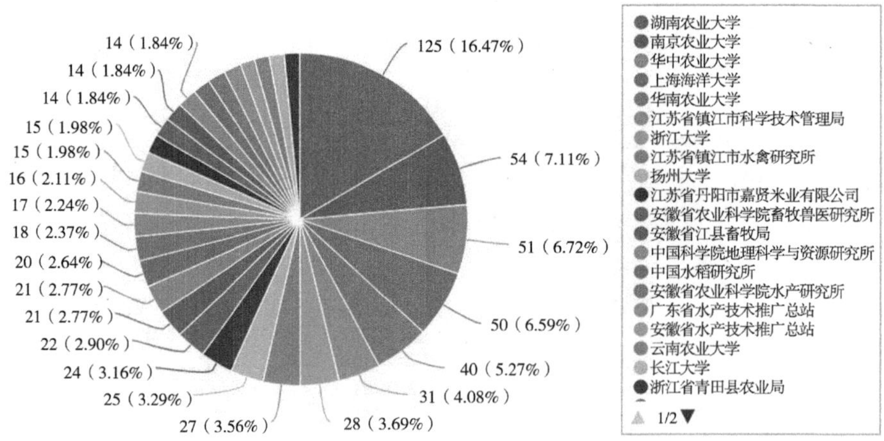

图2-32　研究的主要单位

四、被引数较高的文献分析

进一步分析被引数从高到低前 200 名的文献，总参考数达到 2 521 篇，总被引数达到 6 896 次，总下载数达到 93 268 次。

高被引文章数量主要从 1998 年之后显著上升，2002 年之后则迅速上升，但在 2009 年之后迅速下降，而在 2018 年之后更是下降到一个较低的水平。

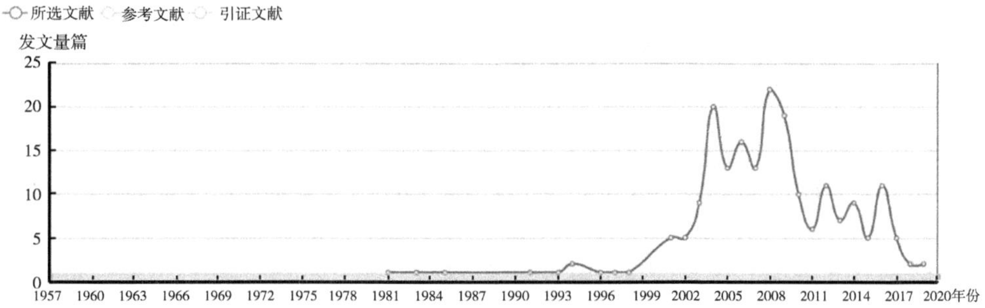

图 2-33　高被引文献发文趋势

这些高被引的文章主要来自《生态学报》《中国生态农业学报》《应用生态学报》等生态类研究期刊（图 2-34）。

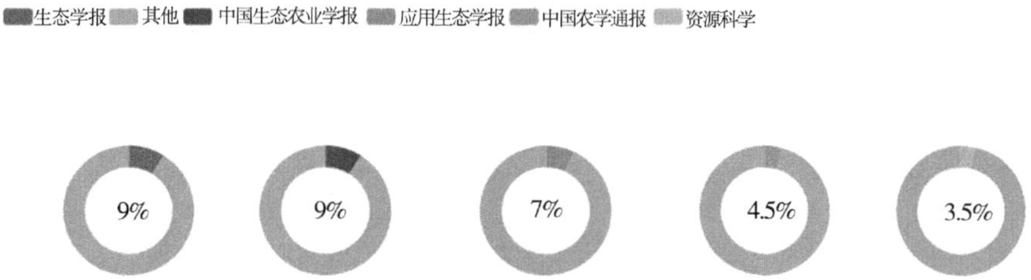

图 2-34　高被引文献的来源分布

第三章 研究案例：稻渔共作产业状况调查

第一节 研究目的

江苏省里下河地区为江苏腹部一碟形浅洼平原，地势低平，湖荡众多，气候温暖，雨水丰沛，是我国长江下游重要的粮食生产基地和“鱼米之乡”。农业生产主要以稻、麦、油、蔬、果及水产品生产为主。由于有着极为丰富的未垦湿地和水资源条件，该地自20世纪80年代初以来，随着农村产业结构调整的推进，群众自发围田发展稻田养殖，养殖品种主要为蟹、虾等特种水产品，由于市场价格较高，养殖效益显著，并于90年代中后期迅速全面铺开。稻田养殖已成为实施农村产业结构调整、促进农业增效、农民增收新的经济增长点。但自20世纪90年代后期以来，随着水产品特别是特种水产品总量的不断上升，导致价格迅速下滑，效益降低，此外生产中由于生产技术滞后，水稻大幅减产、河蟹规格偏小、稻田农、渔药残留污染严重、蟹病频繁发生等一系列问题严重制约着稻田养殖业的持续和健康发展。

本研究案例选择了江苏省里下河腹地代表性地区兴化市，对稻渔共作的生产现状从多方面进行了调查研究与分析，以期给读者分享受相关的研究方法与结果解析。

第二节 研究方法

一、调查区域概况

江苏省兴化市位于江淮之间，里下河腹部，属北亚热带湿润气候，常年雨水丰沛，日光充足，气候温暖，四季分明，无霜期较长。地势低洼，境内湖泊众多，河流纵横，属水网地区。粮食、淡水产品总量一直居全省前列，先后被授予全国粮食、渔业、科技、农民教育、平原绿化先进（县）市、全国农村综合经济实力百强（县）市称号，是“国家生态示范区”“农业标准化项目示范市”。兴化市是里下河地区重要的优质稻米生产基地，水稻在其种植业中居主导地位。近年来，该市大力发展安全优质的稻米，推广以稻田养蟹、虾、鱼为代表的立体种养生态农业模式，在稻作与淡水渔业生产中具有举足轻重的地位。

二、调查内容与方法

调查于 2002 年 6 至 9 月进行，选择该市稻田养殖较具规模的海南、下圩、大邹、老圩、安丰 5 个镇（乡）。在每个镇（乡）随机调查了 60 户从事稻田养殖的农户。此外在海南镇随机抽取了 30 个从事常规稻麦两熟生产的农户进行稻麦两熟生产中投入、产出与经济效益的调查。调查以 2001 年生产情况为主，具体调查内容如下。

（1）稻田养殖的历史与稻田结构。包括农户从事稻田养殖的年限、稻田的占地面积、田间工程结构等方面情况。

（2）水稻生产技术。包括各模式稻作生产中水稻品种选用、稻作方式、播栽时间、肥料施用、病虫草防治等方面的生产技术。

（3）河蟹等水生经济动物的养殖技术。包括养殖过程中清塘消毒、苗种选择与放养密度、饵料投喂、水质管理、病害预防等方面的养殖技术。

（4）生产的投入、产出及效益。包括生产的初期投资、水稻及后茬作物生产的成本、产量与效益、河蟹等生产成本、产量、规格与效益。

（5）冬闲期稻田利用情况。主要指冬闲期稻田面的冬闲利用情况及沟系的利用情况及效益。

（6）生产中存在的问题。调查之前在海南镇 10 个农户中进行了一系列生产问题的预先调查（不作为本研究的调查结果），此后参考该调查结果对预先的调查内容进行了一些修正，并在该镇另外 5 个农户中进行了尝试调查（不作为本研究的调查结果）。将这些问题按兴化当地的计量习惯及名词称谓做了改动以适应该地的实际情况，此后正式随机抽样调查。调查是与调查点所在乡（镇）富有经验的农技人员合作下进行的，在调查之前，对这些农技人员进行专门培训。被调查农户的随机抽样方法为：分别由各调查点所在乡（镇）合作的农技人员提供该镇村组名单，在每个乡（镇）村组名单中均随机抽出六个村组，再由该农技人员提供被抽中的六个村组中从事稻田养殖农户的全部名单，从中各随机抽取 60 户农户作为调查对象。

在调查过程中调查人员还负责收集了一些其他相关的有益信息。调查资料在调查结束后经过检查合格并回收统计。对稻田养殖农户的调查资料分两类进行统计，一类是稻渔共作型农户（稻田内既种稻又养殖的生产模式），以 RF 表示；

另一类是提水养殖型农户（稻田内不种稻纯养殖的生产模式），以 F 表示。常规稻麦两熟型生产模式用 R 来表示。

当地的稻渔共作种植户在生产过程中都有农事操作的记录习惯，一方面便于自身总结历年经验，另一方面便于自身计算投入产出，这样的一种习惯给我们的调研提供了极大的便利，调研中我们常常是与生产户一起翻阅并抄写其历史记录资料以及记录部分经验性的回忆。

第三节　调查问卷

稻渔共作生产调查

____镇____村____组____（户主名）____（联系电话）

填写说明

1. 本调查旨在了解我市蟹田稻米生产、水产养殖技术及效益状况，从而为技术含量的提升打好一个基础，敬请各农户认真、如实填写。

2. 封面上如有住宅电话，敬请填写，以方便我们和你联系。

3. 下面的填写内容中由于单位、时间方面习惯不同，在填写时如不便换算的请填写清楚你所用的单位或时间，如阴历（农历），以及如“担”“桶”等单位，并提供详细的度量尺度。

4. 在调查资料填写过程中，热切希望各镇（乡）、村领导与农技人员大力协助。

5. 调查资料如农户最后需要作为自家的一份保存资料，我们将在回收并记录下所需数据后，发还给各农户。

一、农田基本情况（含投资）

种养区总面积：______亩

用于养殖的面积（水面+内田面）：______亩

种稻或种草面积：______亩

资产投入约________元（含开挖塘费、机泵、船、草舍等）

该塘已开挖______年（连 2002 年）

上缴税费________元

二、各年度种养情况（请在格子内打√）

年度	水稻	水草	辽扣	长江扣蟹	五期幼蟹	虾苗	抱籽虾	雪鲢	花鲢	鳊鱼	鲫鱼	草鱼	夏花	小杂鱼	其他
1997															
1998															
1999															
2000															
2001															
2002															

三、2001年种养情况分析

1. 清塘消毒情况

清淤时间__月____日，共使用石灰量____千克，其他药物（如硫酸铜、福尔马林等）使用情况请填写下表：

药剂名称	使用量	价值（元）

2. 放养情况（含消毒）

蟹、虾、鱼投放情况请填写下表：

投放时间	投放品种	规格	投放量（千克）	价值（元）	购苗地点

放养时消毒（如盐水消毒等）情况：

品　种	所用药剂	浓度	浸泡时间	药剂用量
辽扣				
长江扣				
五期幼蟹				
小虾苗				
抱籽虾				
鱼				

3. 水层管理情况

(1) 冬季塘水的深度____米，或塘内水量（①半沟水②大半沟水③满沟水）。

(2) 种稻前提高水位，一般水位离田面____厘米。

(3) 插秧后保持水深____厘米。

(4) 上深水时间____月____日，平均深度____厘米，最高深度____厘米。

(5) 水位降低开始时间____月____日，降至深度____厘米，水完全排干时间____月____日。

(6) 在水层管理上的花费：灌水所耗的柴油或电费全年要花____元，用于机器维修的费用全年共____元，其他费用____元。

4. 水产品养殖过程中药物使用情况（包括用于消毒的石灰等常规化学物品）

时间	药物名称	用量（千克）	防治对象

5. 饲料投放情况

(1) 饲料使用技术。

一天中投喂次数____次；投放（①沟边及种稻或种草后田面 ②仅投沟边 ③其他）；是否定时定点（① 是 ② 否）。

(2) 饲料使用情况。

时间	饲料名称	数量（千克）	价值（元）

（3）全年饲料总投入量（千克）。

小麦	玉米	黄豆	豆饼	菜饼	大蒜头	螺螺	肠衣
蚕蛹	蚬子	小鱼	河蚌肉	肉渣	专用饲料	黄瓜	其他

（4）饲料中激素（如蜕皮激素）添加情况。

使用时间	激素名称	全年总用量 （请注明单位）	价值

6. 水草种植情况（若种稻则不需要填写）

所用水草品种：____①苦菜（水韭菜）②水花生③龙须草④伊若藻⑤菱角⑥其他，播种日期____月____日，全田用种量______千克，价值____元。

种草养殖培肥水质情况：

7. 水稻生产情况

(1) 土壤耕作情况：(　)

① 牛耕 ②机耕③免耕

(2) 播种前情况

栽插面积	品　种	用种量（千克）	价值（元）	购种地点

(3) 育秧情况：(　　)

①水育秧 ②旱育秧③旱直播④水直播⑤秧盘育秧（抛秧）

秧田面积	用种量	播种日期

秧田肥料所用情况：

肥料名	用量（千克）

秧田农药使用情况：

农药名	用量（千克）	防治对象

(4) 水稻移栽情况（若为直播或抛秧则不需要填写）：

移栽日期____月____日，移栽规格：行距：____厘米；株距：____厘米。

移栽前大田施肥情况：

肥料名	用量（千克）

（5）水稻病虫害发生情况

2000 年及以前主要发生病虫害（　　）

①三化螟②二化螟③大螟④纹枯病⑤蚜虫⑥飞虱⑦稻瘟病⑧稻蓟马⑨其他

2001 年三化螟为害，水稻白穗率____%

2001 年种植田中水稻主要病虫害是（　　）

①三化螟②二化螟③大螟④纹枯病⑤蚜虫⑥飞虱⑦稻瘟病 ⑧稻蓟马⑨其他

（6）移栽后至收获前肥料使用情况：

时间或生育期	肥料名	用量（千克）

（7）大田农药使用情况：

时间	农药名	用量（千克）	防治对象

（8）水稻收获情况：

收获日期____月____日，共收获水稻____千克，单价：____元/千克，总价值____元，收获时机械费____元，脱粒费____元。

8. 水产品收捕记载请填写下表

产品名	起捕时间	捕获量（千克）	价值（元）	备注

合计全年共捕蟹______千克，平均规格公蟹____两、母蟹____两，平均单价____元（公）、____元（母），全年总价值______元。捕后塘存约____千克，可售____元。

合计全年共捕虾______千克，平均规格____（长度多少厘米，或一千克多少只），全年售销总价值______元。捕后塘存约____千克，可售______元。

合计全年共产成鱼____千克，折合销售总价值______元。

其他繁苗种、杂鱼等方面折合销售价值______元。

累加以上各项，全年在水产上的折合商品总价值______元。

9. 冬闲田利用情况分析

堤面种植情况：

作物	面积（亩）	收获（千克）	价值（元）

捕蟹收稻后土地利用情况：

品　种	面积（亩）	收获（千克）	价值（元）
不利用			
种小麦			

（续表）

品　种	面积（亩）	收获（千克）	价值（元）
种牧草			
种油菜			
种蚕豆			
种大麦			
养虾或鱼种			
其他			

四、经验与计划

1. 上年及前几年失败或成功的启示

总结上年及前几年的种养过程，本人有如下体会：

（1）______________________________

（2）______________________________

（3）______________________________

（4）______________________________

（5）______________________________

（6）______________________________

2. 2002年及今后改革措施

在以上经验指导下，本人将在今年及今后进行如下改革：

（1）______________________________

（2）______________________________

（3）______________________________

（4）______________________________

（5）______________________________

（6）______________________________

感谢各位对本次调查的热心支持，在问卷填写过程中如有不明确之处请与我们联系。

联系电话：0523-×××××××　联系人：××、×××

扬州大学农学院、泰州农业局作物栽培站、兴化市农业局联合调查

××××年××月

第四节　稻渔共作对稻田生产模式的影响

一、稻田的结构与共作历史

当前长江下游地区的稻田养殖主要有两种生产类型：一种是提水养殖型，即在原有稻田的基础上在稻田四周开沟围埂，在稻畦面内种植大量水草，大幅提高稻田水深进行纯养殖生产；另一种是稻渔共作型，在开沟围埂后的稻畦面内，种植水稻，实行种稻养殖复合经营。

调查结果表明（表 3-1），在被调查的从事稻田养殖的 300 户农户中，从事提水养殖的为 111 户，占调查总数的 37%，而面积占调查总面积的 31%；从事稻渔共作的为 189 户，占调查总数的 63%，面积则占 69%。这一结果与该地 2001 年初步统计的数字资料近似（稻渔共作与提水养殖比例约为 7：3）。

表 3-1　不同稻田养殖的生产规模

项　目	RF	F	R
调查样本数（户）	189	111	30
承包总面积（hm^2）	174. 263	78. 377	0. 908
平均面积（hm^2）	0. 922±0. 501	0. 706±0. 334	0. 303±0. 104
最大面积（hm^2）	2. 333	1. 867	0. 500
最小面积（hm^2）	0. 293	0. 193	0. 187

注：RF，稻渔共作型；F，提水养殖型；R，常规稻作型；下同。

在生产规模方面，不同稻田生产模式生产者承包的土地面积差别较大（表 3-1）。从事稻渔共作生产农户平均承包土地面积为 0. 922hm^2，其中最大的高达 2. 333hm^2，最小的仅有 0. 293hm^2；而从事提水养殖生产农户平均承包土地面积要略小一些，为 0. 706hm^2，其中最大的为 1. 867hm^2，最小的仅有 0. 193hm^2。

从生产规模从小到大的分布来看（图 3-1），稻渔共作型农户稻田面积在 1/3～2/3hm^2 居多，占调查样本数的 43. 64%，其次为 2/3～1hm^2，而小于 1/3hm^2 和大于 2/3hm^2 的相对较小。

提水养殖型农户（图 3-2）稻田面积也在 1/3～2/3hm^2 居多，占调查样本数的 55. 22%。稻田面积过小，不利于系统内水体的流动，初期投入的单位面积生产成本也较高，而面积过大也不利于管理。一般各农户根据自身需要和当地实

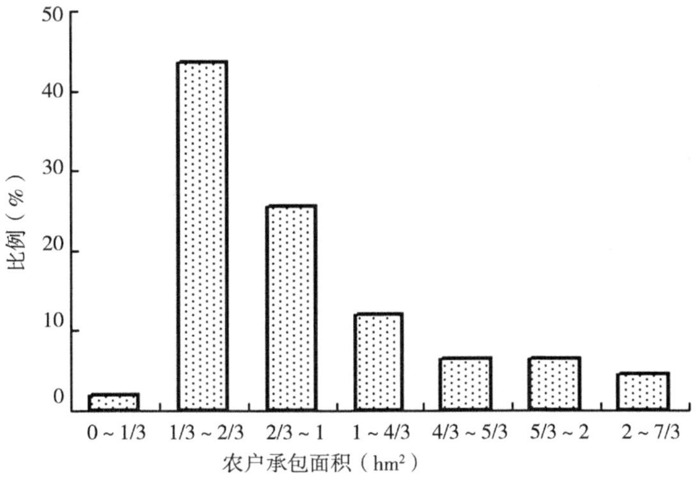

图 3-1　稻渔共作农户从事生产的土地承包面积

际，由村协调，进行农户间相互调剂，实行一定规模的生产经营。常规稻田生产承包面积的变化相对较小，平均为 0. 303hm²，受生产农户中农业人口等政策分配等的影响。

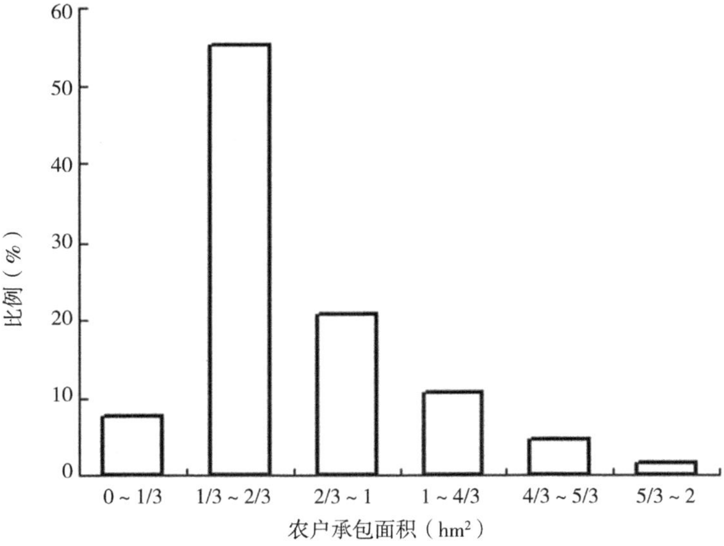

图 3-2　提水养殖型农户从事生产的土地承包面积

稻田养殖的生产势必影响到水稻的种植面积，即使是稻渔共作生产类型，由于挖沟和筑埂，稻作面积也大幅度减少。调查结果表明（图 3-3），稻渔共作稻田水稻种植面积占系统总面积平均为 49.47%，农户间差异较大，最高为 88.89%，最低仅为 23.89%，绝大部分集中在 50%~60%，此外在 30%~50%的比例也较高。

种稻比例的大小，一方面取决于稻田原先的结构，大部分稻渔共作稻田是结合低洼稻田及附近的河沟、小池塘、苇滩等发展起来的，该类型占被调查农户的 65.5%，整个系统内适宜种稻的面积大，种稻比例就高；另一方面生产中农户偏重养殖的则种稻比例就小，而偏重种植比例相应就大。

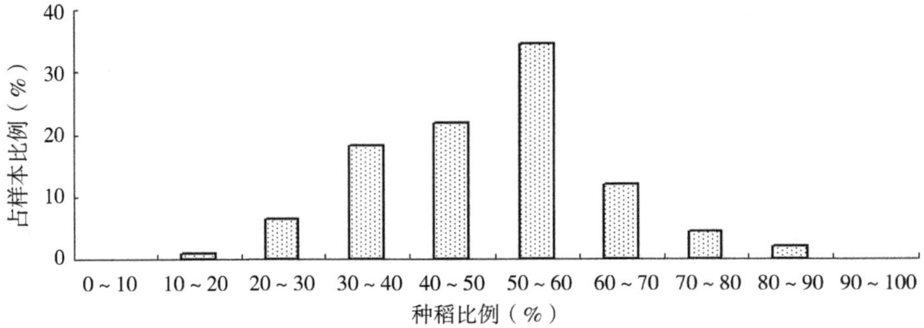

图 3-3　稻渔共作稻田种稻比例的调查结果分布

该地稻渔共作的生产历史平均已有 3.4 年，最长的为 5 年，最短的为 2 年，以 3 年为最多，占调查样本的 59.7%（图 3-4）。

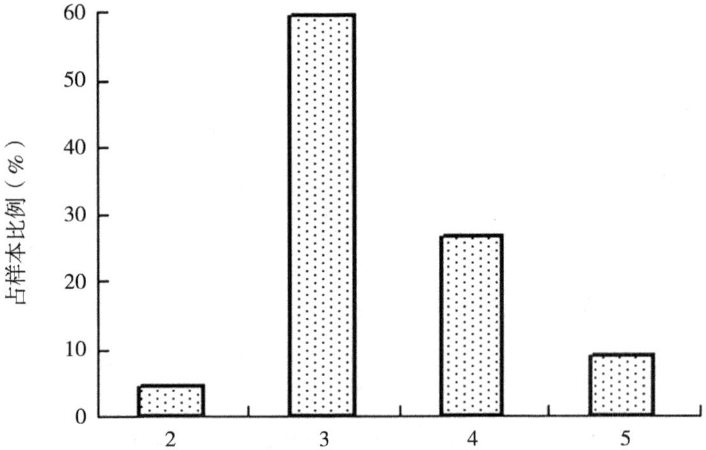

图 3-4　稻渔共作养殖农户种养历史

而提水养殖的时间要略长，平均为 4.6 年，最长的为 9 年，最短的为 2 年，以 4 年为最多，占调查样本的 49.1%（图 3-5）。

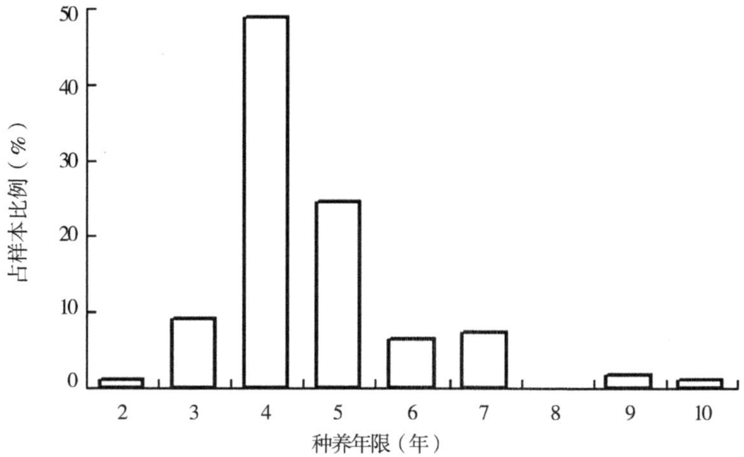

图 3-5　提水养殖农户种养历史

二、稻田的种植业结构

稻田养殖的两种形式中，提水养殖型基本上已由原先的水稻种植业转变为蟹虾等淡水养殖业的生产，而稻渔共作型生产种植业仍占据较大的比重。

从事稻渔共作的 189 户农户中，在稻作方式上主要以育苗移栽为主，有 157 户（占总样本的 83.1%），其余 22 户采用直播方式（占总样本的 16.9%）；在水稻品种选择上主要以迟熟中粳、早熟晚粳和中熟晚粳为主，主要有苏香粳 1 号、9516、9520、武育粳 3 号、武香粳 9 号等，籼稻和糯稻种植较少（被调查户中种籼稻 7 户，种糯稻 2 户）；水稻的播期主要集中在 4 月 15 日至 4 月 30 日，较常规稻田大幅度提前，一般在 6 月 5 日前移栽完毕；种植密度小于常规稻作，在 18 万～27 万穴/hm^2。

由于挖沟筑埂，加上要设防逃墙，稻渔共作系统内堤埂占去整个稻田较大部分的面积，一般在 8%～10%，堤埂的利用主要是种植一些短季的大豆、花生、蚕豆以及蔬菜等，以提高系统的综合产出。大部分稻渔共作稻田实行冬闲制，58.3%的生产者对收稻后的稻田未进行利用。此外，收稻后利用冬闲稻田种植油菜、大麦、蔬菜等短季作物的占调查稻渔共作农户的 22.6%，而种植小麦等的占 16.7%，由于稻麦间茬口衔接较紧，一般不利于水稻的适时移栽以满足稻田早提水的需要，生产上对养殖造成了一定的影响。基于对养殖的考虑，88.9%的提水养殖型农户对退水后的稻田不利用。

三、稻田养蟹模式

资料分析表明，被调查的农户稻田养殖的水生经济动物均以河蟹为主，搭配青虾和少量的鲢、鳙鱼及银鲫等，但在蟹种（苗）的具体放养上形式多样，大体分为以下四类：①放养1龄蟹种（俗称扣蟹），当年养成大规格商品蟹；②放养Ⅳ~Ⅵ期幼蟹，一般通称Ⅴ期幼蟹，当年养成小规格商品蟹；③1龄蟹种与Ⅴ期幼蟹轮放，养成商品蟹；④放养Ⅲ期仔蟹，当年养成1龄蟹种。

从表3-2的分析来看，稻渔共作生产中大部分农户采用了放养Ⅴ期幼蟹和Ⅴ期幼蟹与1龄蟹种轮放的模式，以轮放模式所占比重为高，少数农户仅放养1龄蟹种，很小比例的农户在稻田内培育1龄蟹种；提水养殖生产的蟹种（苗）放养模式与稻渔共作相似，也主要以放养Ⅴ期幼蟹和Ⅴ期幼蟹与1龄蟹种轮放的模式为主，但纯放养Ⅴ期幼蟹的居多，而仅放养1龄蟹种的比例很小，调查中没有农户在提水稻田内培育1龄蟹种。

表3-2　不同稻田养殖模式蟹种（苗）的投放

项　目	RF（n=189）				F（n=111）			
	1龄蟹种	五期幼蟹	1龄蟹种+五期幼蟹	三期仔蟹	1龄蟹种	五期幼蟹	1龄蟹种+五期幼蟹	三期仔蟹
样本数（户）	12	76	97	4	5	77	29	0
比例（%）	6.35	40.21	51.32	2.12	4.50	69.37	26.13	0

第五节　稻渔共作对稻田农渔用化学品投入的影响

一、农用化学品的投入

调查统计表明，与常规稻作相比，稻渔共作的水稻生产农用化学品投入量明显下降（表3-3）。以种稻区面积来算，稻渔共作生产在肥料投入上，化肥用量大幅减少，一般磷肥用于基施，而尿素以追施为主；商品有机肥与农家肥的用量大幅度增加，主要用于稻田耕翻后及移栽前的基肥；肥料的总投入数量较常规稻作增加，主要是农家肥与有机肥养分含量较低的缘故。农药的使用量也较常规稻作明显减少，特别是除草剂的使用量，稻渔共作稻田内使用量仅为常规稻田的 11.1%。

表 3-3 不同稻作生产肥料与农药的投入

项 目		RF	R	
		种稻区用量	按种稻比例50%折算	
肥料（kg/hm²）	化肥	649.95	325.00	1 308.60
	商品有机肥	953.55	476.78	348.00
	农家肥	588.45	294.23	-
	总量	2 191.95	1 096.00	1 656.60
农药（kg/hm²）	杀虫杀菌剂	18.15	9.08	32.70
	除草剂	0.30	0.15	2.70
	总量	18.45	9.23	35.40

以整个稻田系统全年的生长来算，由于稻渔共作稻田实际种稻比例的下降以及大部分生长者改稻麦两季为单季水稻，稻渔共作稻田农用化学品的投入量较常规稻麦两熟生产下降幅度更大。但值得注意的是，在稻渔共作稻田农药使用上，较多的生产者继续使用一些高毒、高残留农药，在被调查的 189 户稻渔共作农户中，使用甲胺磷的农户高达 174 户，占到 92.1%。

二、渔用化学品的投入

稻田养殖生产的渔用化学品主要为消毒药和渔药，消毒药一般以生石灰、漂白粉、硫酸铜和硫酸锌等为主。调查对农户药物的使用进行了简单的数量统计（表 3-4）表明，稻渔共作生产消毒药和渔药的使用量明显少于提水养殖生产，主要由于稻渔共作生产投放的苗种相对较少、裸水比例小等所致。在药物的选用上，有相当比例的农户仍继续使用一些违禁药物，如孔雀石绿、氯霉素、五氯酚钠、红霉素、环丙沙星等，稻渔共作为 52.45%，而提水养则高达 75.87%。但光合细菌等 EM 技术也在养殖稻田中得到应用，有 5.34%的稻渔共作农户使用了光合细菌，而在提水养殖型农户中占了 21.36%。此外一些无毒无害的生物制剂，如大蒜素、中药等在养殖稻田使用较为普遍，稻渔共作农户与提水养殖农户使用者比例均高达 40%以上。

表 3-4　稻田种稻的投入产出及农用化学品的使用

项　目	RF	F
消毒药（kg/hm^2）	979.95	2 106.90
渔药（kg/hm^2）	32.55	80.25
使用违禁药（%）	52.45	75.87
使用光合细菌（%）	5.34	21.36
使用生物或中药制剂（%）	40.17	42.15

第六节　稻渔共作对稻田经济产出的影响

调查对三类农户的生产物质成本、产值与效益进行了统计分析，结果列于表 3-5。从生产的物质成本来看，稻渔共作较提水养殖为低，但较常规稻麦两熟生产为高。其中在水产方面占了较大的比重，为 45.9%，其他方面主要为初期投资的分摊以及税费等，水稻方面仅占 16.9%。最终产值也以提水养殖为最高，稻渔共作其次，稻麦两熟最低。稻渔共作生产产值组成中河蟹占了主导地位，为 61.4%，其他青虾、鱼等的产值也较水稻为高，稻谷的产值占总产值的 16.0%。从经济效益看，稻渔共作远高于常规稻麦两熟，投入产出比也相对较高，但低于提水养殖生产。

调查中发现，稻渔共作稻田中生产的河蟹规格相对较小，产量低、外观品质差等可能是其经济效益低于提水养殖生产的主要原因。

表 3-5　不同稻田系统的投入、产出与效益

	项　目	RF	F	R
生产物质成本（万元/hm^2）	水稻方面	0.213	–	0.338
	小麦方面	–	–	0.292
	水产方面	0.580	1.339	–
	其他方面	0.469	0.158	0.158
	总计	1.262	1.496	0.787

（续表）

项　目		RF	F	R
产值（万元/hm^2）	稻谷	0.444	–	1.016
	小麦	–	–	0.513
	河蟹	1.698	2.620	–
	其他	0.624	0.753	–
	总计	2.766	3.373	1.529
纯收入（万元/hm^2）		1.504	1.877	0.742
投入产出比		2.190	2.250	1.940

注：①水稻与小麦的生产成本包括种子费、肥料农药费、机械作业费、排灌费等。
②水产品的生产成本包括种苗费、消毒与防病用药费、饲料费、排灌燃料动力费等。
③其他生产成本包括固定资产折旧费、修理费、初期费分摊、小农具购置费、土地承包费、田埂及稻田冬闲综合利用生产费等，不计人工费用。
④其他产值包括其他水产品的产值以及田埂作物、冬闲作物产值。

第七节　研究发现的问题

综观里下河地区稻渔共作发展的现状，作者认为主要存在如下迫切需要解决的问题。

一、河蟹种质退化，养殖后回捕率低，品质差

20 世纪 50 年代中期以后，随着沿海、沿江湖泊相继建闸筑坝，隔断了河蟹的洄游通道，长江水系的河蟹苗种不能进入内河、湖觅食，亲蟹不能降河繁殖，使得河蟹资源遭到破坏，产量连年下降。受高额利润的驱使，一些不法商贩趁机将辽蟹、瓯蟹的蟹苗混入市场，造成了品种的混杂。此外一些人工繁殖苗由于亲本选育不严格，导致长江水系的河蟹种质也严重退化。养殖的河蟹不仅回捕率低，外观与口味也大不如前。本调查中，绝大部分生产者放养的 1 龄蟹种均为辽河水系的辽扣，很少有长江水系的优质 1 龄蟹种。

二、生产极度趋利性，放养密度偏高，河蟹规格小

由于极度的趋利性，生产者注重高投入高产出，相当一部分养殖户认为养蟹苗种越多越好，苗多成活率高、安全系数也高。据调查，稻渔共作稻田 V 期幼蟹的放养密度一般在为（2.25 万～2.7 万）只/hm^2，高的达（3.75 万～4.5 万）

只/hm^2，1 龄蟹种放养密度在（1.5 万～1.8 万）只/hm^2，混放后的密度更高。种苗的放养密度常随市场变化而变化，苗价低时多放，苗价高时少放，长江水系的 1 龄蟹种由于苗价较高，因而较少被稻渔共作生产者采用。如此高密度的蟹苗，苗种规格又相对较小，因而养成的商品蟹常常规格较小，一般雄蟹不足 100g，雌蟹只有 60g 左右，市场上销售价格较低，生产效益不高。

三、稻蟹生育上不同步，种养不能协调

绝大多数的生产者发展稻渔共作生产是没有技术基础的，因而生产中出现的问题较多，在种稻与养蟹上不能做到同步协调。生产上常出现这样两种现象：一是重养殖、轻种植，稻田养蟹后，为了确保河蟹等的安全生长和产量，生产者往往较少顾及水稻的生产，造成水稻大幅度减产甚至颗粒无收；二是重种植，轻养殖，生产上仍以水稻生产为主体，河蟹仅作为搭配养殖，由于沟系少，水草稀，加上水稻生产的农药、化肥使用对河蟹的影响，养殖效益较低，甚至不能弥补少种稻所受的损失。此外，由于生产上稻、蟹在种养、收捕时间上的不同步，带来了较多的难题，常因操作不当造成顾此失彼的现象发生。

四、深水条件下水稻生产的安全性得不到保障

由于以往对稻渔共作这种深水条件下水稻的生态生理机理缺乏研究，稻渔共作水稻生态理论接近空白，因而在生产上常常由于栽培管理不当，水稻倒伏现象严重，产量不高，品质较差，水稻生产的安全性得不到保障。水稻品种选择的不合理，造成生态不适应，抗性不良，产量与品质得不到有效地发挥；而肥料种类和运筹的不当，不仅没有满足水稻生长的正常需要，相反对河蟹等的养殖造成不良影响，生产中难以把握；稻田水层的管理也不能兼顾好种稻与养蟹二者的利益。

五、稻渔共作稻田水土环境生态特点不清楚，水质易变差

稻渔共作稻田的养殖水体相对于常规池塘、河流及湖泊浅且交换性小，水体的物理化学性状易变。以往的研究及宣传对稻渔共作稻田环境特点的认识较为模糊，有些研究夸大了稻渔共作稻田的生态优势，给实际生产带来了误导。对于稻渔共作稻田内水体及土壤的变化特点以往缺乏研究，稻田的生态优势得不到发挥，有些反而成为障碍因子，生产中水体缺氧、水质恶化现象时有发生，加上稻田由于水稻的大面积种植给养殖管理带来了较多的不便，水体消毒、蟹病治疗缺乏经验，养殖效益一般不如一些提水养殖型稻田。

六、滥用药物，稻蟹食用安全品质及环境污染严重

绝大部分稻渔共作生产者注重眼前利益，片面追求较高的产量和经济产出，在种养过程中，一些违禁的农药、渔药在生产中继续得到使用，严重影响着稻米与河蟹等水产品的食用安全，也严重污染了稻田及周边生态环境。绿色食品生产尚未得到稻渔共作生产者足够重视，不能发挥稻渔共作生态环境与产品的优势，形成品牌，产品的销售渠道一般仅限于本省内及本市内。

第四章　研究案例：稻渔共作生态环境特点研究

第一节　研究目的

单一稻作对资源的利用很不充分，也不利于生态环境的保护。首先，杂草、浮游植物与水稻之间存在着对阳光、水分和土壤养分的竞争，而传统的杂草清除方法又将蕴含在其体内的物质能量带出系统。此外，水稻种植中大量施用化肥和农药，加剧了农业非点源污染，造成了对生态环境的破坏。为了克服单一稻作的弊端，提高稻田综合效益，人们开发了不同层次和不同类型的稻田综合利用模式，其中，稻渔共作就是应用食物链理论、生态位理论和种间互利共生理论而建立起来的一种半人工复合生态农业模式。它通过生态系统中的物质循环和能量的转换形成共生互惠的关系，从而增加了稻田的生态负载力。

稻渔共作生产模式由于地域、气候、养殖对象等多方面的差异，因而生产上类型复杂多样，自 20 世纪 80 年代以来，随着稻渔共作生产在我国的迅速发展，各地因地制宜地进行了多类稻渔共作稻田工程建设的生产实践。国内外学者对稻渔共作稻田的物理结构、食物链关系、物能转换、水土环境特征、养分平衡等方面进行了诸多的研究与报道。倪达书最早提出了“稻鱼共生”理论，对稻、鱼互利共生关系和稻田的物质能量转换进行了初步的分析。福建省农科院研究并提出“稻田人工生物圈及其新耕作体系”理论，其中对稻鱼共作系统的生态环境特征和调控途径也进行了较多的阐述。朱清海、曹志强等对稻渔共作生态系统物流能流特征、生态结构以及食物链关系进行了研究。而在国外，有关稻渔共作系统生态环境特征的研究和报道也较为丰富，相比而言，研究更为系统而深入。Thibaud 通过建立不同稻渔共作类型，比较分析了系统内水体浮游生物种群变化及水土理化性状特征。Mustow 对稻渔共作系统中水稻不同种植方式的边际效应与水体中浮游生物种群数量的关系进行了分析。Rothuis 则对稻渔共作系统水稻不同的直播密度对稻田中杂草数量、水体温度、溶解氧等理化性状、浮游生物数量的影响进行了较多的研究。

从总体上看，国内以往的研究大多立足于稻渔共作系统的“优势”上，在具体分析时多表现为研究的系统性不强、概念不清、相互的可比性不全面、理论分析多于试验研究等问题，特别在水体环境特征方面，研究与报道对一些动态变化明显的理化指标常不能全面而科学地作出反应。相比而言，国外相关的研究要系统得多，且大多从正反两方面进行科学的评价，分析的环境指标尤其是水体浮游生物的种群特征方面全面且深入。但国外的报道大多集中于东南亚热带地区，在气候特征与生产条件方面与我国大部分地区差距较大，且多为稻田养鱼，生产方式还相对较为原始。

本研究案例在上述研究的基础上，从稻渔共作系统的结构与功能、水土环境特征、物流能流特征三个方面进行系统分析与评价，以期为我国稻渔共作生态机理的系统研究与理论的形成提供一定的依据，并为当前大面积稻渔共作生产生态环境调控技术提供指导。

第二节　研究方法

一、研究地区概况

本研究于2001—2003年在长江下游地区稻渔共作分布最集中、面积最大的江苏里下河稻区进行。定位试验地点位于该区腹地最具代表性的兴化市海南镇。兴化市位于江淮之间（32°44′N～33°13′N，119°43′E～120°16′E），属北亚热带湿润气候，本区全年日照时数 2 313h，年太阳总辐射为4.82×109J/m^2，年平均气温15℃，无霜期239天，年降水量平均为 1 000mm。常年雨水丰沛，日光充足，气候温暖，四季分明，无霜期较长。地势低洼，平均地面海拔仅2.4m，境内湖泊众多，河流纵横，属水网圩区。试验区土壤为脱潜型水稻土中的勤泥土土属，勤泥土土种，较为肥沃。兴化市是里下河地区重要的优质稻米生产基地，水稻在其种植业中居主导地位。近年来，该市大力发展安全优质的稻米，推广以稻田养蟹、虾、鱼为代表的立体种养生态农业模式，在稻作与淡水渔业生产中具有举足轻重的地位。

二、试验设计与方法

试验采取田间定位—辅且模拟—野外调查相结合的方法，对稻渔共作系统的生态环境、水稻的生态学特征、水稻关键栽培技术、稻蟹配合模式、蟹等水产品关键生产技术、优化稻渔共作模式等诸多方面进行相关试验设计与测定。

试验采取田间试验与多点示范相结合的方法，于 2002 年 3 月至 2003 年 12 月在长江下游地区稻渔共作分布最集中、面积最大的江苏里下河稻区进行，定位试验地点为该区腹地最具代表性的兴化市海南镇。

1. 供试材料

水稻品种为栽培稻（*Oryza sativa* L.）品种苏香粳 1 号（中熟晚粳）；主体水生经济动物为中华绒螯蟹（又名河蟹，长江水系，*Eriocheir sinensis* H. Milne-Edwards）及日本沼虾（又名青虾，*Macrobrachium niopponens*）。

2. 试验设计

试验以稻渔共作稻田生态系统为处理（以 RF 表示），以常规稻麦两熟稻田生态系统为对照（以 R 表示）。

（1）田间工程。稻渔共作稻田总面积 1.1hm^2，采用凼—沟—畦式稻田田间工程，沿田埂四周挖环形沟，并在其中一边挖暂养沟，并在稻田四周围防逃塑料布，内田种稻面积 0.62hm^2。稻麦两熟稻田面积 0.6hm^2。

（2）水稻种植。两稻田均采用肥床旱育、大田移栽的水稻种植方式。稻渔共作稻田 4 月 20 日播种，5 月 30 日移栽，22.5×10^4 穴/hm^2，每穴 3 本，株行距为 30×14.8cm，移栽前随耕翻施入水稻专用复合肥（兴化市农乐肥料公司提供，含 N 15%、$P_2O_5$6%、K_2O 7%）1 050kg/hm^2，并于移栽后 10 天、20 天各追施尿素 73.5kg/hm^2 做蘖肥。常规稻麦两熟稻田于 5 月 10 日播种，6 月 19 日移栽，30×10^4 穴/hm^2，每穴 3 本，株行距为 20×16.7cm，移栽前随耕翻施入尿素 326.1kg/hm^2、过磷酸钙 375kg/hm^2、氯化钾 150 kg/hm^2 做基肥，移栽后于 6 月 30 日、7 月 20 日、8 月 15 日分别追施尿素 108.7 kg/hm^2 做追肥。两稻田根据病虫草发生情况做好相应防治，水稻与 10 月下旬收割结束。

（3）水产养殖。稻渔共作系统中 3 月 10 日投放蟹、虾、鱼苗于暂养沟中，蟹苗投放量为 15 000 只/hm^2（1 龄蟹种 160 只 · kg），青虾 7 500 尾/hm^2，鲢鱼 225 尾/hm^2，银鲫 600 尾/hm^2。苗种放养后整个生长季节中做好水质管理和水体消毒工作，饲料按蟹体重的 8%~10%投喂，以小麦粉、豆饼、麸糠为主，搭配小杂鱼等精料，一日投喂一次。平时注意蟹、虾病虫害的防治，河蟹与青虾于 9 月下旬至 10 月月底陆续捕获上市，鱼在 11 月中旬捕获上市。

3. 土壤理化性状测定

（1）土壤剖面观测。于 2003 年 3 月对试验示范区稻渔共作 8~10 年的 4 块稻田以及 2 块常规稻麦两熟稻田进行土壤剖面形态的观测，观测内容为土壤发生层次、深度、颜色、质地、结构、紧密度、酸碱度、石灰反应、通气性、新生体、侵入体、地下水位、根系、孔隙等。其中石灰反应用 10%稀盐酸滴到土中，视泡沫反应的有无与强弱，确定其强度；土壤通气性测定亚铁用铁氰化钾法，视蓝色的深浅确定其还原性的强弱，高价铁用硫氰化钾法，以红色的深浅判断其氧化性的强弱。

（2）土壤物理性状测定。于2002年水稻收获后对试验区所在地分不同稻渔共作年限进行稻田耕层土壤多点采样，并以多块常规稻田作对照，测定耕层土壤容重、田间持水量、饱和含水量、总孔隙度、毛管孔隙度与非毛管孔隙度，测定采用环刀法。

另外分别于2003年8月10—12日（水稻拔节孕穗期）及9月19—21日（水稻乳熟期）测定稻渔共作稻田耕层土壤向下15cm处土温变化，以常规稻田为对照，测定在连续24h内进行，每隔2h测定一次，重复2天。

（3）土壤肥力性状测定。于2002年水稻收获后对试验区所在地分不同稻渔共作年限进行稻田耕层土壤多点采样，并以多块常规稻田作对照。在稻田内按"S"形10点法采集耕层0~20cm土样，土样风干后研磨粉碎，并混匀过筛。有机质采用重铬酸钾容量，全氮用半微量凯氏定氮法，速效氮用碱解扩散法，全磷用高氯酸/硫酸法，速效磷用0.5moL/L碳酸氢钠浸提，钼锑抗比色法，全钾用碳酸钙/氯化铵培熔，火焰光度法，速效钾用中性1moL/L醋酸铵浸提，火焰光度法，同时测定风干土样含水量。

另外于2003年6—11月每月15日定期测定稻渔共作稻田耕层0~20cm土壤速效养分含量，并以常规稻田作对照。土壤样品取样方法为：在稻田小区内按"S"形取5个样点，将直径15cm的PVC管（两端开口，内壁刻有刻度）垂直压入表层土壤向下20cm，吸去上层积水，用不锈钢勺根据内壁刻度取出0~20cm土样于样品袋中。土样的处理及测定方法同上。

4. 水体理化性状测定

（1）水层深度测定。在两类稻田生态系统的不同位置定点，测定种养过程中水层深度的变化动态。

（2）浮游生物的采集与测定。浮游生物用25号浮游生物网和1L有机玻璃采水器采集，在显微镜下计数，定量。

（3）水体的温度与溶解氧测定。水体溶解氧测定采用M_0-128型溶氧仪，瑞士Milterlar公司生产。水体温度测定采用常规水银温度计（0~100℃）。

水温与溶解氧的水平与昼夜变化　分别于2003年7月20日、8月20日与9月20日前后对稻渔共作系统中暂养沟、围沟、畦面沟、稻畦面测定表层水（水表向下10cm处）和底层水（底泥向上10cm处）水体溶解氧与温度。测定在连续24h内进行，每隔2h进行一次，重复2天。

水温与溶解氧的垂直变化　于2003年8月22日在稻渔共作系统暂养沟、围沟、畦面沟及稻畦面测定水体温度与溶解氧的垂直变化。暂养沟与围沟分表层、中层与底层，畦面沟与稻畦面分表层与底层，其中表层为水表向下 10cm 处，底层为底泥向上 10cm 处，中层介于表层与底层之间。

不同稻田生态系统水温的变化　分别于 2003 年 7 月 20 日、8 月 20 日与 9 月 20 日前后对稻渔共作生态系统与稻麦两熟稻田生态系统稻畦面测定水层温度，测定位置为水层的中间位置。测定在连续 24h 内进行，每隔 2h 进行一次，重复 2 天。

太阳辐射强度对水体溶解氧的影响　于 2003 年 8 月 20 日至 25 日测定稻渔共作系统围沟内水体溶解氧，同期测定太阳辐射强度，分析二者相关关系。测定在每日 14：00 至 15：00 进行。

水中植被对水体溶解氧的影响　于 2003 年 8 月 20 日前后在稻渔共作系统同一水层深度的稻畦面测定事先设置好的裸水面、种稻区与水草带（伊若藻）表层水体（水表向下 10cm 处）与底层水体（底泥向上 10cm 处）溶解氧。测定在 14：00 进行，重复 2 天。

（4）水体的 pH 值测定。系统不同位置 pH 值变化　于 2003 年 8 月 20 日前后测定稻渔共作系统围沟与稻畦面水体（表层水向下 20cm 处）pH 值。测定在 4：00—20：00 时进行，每隔 2h 进行一次，重复 2 天。测定采用简易笔式 pH 值计。

水中植被对水体的 pH 值影响　于 2003 年 8 月 20 日前后在稻渔共作系统同一水层深度的稻畦面测定事先设置好的裸水面与水草带（伊若藻）水体（水表向下 20cm 处）pH 值。测定在 4：00—20：00 时进行，每隔 2h 进行一次，重复 2 天。

（5）水体的电导率测定。于 2003 年 8 月 20 日前后测定稻渔共作系统暂养沟、围沟、畦面沟、稻畦面水体电导率，采用 AJ-1 型水产养殖监测仪（测定范围 $0\sim10^4\mu s/cm$）测定，江苏省电分析仪器厂生产。

（6）水体透明度测度。于 2003 年 8 月 20 日前后测定稻渔共作系统暂养沟、围沟及畦面沟水体透明度，测定用塞氏盘法（自制黑白相间的圆形铁盘，垂直吊入水中测定）。

5. 稻田有害、有益生物的调查

稻田有益生物调查对象为蜘蛛。于 2002 年 8 月 20 日进行稻田蜘蛛数量的调查、检测工作，每小区稻田设三个代表性样方，每个样方 $16m^2$（4m×4m），小区重复三次，检测样方中蜘蛛的数量，然后取平均值。

稻田有害生物调查对象为纹枯病、条纹叶枯病、白背飞虱、褐飞虱、稻纵卷叶螟、杂草。分别于 6 月 20 日、7 月 20 日、8 月 20 日、9 月 20 日调查以上病虫害的百穴发生量、虫量、卵量，重复三次，取平均值；杂草的调查取 4 个代表性样方，每点 $4m^2$（2m×2m），取出洗净吸干外部水分后称重。

6. 系统物质输入、输出的记载及能量、养分的折算

对定点试验区分别记载稻渔共作生态系统和稻麦两熟生态系统 2002 年、2003 年度内各种人工投入产出的实物量，并以两类稻田模式的生产示范记载为参照。人工投入主要包括化肥、农（渔）药、农机具、燃油、劳力、种（苗）、有机肥、饲料等，产出则有稻谷、小麦、稻（麦）草、河蟹、青虾和鱼等，其中农机具的折旧年限为 10 年，将农机具的总重量除以 10，求得每年的农机具投入量，最后将各物质的实物量按相应的折能系数换算，分析两类稻田生态系统的能量构成与能流特征。在分析两类稻田生态系统土壤养分平衡时，计算施用的化肥和有机肥中氮磷钾的量以及播种、放苗、投饵等所带入的养分，同时估算随稻谷、小麦、稻（麦）草、河蟹、青虾及鱼等带出稻田的养分量，二者相减，即可求得氮磷钾养分的盈亏。

第三节　稻渔共作生态系统的结构与功能分析

农业生态系统的结构状况反映着环境资源利用情况及系统内部生态因子间关系是否协调，从而决定着整个系统的功能和效益。稻渔共作生态系统综合了稻田生态系统和池塘生态系统特点为一体，实行种养相结合，稻、蟹、虾等互利共生，物质能量循环利用，极大地提高了系统的产出力，从而大幅增加了系统的经济效益和社会生态效益。

一、物理结构与生态位

系统的形态结构反映了系统内生态位利用率的高低。稻渔共作生态系统的田间工程主要由堤埂、暂养沟、围沟、畦面沟、稻畦面以及进排水系统构成（图 4-1、图 4-2），较常规稻田生态系统和池塘生态系统复杂得多，这也就决定着系统在空间水平结构与垂直结构上生态位的多样性。

在稻渔共作生态系统中，有机体间不仅确定了多种共生关系，而且养成了各自特有的生活习性，在系统中占有不同的生态位，摄取各个层次的物质和能量。根据水层的深浅以及着生的水生植物类型，稻渔共作生态系统的生态位主要有稻畦面、畦面沟、围沟与暂养沟。稻畦面作为系统的主体部分，一般占整个系统的 50%～60%，分为水上层、表水层和底水层三个层次。上层的挺水植物水稻是系统的主要优势种群，为生活在其间的河蟹等水生经济动物提供了遮阴、栖息和蜕壳的场所。表水层分布着较多的浮游植物和浮游动物，它们靠稻丛间的太阳辐射

以及水体的营养进行生长繁殖，此外还有从稻株中落下的昆虫，它们是河蟹等重要的饵料来源。底水层是河蟹等栖息与蜕壳的主要场所之一，聚集着大量的底栖动物、细菌及一部分稻田杂草和沉水植物，一些螺、蚬等底栖动物以水下的稻茎作为附着体，它们绝大部分可为河蟹等捕食。生活在其间的河蟹可疏松土壤，促进土壤养分释放，清除杂草及稻株基部枯黄叶，其排泄的粪便提高了稻田土壤的肥力。

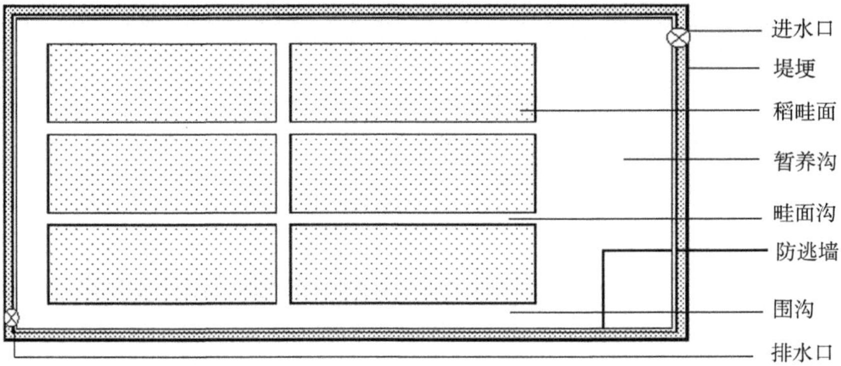

图 4-1　稻渔共作生态系统田间工程结构全貌

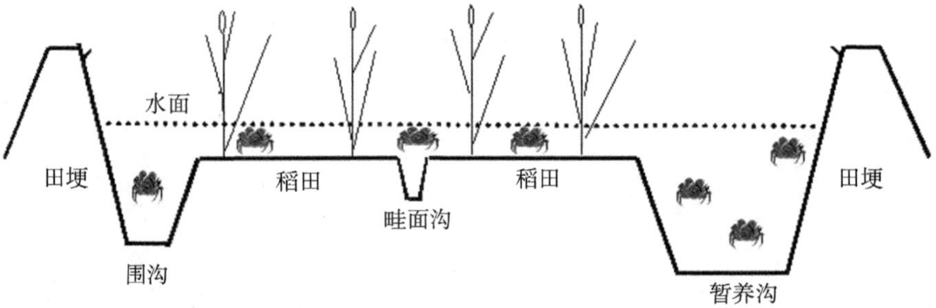

图 4-2　稻渔共作稻田横断面

与围沟及暂养沟相比，畦面沟水层相对较浅，且紧靠稻田，是河蟹等出入稻田的主要通道。在这一生境中，生长着大量人工栽植或自然繁殖的水草，水体中浮游生物极为丰富。

据测定，畦面沟水体中浮游生物总生物量达 75mg/L，其中浮游植物为 32×10^4 个/L，浮游动物为 600 个/L，远高于稻畦面及围沟和暂养沟水体（表 4-1）。

表 4-1　稻渔共作系统不同水体浮游生物比较（2002 年）

类别	稻畦面	畦面沟	围沟	暂养沟
总生物量（mg/L）	16.7	75.1	31.0	27.2
浮游植物（10^4 个/L）	12.3	32.0	20.9	15.4
浮游动物（个/L）	235.4	600.5	270.4	205.8

此外，在其水层中还有着较多埋在泥中的细菌和底栖动物、附在水草和泥土表面的固着生物、游泳在水层的小鱼、小虾类以及扎根在水底的沉水水草等。因此畦面沟可为蟹等水生经济动物的生长提供丰富的饵料资源、隐蔽的栖息蜕壳场所以及溶解氧充足的水质环境。

围沟与暂养沟水体基本类同于常规池塘生态系统，为蟹等提供了更大的水体空间，有利于在稻田追肥、喷药时作为其躲避场所，也是稻渔共作系统进排水的主要调节通道。

根据水稻的生态特征及蟹、虾等的生活习性，稻田的水层管理做了相应的调整（图 4-3）。

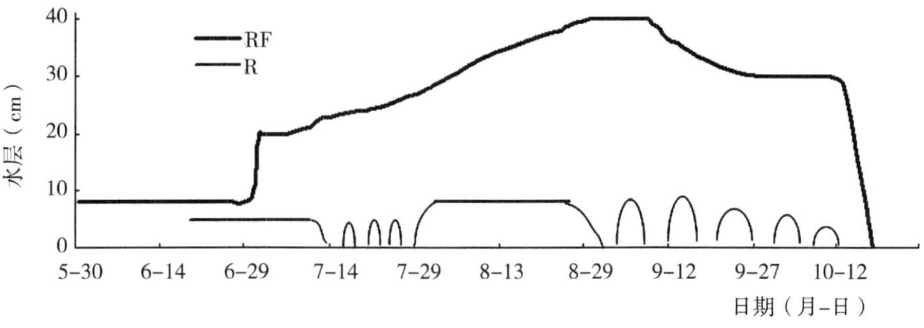

图 4-3　不同稻田生态系统稻畦面水层管理模式

（注：RF，稻渔共作；R，常规稻田，下同）

一般插秧前仅在系统沟系内保留少量存水以供早期放养的蟹、虾等苗种生长，水稻插秧后，蟹等水生经济动物个体尚小，气温不高，较少在稻畦面活动，稻畦面水层一般控制在 8cm 左右；水稻进入有效分蘖临界叶龄期，常规稻作需搁田时，将稻畦面水位升至 20cm 左右，进行深水控蘖，并且可以有利于大量的河蟹等在稻丛内的生长与生活；随着植株高度的增加、河蟹等水生经济动物个体的增大以及夏季高温的到来，水层逐步加深，并在水稻进入齐穗期，提高稻畦面水位至 40cm 左右；此后逐步略有下降，并保持在 30cm 左右，在收获前约一周，逐步排干稻畦面水体，以利于水稻收割，而此时河蟹也已大部分收捕结束，余下的进入围沟及暂养沟中继续生长。

可见，稻渔共作生态系统的水体环境具有明显的季节和空间变化特征。季节性变化方面，系统内水位随气温的升高和河蟹个体的长大逐步提升，满足了稻、蟹（虾、鱼等）的生育与生长需要，稻田水位以 7 月上旬为界明显可以划分为浅水期和深水期两个时期。

空间变化方面，系统内形成了由稻畦面向畦面沟、围沟、暂养沟不断加深的水体环境，为蟹、虾等提供了生长与栖息的多种生境（图 4-2）。据测定，水稻抽穗后系统内水层分布大体为：稻畦面 35～40cm，畦面沟 80cm 左右，围沟 200cm 左右，暂养沟 250cm 左右。

此种生境使得稻田内生物种类更趋丰富，一些水生杂草、浮游植物、底栖动物、光合细菌等大量繁殖，增添了河蟹等的新鲜生物食料。以往的稻田养鱼稻田最高水层一般在 10～15cm，且季节变幅较小，多以水稻为生产的主体，这与本研究有着较大的区别。

但从另一方面来看，稻渔共作稻田的这种水层环境相对于池塘等常规养殖水体而言，又属浅水环境，在常规养殖水体中，浮游生物的繁殖主要依靠水体的营养补给，而稻渔共作系统中相对较浅的水层，特别是畦面沟和埂边、畦边，浮游生物繁殖不仅可利用水体的营养，土壤的养分也能得到较大程度的利用。

二、种群结构与食物链

系统的种群结构是系统与环境适应性的反映。稻渔共作生态系统的种群结构较常规稻田生态系统与池塘生态系统复杂。其生产者主要由水稻、水草、田间杂草、浮游植物和光合细菌等组成。

水稻是系统中最大的生产者，系统内 50%～60%的面积为水稻所覆盖，水稻也是系统产出的主要组成部分。消费者主要由河蟹、青虾、鱼类及它们的饵料生物和敌害生物组成，饵料生物主要由浮游动物、底栖动物、水生昆虫、水稻害虫、小鱼、小虾等组成，敌害生物主要为水鼠、水蛇和鸥鸟等。分解者主要是一些土壤细菌和水细菌，它们负责将系统内生产者和消费者的残留物、代谢物分解转化为系统物质再生的能源。

系统的食物链结构是系统成熟性及物、能循环完整性的表现。太阳光能是地球上一切能量的来源，日光被固定形成化学潜能，并沿着食物链的各个营养级传递，由于能量在转化过程中不可避免地消耗和损失，没有任何能量能够 100%有效地转化为下一营养级的生物潜能。

分析表明（图 4-4），在常规稻田生态系统中，食物链逐步退缩，物质能量仅进行单一的循环与转化，一些生产的过程物质不能在系统内就地转化，稻田系统中杂草、浮游生物和底栖生物被人工清除或随水流失带走了系统内的肥料，有害的杂草、病虫害制约了水稻产量潜力的发挥，所有这些不利于稻田生态系统中能量的有效转化和物质的有效利用，并降低了系统的稳定性，加重了环境污染。

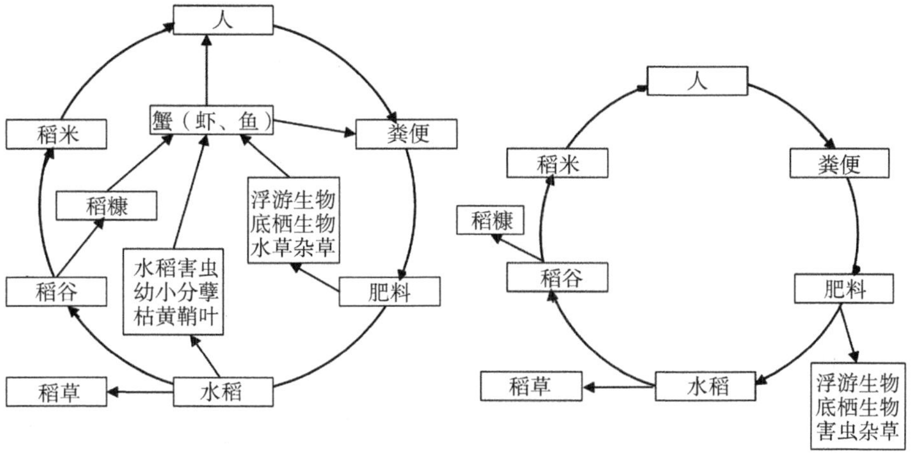

图 4-4　不同稻田生态系统食物网及物质转化示意

稻渔共作生态系统对原有稻田生态系统进行改造后引入河蟹等水生经济动物，系统内物流、能流途径增加，食物链得到加环而趋于复杂，可实现多层多级地充分利用各种资源，包括系统中的“废物”。稻田内杂草、病菌及有害昆虫等由于河蟹等的取食而大幅度减少，有益生物蜘蛛则大幅增加（表 4-2），水体中浮游生物和底栖动物被河蟹等取食而得到充分利用，河蟹等排泄物提高了土壤的肥力，促进水稻产量的增加，因此系统可以生产出更多的稻米及蟹、虾等水产品，增加了系统的经济产出，提高了稻田资源的利用率。

表 4-2　不同稻田生态系统中有益、有害生物比较（2002 年）

处　理	纹枯病 病穴率（%）	条纹叶枯病 病穴率（%）	白背飞虱 百穴虫量（只）	褐飞虱 百穴虫量（只）	稻纵卷叶螟 百穴落卵量（块）	杂草生物量 （kg/hm^2）	蜘蛛 百穴虫量（只）
RF	21.5	21.3	125	165	210	24	22
R	35.0	16.3	554	656	335	215	14

第四节　稻渔共作稻田土壤理化性状特点

一、剖面形态特征

试验所在的里下河地区土壤类型复杂多样，定点试验所在地大部分属湖海相沉积物，为脱潜型水稻土亚类勤泥土土属，勤泥土土种。历史上东受卤水倒灌，西受淮水泛滥，两水在此迂回沉积，使这一地区形成了以湖积物为主，海积物为次的湖、海相沉积母质。

试验对稻渔共作 8 年以上的稻田和常规稻麦两熟稻田土壤剖面形态进行了观测，结果表明（表 4-3），稻渔共作后受长期深水灌溉及养殖管理等的影响，土壤剖面形态结构发生了一系列的变化，具体表现在：①表土层有所下移，耕层土壤增厚；②土壤表层熟化程度高，耕层疏松结构好，孔隙度增加；③土壤 PH 值有所提高，碳酸钙含量增加；④虽然土壤孔隙增加，但其还原性增强，氧化性减弱，土壤通气性有所下降。

试验对表土层和犁底层土壤的物理性状做了进一步的分析，结果表明（表 4-4），与常规稻田相比，稻渔共作稻田土壤容重表土层与犁底层均较常规稻田降低，而饱和含水量、田间最大持水量、总孔隙度均表现增加，表土层中主要表现为非毛管孔隙度增加，而犁底层中表现为毛管孔隙度增加。

二、土壤物理性状

长期淹水以及蟹虾等的活动，在某种程度上必然使稻渔共作稻田耕层土壤物理性质发生变化。

测定结果表明（表 4-5），与常规稻田相比，稻渔共作稻田稻畦面土壤容重降低，土壤饱和含水量、田间最大持水量及总孔隙度增加，其中毛管孔隙度有所减少，而非毛管孔隙度则显著增加，说明实施稻渔共作后对稻田土壤的物理结构具有一定程度的改善作用。

不同稻渔共作年限间，随共作年限增加，土壤容重增加，土壤饱和含水量与总孔隙度减少，田间最大持水量增加。表明稻渔共作对稻田耕层土壤的短期改善作用逐步在削弱，因此，长期稻渔共作后适当轮种旱作作物，可能比较有利于持续改善稻渔共作稻田土壤物理性状的作用。

表 4–3　不同类型稻田土壤剖面形态特征（2003 年）

稻田类型	层次	深度（cm）	颜色	质地	结构	紧实度	酸碱度 pH 值	石灰反应	亚铁反应	高铁反应	新生体		侵入体		地下水位（cm）	孔隙	根系
											名称	数量	名称	数量			
RF	表土层	0~15	褐灰	砂壤	小块状	松散	7.1	+++	+ +	++	锈斑	少量	螺壳	少量	71	多	多
R	（A）	0~13	褐灰	中壤	小块状	疏松	6.5	+	+	+++	根孔锈斑	少量	瓦粒	少量	81	多	多
RF	犁底层	15~30	灰褐	中壤	小块状	稍紧	–	–	–	–	根孔锈斑	少量	螺壳	少量	–	较多	较多
R	（P）	13~28	褐灰	中壤	块状	紧实	–	–	–	–	根孔锈斑	少量	螺壳	少量	–	中等	较多
RF	渗育层	30~48	褐色	中壤	棱块状	紧实	–	–	–	–	铁锰结核	少量	螺壳	少量	–	少量	较少
R	（W）	29~49	褐灰	重壤	块状	紧实	–	–	–	–	根孔锈斑	少量	螺壳	少量	–	少量	较少
RF	脱潜层	48~73	灰黑	重壤	棱柱状	紧实	–	–	–	–	锈斑	少量	螺壳	少量	–	少量	极少
R	（Wg）	49~72	深灰	重壤	云片状	紧实	–	–	–	–	根孔锈斑	少量	螺壳	少量	–	少量	少
RF	母质脱潜层（Cg）	73~	黄夹灰	黏壤	块状	紧实	–	–	–	–	铁锰结核	较多	无	无	–	无	无
R	–	72~	黄夹灰	黏	块状	稍紧	–	–	–	–	铁锰结核	少量	无	无	–	无	无

注：文中的“+”表示强度，“+ + +”为强，“+ +”为中，“+”为弱。

表 4-4　不同类型稻田表土层与犁底层土壤物理性状比较（2003 年）

稻田类型	层面	土壤容重（g/m^3）	土壤饱和含水量（%）	田间最大持水量（%）	总孔隙度（%）	毛管孔隙度（%）	非毛管孔隙度（%）
RF	A	1.14	49.04	36.66	57.11	38.24	18.87
	P	1.43	33.73	27.90	45.92	37.59	8.33
R	A	1.33	36.15	30.02	49.70	38.20	11.50
	P	1.48	29.63	21.18	44.21	31.70	12.43

注：A，表土层；P，犁底层。

表 4-5　不同类型稻田耕作层土壤物理性状比较（2002 年）

稻田类型	土壤容重（g/m^3）	土壤饱和含水量（%）	田间最大持水量（%）	总孔隙度（%）	毛管孔隙度（%）	非毛管孔隙度（%）
RF3~4（n=12）	1.21	44.96	28.62	54.24	34.66	19.58
RF5~6（n=8）	1.24	43.16	29.04	53.16	35.77	17.39
RF7~8（n=6）	1.25	41.38	29.72	52.74	33.59	19.15
RF10-（n=6）	1.25	39.71	30.39	52.81	34.14	18.67
R（n=8）	1.31	34.77	25.20	50.40	36.53	12.47

同样，稻渔共作系统稻畦面耕层土壤温度在种养过程中也受到一定的影响。与常规稻田相比（图 4-5），拔节孕穗期，稻渔共作处理土壤温度全天中除 14：00—20：00 略低外，其余时间均高于对照，并在 12：00 达到最高值，较对

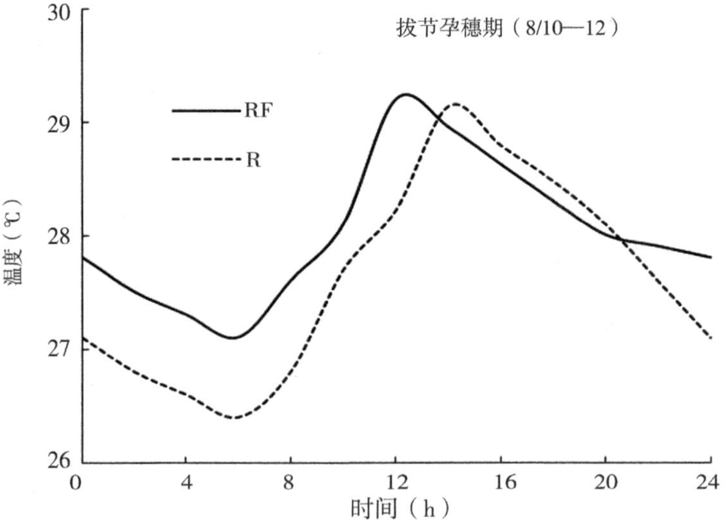

图 4-5　拔节孕穗期不同类型稻田耕层土壤温度变化（2003 年）

照 14：00 提前，但均在 6：00 达到最低值。

乳熟期（图 4-6），稻渔共作处理则全天均较对照为高，最高温度出现在 16：00，最低温度出现在 10：00，均较对照推迟。耕层土壤的这一变化必将对水稻的生长发育与产量形成产生影响。

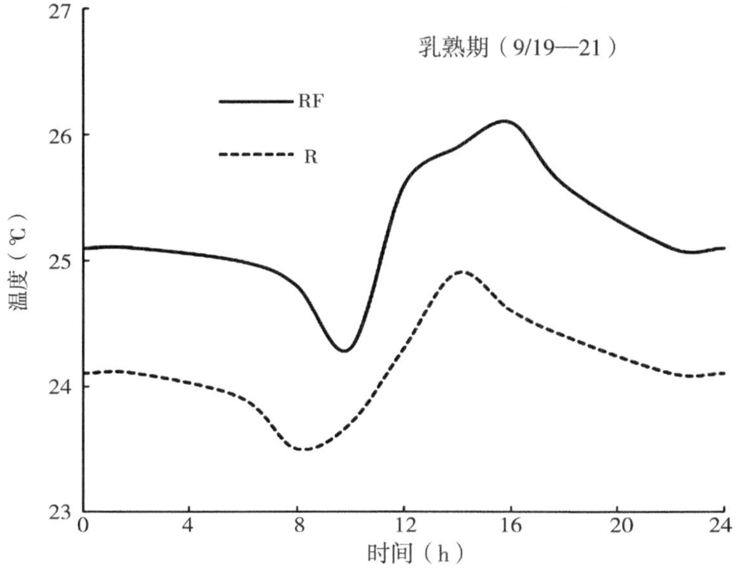

图 4-6　乳熟期不同类型稻田耕层土壤温度变化（2003 年）

三、土壤肥力性状

研究结果表明（表 4-6），与常规稻田相比，稻渔共作稻田土壤有机质、全氮、全磷、全钾及土壤速效氮、速效磷、速效钾含量均不高程度增加，以有机质、全氮、速效磷与速效钾含量增加尤为显著。与耕层土壤的物理性质不同，稻渔共作稻田随种养年限增加土壤肥力性状逐步改善，有机质、全氮、全磷、速效氮与速效磷含量均表现增加，但全钾与速效钾含量表现下降的趋势。稻渔共作对土壤肥力性状的改善主要缘于以下几方面：①稻田放养蟹、虾等水生经济动物后，蟹、虾、鱼粪便及残渣剩饵，可以起到肥田作用。据有关资料分析，河蟹粪便中磷的含量（干）为 0. 43%，鲢鱼粪便中磷的含量（干）为 0. 41%，都优于猪、牛粪，与人粪差不多，长期的积累可为稻田增加大量的优质有机肥。②蟹和鱼的活动，能疏松土壤，改变土壤的团粒结构，打破土壤表面胶泥层的封固，从而有利于土壤肥料的分解。③稻田土壤中的养分，除了供给水稻生长外，还会被同时存在于稻田生态系统中的杂草、光合细菌和浮游生物所夺走，而稻田养蟹后，消灭和抑制了杂草，浮游生物等得到充分利用，起到了保肥作用。④稻渔共作稻田冬闲期的清淤还田，提高了养分在系统内的循环利用，养分保蓄机制得到加强。

表 4-6 不同类型稻田耕层土壤肥力性状比较（2002 年）

稻田类型	有机质（g/kg）	全氮（g/kg）	全磷（g/kg）	全钾（g/kg）	速效氮（mg/kg）	速效磷（mg/kg）	速效钾（mg/kg）
RF3~4（n=12）	16.4	1.17	1.58	24.5	87	15.9	176
RF5~6（n=8）	17.1	1.22	1.62	23.4	89	13.8	160
RF7~8（n=6）	18.5	1.21	1.59	22.1	93	18.1	127
RF10-（n=6）	19.4	1.29	1.66	20.9	104	23.1	123
R（n=8）	14.9	1.01	1.49	21.5	86	13.4	90

稻渔共作条件下，稻田耕层土壤在种养过程中速效养分的变化动态必将受到一定的影响。分析结果表明（图 4-7、图 4-8、图 4-9），整个水稻生长期内稻渔共作稻田与常规稻田土壤速效氮含量变化趋势基本相似，均在移栽种稻后逐步增加，但常规稻田下降较早，拔节后低于稻渔共作稻田，稻渔共作稻田在孕穗后才显著下降。土壤中的速效磷也呈先升后降的趋势，水稻生长前期稻渔共作处理较常规稻田为低，但由于肥效持久，在常规稻田含量开始下降时，稻渔共作处理

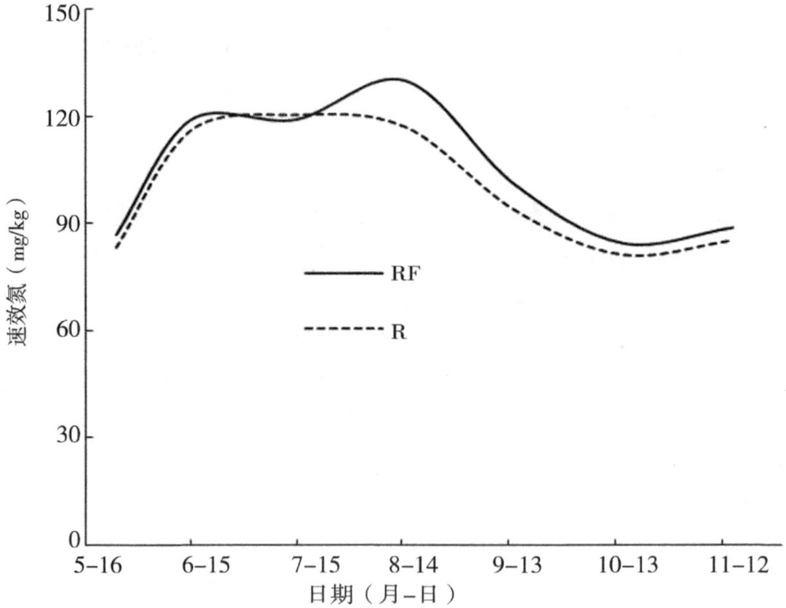

图 4-7 不同类型稻田土壤速效氮变化动态（2003 年）

显著上升，迅速高于常规稻田，并在水稻籽粒灌浆中后期逐步下降，水稻孕穗后均高于常规稻田。土壤中的速效钾在水稻生长的前期变化较为缓和，稻渔共作稻田与常规稻田均在水稻孕穗后显著上升并在水稻籽粒灌浆中后期开始下降，整个生长过程稻渔共作稻田均较常规稻田为高。

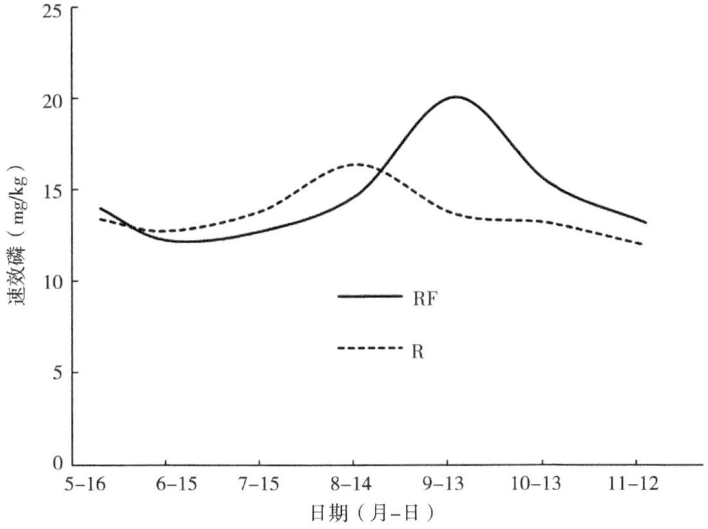

图 4-8　不同类型稻田土壤速效磷变化动态（2003 年）

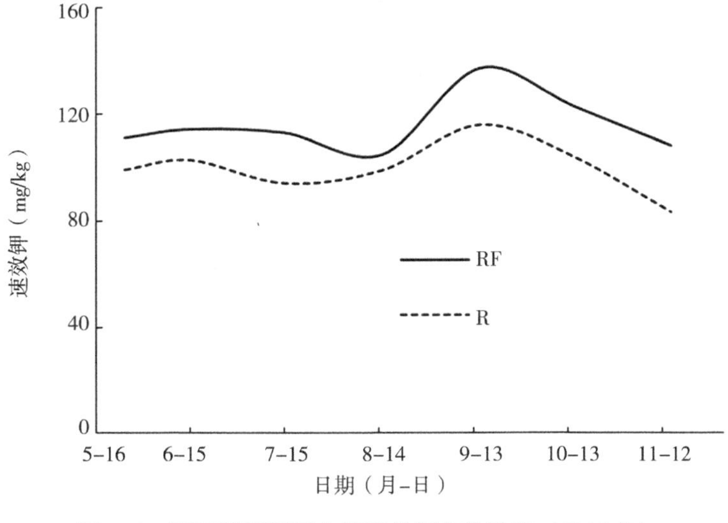

图 4-9　不同类型稻田土壤速效钾变化动态（2003 年）

第五节　稻渔共作生态系统水温变化特点

水温是蟹虾最重要的环境条件之一，适宜的水温条件下蟹、虾不仅摄食量大，生长速度快，而且对饵料的利用率也高。并可促进天然饵料的繁衍，进一步推动蟹、虾的生长。稻渔共作水稻一生都生长在不断加深的半深水环境中，稻田水体的温度以及由此影响的稻田田间小气候对水稻的生长发育、产量与品质形成同样至关重要。在稻渔共作生态系统中，水温存在着季节、昼夜以及水平与垂直方向的变化。

一、水温的季节与水平变化

试验对不同季节的稻渔共作稻田围沟、畦面沟及稻畦面水体进行了全天水温测定。结果如下。

7 月下旬水稻处于拔节期时（图 4-10、图 4-11），稻畦面水层在 20cm 左右，这一阶段畦面沟与稻畦面表层水体水温相差较小，并在一天中上午时段（4：00—12：00）明显低于围沟水体，其余时间各水体间差异较小；而底层水体温度全天中一致表现为围沟>畦面沟>稻畦面。

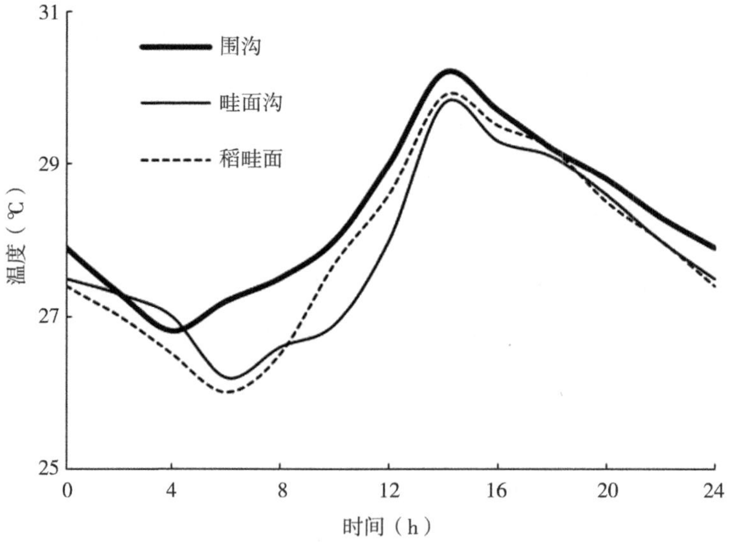

图 4-10　稻渔共作系统水稻拔节期表层水水温变化动态（2003 年）

注：水稻拔节期（7/19—21），稻畦面水深 20cm 左右，表层水（水表向下 10cm）。

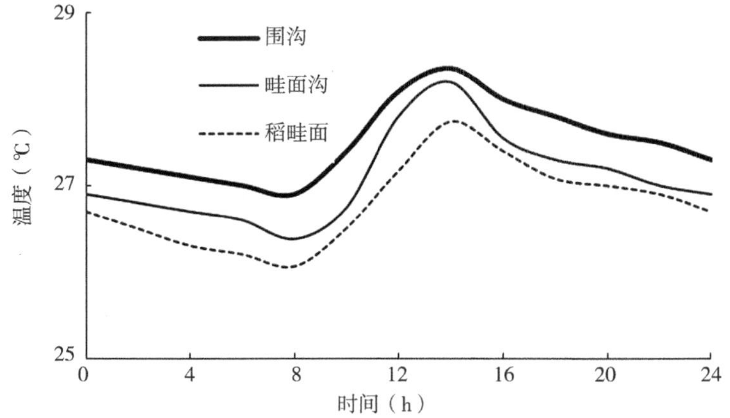

图 4-11　稻渔共作系统水稻拔节期底层水水温变化动态（2003 年）

注：水稻拔节期（7/19—21），稻畦面水深 20cm 左右，表层水（水表向下 10cm）。

8 月下旬水稻处于孕穗期时（图 4-12、图 4-13），稻畦面水深达到最高，40cm 左右，这一阶段的白天气温较高，稻畦面是河蟹主要的避暑场所，围沟的表层水体温度在日出后迅速上升，并在 14：00 达到最高，此后下降，4：00—16：00 这一阶段较畦面沟与稻畦面水温显著为高，但其他时间系统不同位置水温差异较小，白天的大部分时段稻畦面水温要略低于畦面沟；底层水温系统不同

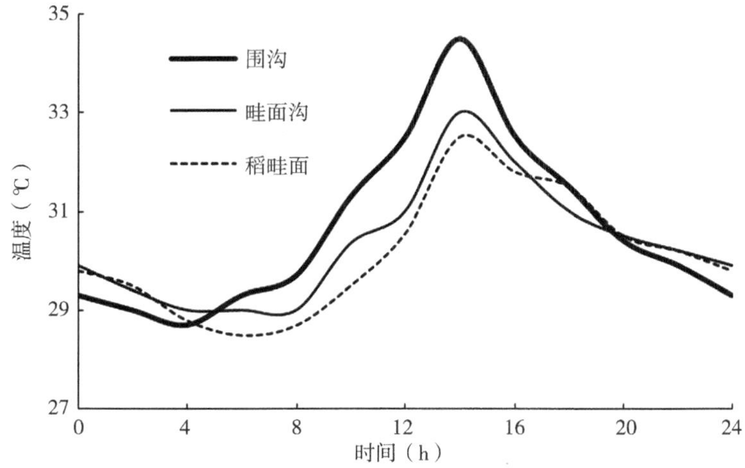

图 4-12　稻渔共作系统水稻孕穗期表层水水温变化动态（2003 年）

注：水稻孕穗期（8/19—21），稻畦面水深 40cm 左右，表层水（水表向下 10cm）。

位置间差异较小，但均以围沟为最低，最高水温均出现在 16：00。

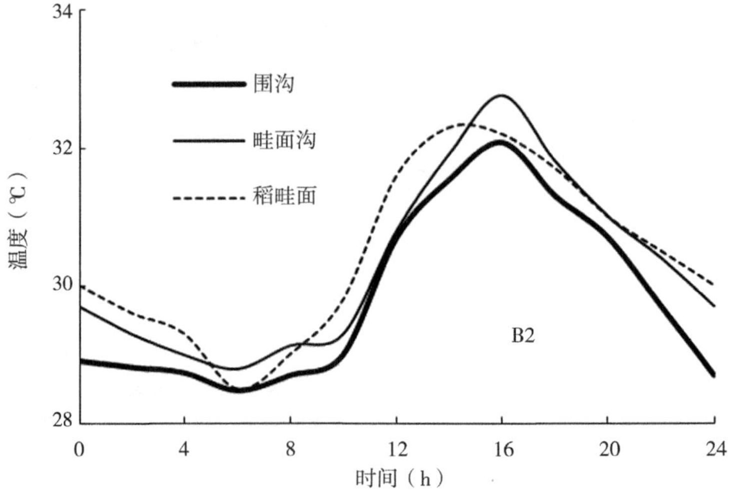

图 4-13　稻渔共作系统水稻孕穗期底层水水温变化动态（2003 年）

注：水稻孕穗期（8/19—21），稻畦面水深 40cm 左右，底层水（水底向上 10cm）。

9 月下旬气温有所下降，水稻处于乳熟期（图 4-14、图 4-15），稻畦面水

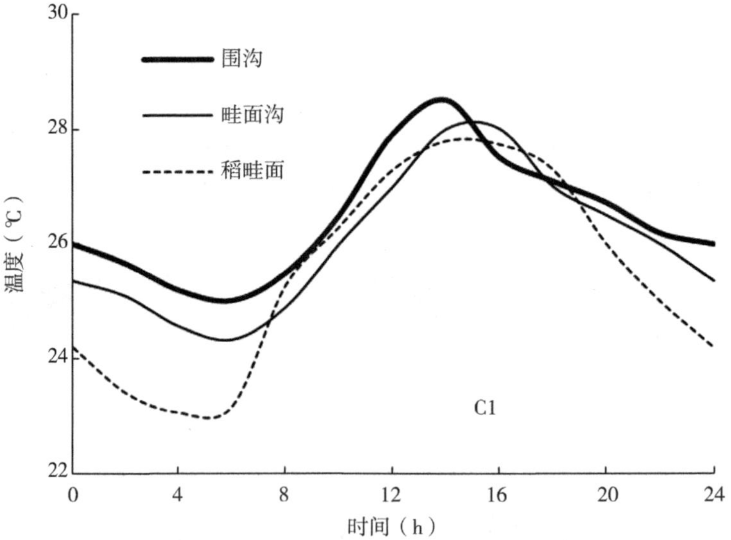

图 4-14　稻渔共作系统水稻乳熟期表层水水温变化动态（2003 年）

注：水稻乳熟期（9/19—21），稻畦面水深 30cm 左右，表层水（水表向下 10cm）。

深在 30cm 左右，表层水体仍以围沟为全天最高，但与畦面沟相差较小，夜间至凌晨稻畦面水温相对较低；底层水温仍以围沟为最低，且变化相对较小。

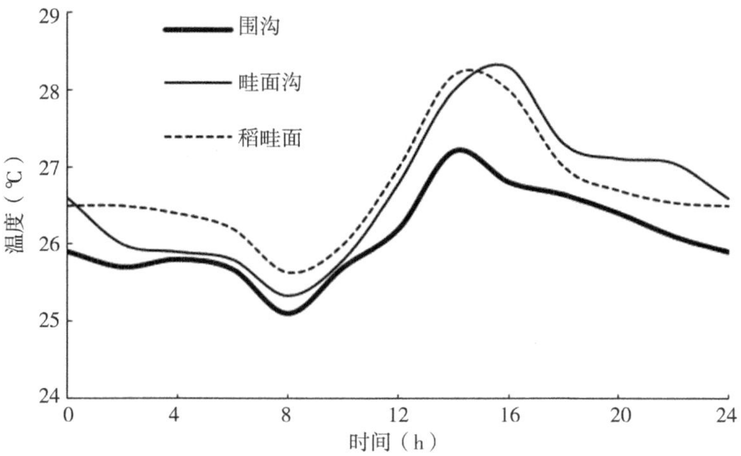

图 4-15 稻渔共作系统水稻乳熟期底层水水温变化动态（2003 年）

注：水稻乳熟期（9/19—21），稻畦面水深 30cm 左右，底层水（水底向上 10cm）。

二、水温的垂直变化

同一水体的不同深度由于光照、气温等因素的影响，水温存在着垂直变化。在稻渔共作各水体中，水温的这一垂直变化表现不一。

暂养沟与围沟是系统内水层较深的两类水体环境（图 4-16、图 4-17），据 8 月下旬的测定，水体表层、中层与下层水温的垂直变化明显，随水层深度增加，水温下降，均表现为自 6：00 逐步升温，不同水层间温差逐渐扩大，暂养沟的表层水在 12：00 达到最高，中层与下层水依次后移至 14：00、16：00，而在围沟中表层、中层水均在 14：00 达最高，下层水后移至 16：00，此后各水层温度逐步下降，不同深度的水温差也逐步缩小。

畦面沟与稻畦面是系统内水层相对较浅的两类水体环境（图 4-18、图 4-19），因而上、下水层间水温差也相对较小，水温均在 6：00 开始上升，至 16：00 达最高，此后开始下降。

三、不同稻田生态系统水温的差异

稻渔共作逐步加深的水层管理势必改变了水稻生长所处水层的水体温度，从而对水稻的生长发育产生影响。研究表明，与常规稻田相比，稻渔共作稻田稻畦面水体温度日变化较为平缓，昼夜温差缩小。

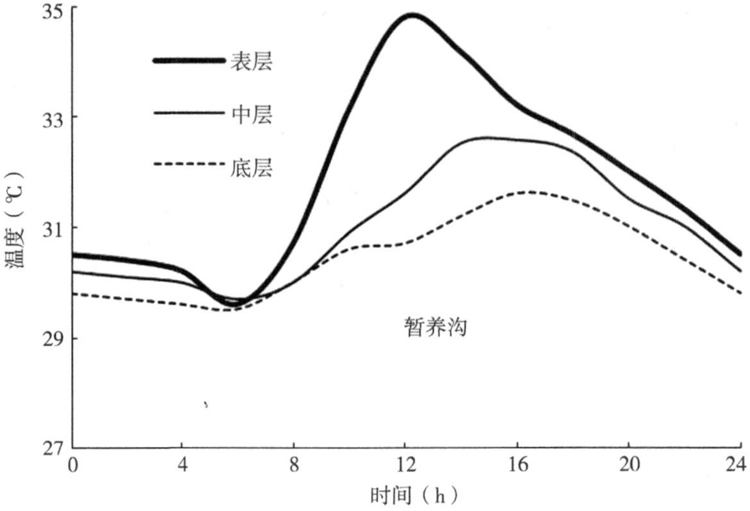

图 4-16 稻渔共作系统中暂养沟水温的垂直变化（2003 年）

注：测定在 2003 年 8 月 19—21 日进行，水稻处于孕穗期，稻畦面水深 40cm 左右，畦面沟水深 80cm 左右，围沟水深 200cm 左右，暂养沟水深 250cm 左右。

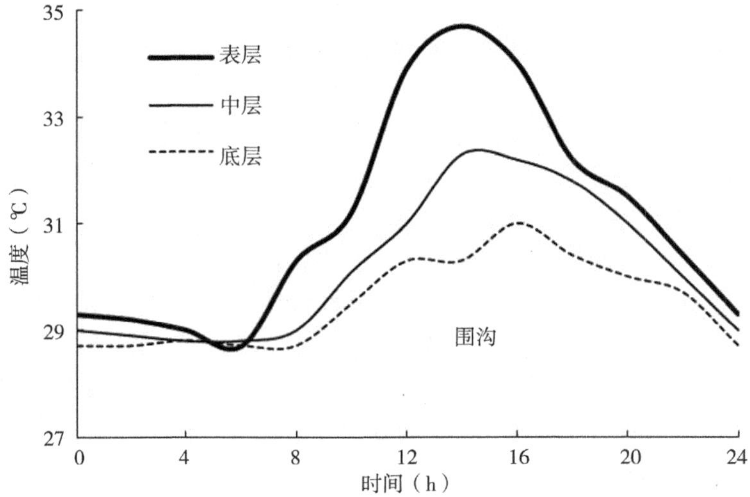

图 4-17 稻渔共作系统中围沟水温的垂直变化（2003 年）

注：测定在 2003 年 8 月 19—21 日进行，水稻处于孕穗期，稻畦面水深 40cm 左右，畦面沟水深 80cm 左右，围沟水深 200cm 左右，暂养沟水深 250cm 左右。

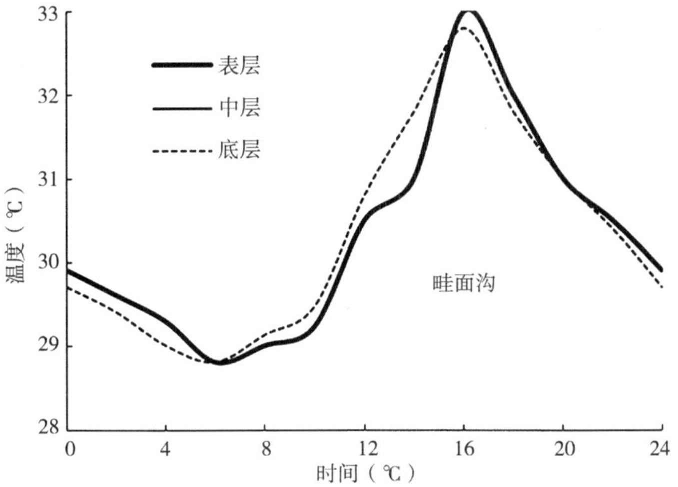

图 4-18　稻渔共作系统中畦面沟水温的垂直变化（2003 年）

注：测定在 2003 年 8 月 19—21 日进行，水稻处于孕穗期，稻畦面水深 40cm 左右，畦面沟水深 80cm 左右，围沟水深 200cm 左右，暂养沟水深 250cm 左右。

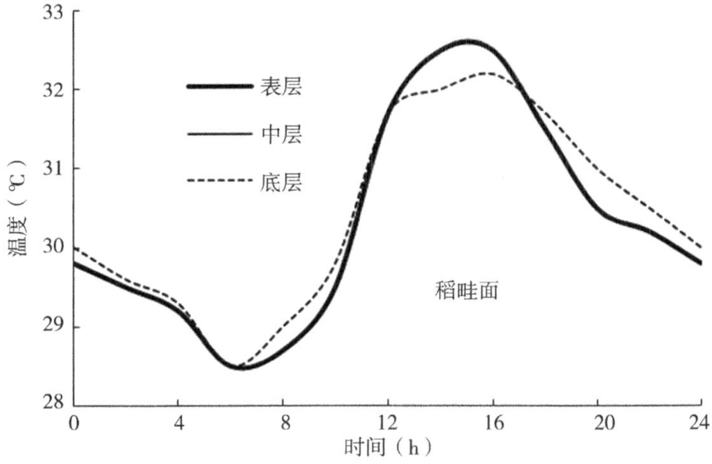

图 4-19　稻渔共作系统中稻畦面水温的垂直变化（2003 年）

注：测定在 2003 年 8 月 19—21 日进行，水稻处于孕穗期，稻畦面水深 40cm 左右，畦面沟水深 80cm 左右，围沟水深 200cm 左右，暂养沟水深 250cm 左右。

在水稻拔节期（图 4-20），水温均从 6：00 开始不断上升，14：00 达到最高，此后不断下降，稻渔共作稻畦面水层一般在 20cm 左右，其水温在 10：00—18：00 较常规稻田为低，而其他时间则均较常规稻田为高，水温的昼夜温差仅为 4℃，低于常规稻田的 7.2℃。

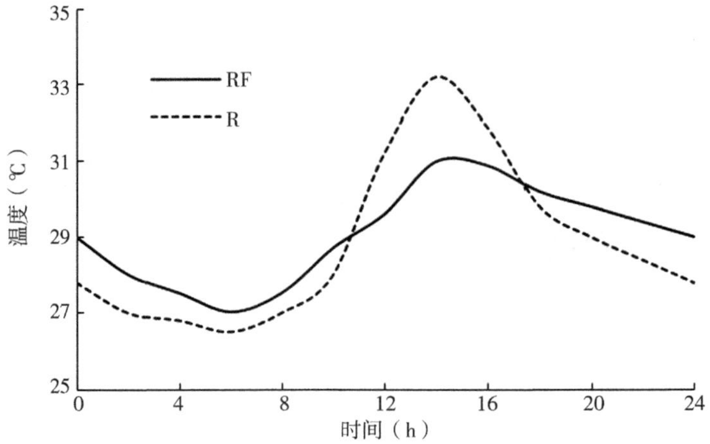

图 4-20　不同栽培方式水稻拔节期对稻田水体温度的影响（2002 年）

水稻拔节期（7/19—21）

在水稻孕穗期（图 4-21），稻渔共作稻畦面水层深度上升到 35~40cm，全天中仅 12：00—16：00 低于常规稻田，其他时间均高于常规稻田，昼夜温差为 4.6℃，而常规稻田为 8℃，日最高水温的时间也较常规稻田推迟 2h，为 16：00。

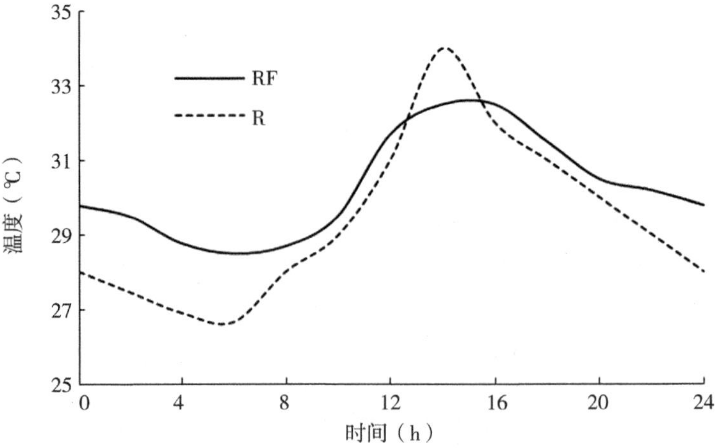

图 4-21　不同栽培方式水稻孕穗期对稻田水体温度的影响（2002 年）

水稻孕穗期（8/19—21）

在水稻乳熟期（图 4-22），稻渔共作稻田稻畦面水层深度下降为 30cm 左右，其水温全天均高于常规稻田，高峰值出现在 14：00，昼夜温差为 2.5℃，而常规稻田则提前至 12：00，昼夜温差为 6.6℃。

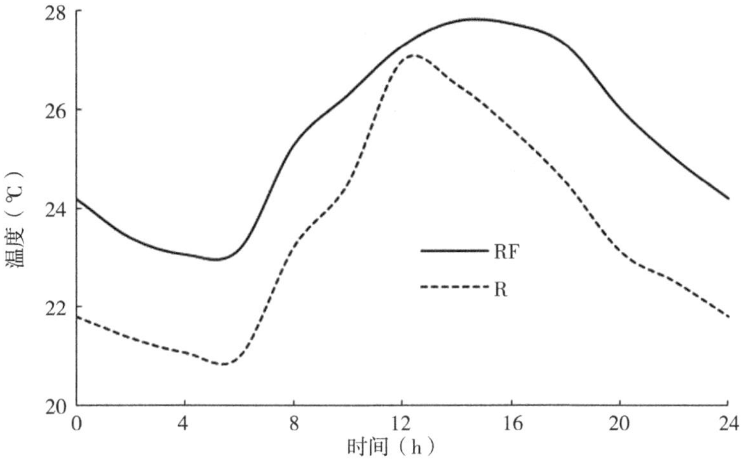

图 4-22　不同栽培方式水稻乳熟期对稻田水体温度的影响（2002 年）

水稻乳熟期（9/19—21）

稻渔共作稻田内水温的这一变化特性可能与其水层的增加导致相应水体热容量增加有关，缓和的水温变化比较有利于在其间活动栖息的蟹虾等的安全与生长发育，但对于水稻的生长发育尤其对水稻中后期的产量形成的影响值得进一步研究。

第六节　水体溶解氧变化特点

水中的分子态氧称为溶解氧（DO），一般用每升水含氧的毫克数表示。溶解氧是蟹、虾、鱼等水生经济动物养殖的重要水质指标，其丰欠程度直接影响到蟹、虾、鱼及其他水生生物的生长与生存。水体中溶解氧主要供水生生物呼吸和水中有机物氧化分解，一般情况下，水中溶解氧含量越丰富就越有利于蟹虾等的生长。水体的其他环境质量指标在较大程度上受到水中溶解氧含量的影响。在溶解氧充足时，生物进行有氧呼吸，能较彻底地氧化有机物，产生代谢产物二氧化碳、水、硝酸根、硫酸根和磷酸根，对水体有益无害；而当水中溶解氧含量不足时，水体和底质就从氧化状态转变为对生物生存不利的还原状态，水中微生物进行厌氧呼吸，产生十分有害的硫化氢、氨氮、沼气等物质，对系统内蟹虾及其他水生生物的安全生长十分不利。

一、影响水体溶解氧含量的因素

溶解氧主要由水中浮游植物的光合作用产生的，而来自空气中的氧仅占5%~14%。由于光合作用的结果，往往能使近上层水体中的溶解氧达到饱和甚至超过饱和的程度。在本研究中（图4-23），稻渔共作稻畦面水体中由于浮游植物受光不足，且其生长繁殖受到高大茂盛水稻群体的抑制，生长量小，因而光合放氧能力弱，水体的溶氧量显著低于裸水面，更低于有茂盛沉水植物和浮叶植物的水体。

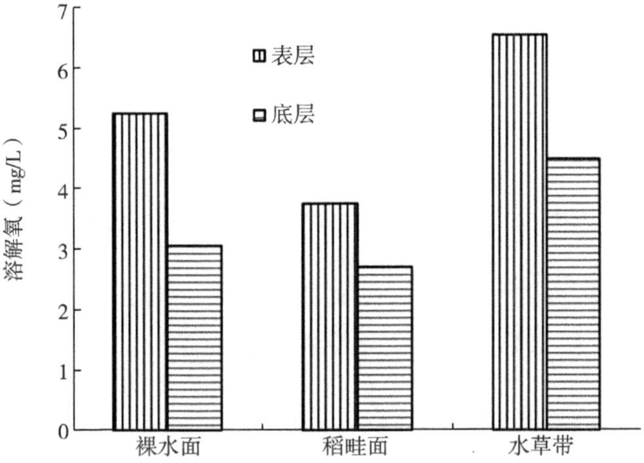

图4-23　不同类型水体溶解氧变化（2003年8月）

水体中植物的增氧作用同时受日光、水温、二氧化碳含量、营养盐类供应状况等条件的影响，其中与太阳辐射强度关系尤为密切。试验对稻渔共作系统中围沟水体在不同太阳辐射强度下的溶解氧模拟测定，结果表明，随太阳辐射强度的增加，水体中溶解氧含量相应增加，二者呈极显著的正相关（图4-24）。

水体中氧气的第二个来源即由大气溶入，也就是气水界面交换。在水中溶解氧不饱和时，大气中氧可以溶入水中。当水中溶解氧过饱和时，溶解氧又可以逸散到空气中。氧气溶入水中与水体面积、气压、风力等成正比，与水体温度和水中溶解盐含量成反比，增氧机的迅速搅动是增加氧气溶入最快捷的途径。

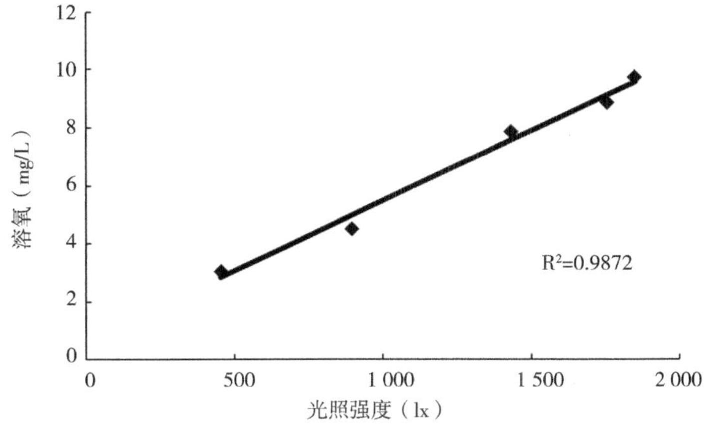

图 4-24　光照强度对水体溶氧的影响（2003 年 8 月）

二、水体中溶解氧的水平与昼夜变化

与空气氧相比，水中溶解氧不仅量少而且多变。溶解在稻渔共作养殖水体中的氧有明显的季节、昼夜及水平和垂直变化。水体中溶解氧的季节变化主要受光照强度和气温的变化所影响，一般夏季光照较强，浮游植物生长旺盛，水体中溶解氧含量要高于春秋两季。

稻渔共作系统中暂养沟、围沟、畦面沟、稻畦面是四类深浅不一、生物类型多样的水体类型，因而水体中溶解氧含量差异较大。从图 4-25 来看，全天中表层的水体总体上围沟要高于畦面沟，高于稻畦面，造成稻畦面溶解氧较低的原因主要是到达稻畦面水体的太阳辐射少而弱，且水稻群体植被层较厚，大气中的氧气溶入水体中的部分相对也减少。

而底层的水体则大体上田间沟高于稻畦面，高于围沟（图 4-26）。

此外，从研究结果来看，溶解在水中的氧有明显的昼夜变化，一般 14：00~16：00 含量较高，而在凌晨日出前相对较低。这主要是由于白天光照强，浮游植物光合作用强，水生植物所生产的氧气远远超过水生动物所消耗的氧气，而夜间水中植物停止放氧并转为呼吸耗氧，从而溶解氧不断降低，浮游植物含量越多的水体其水体中溶解氧的昼夜变化幅度也越大。

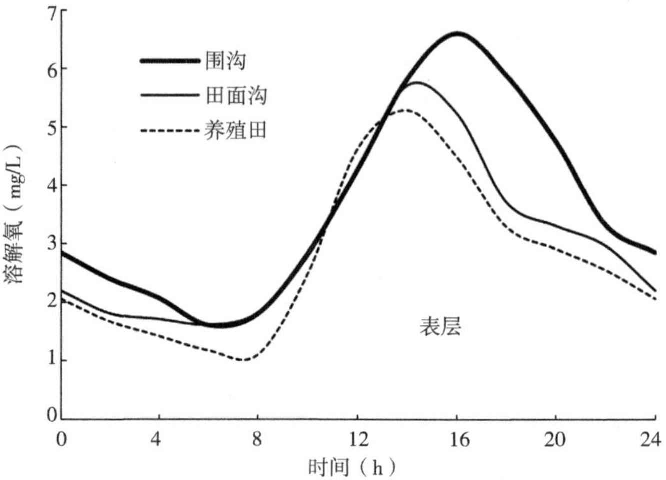

图 4-25　稻渔共作系统内表层水体溶解氧变化（2003 年 8 月）

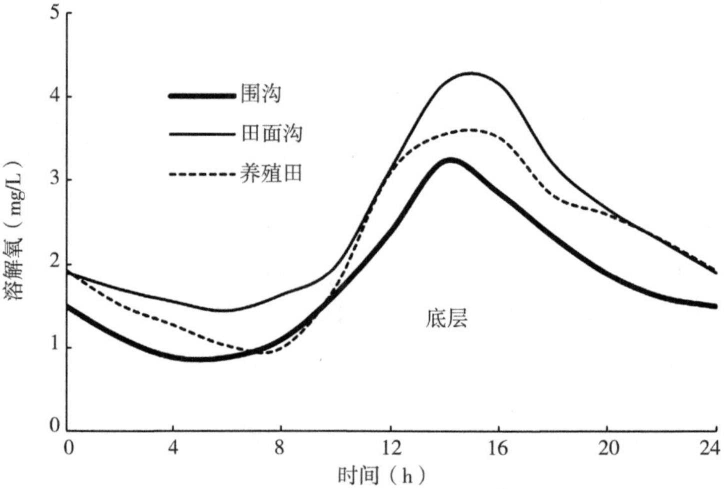

图 4-26　稻渔共作系统内底层水体溶解氧变化（2003 年 8 月）

三、水体中溶解氧的垂直变化

研究对稻渔共作系统不同位置的不同水层深度溶解氧的含量日变化动态进行了测定，结果表明，水体中溶解氧含量随水层加深明显下降。这一变化趋势可以这样解释：日照影响浮游植物的光合作用，从而影响氧的生成量，上层水直接被光线照射，且浮游生物聚集，水体流动大，从而溶解氧较高，而底层水中光照不足，浮游生物少，水体流动相对较小，所以溶解氧偏低。

不同水体的变化趋势存在差异，暂养沟中（图 4-27），表层水体溶解氧自 6：00 开始不断上升，至 16：00 达到最高值，此后不断下降，中层水体的变化趋势与之相似，而下层水体上升开始时间较迟，自 8：00 开始上升，至 14：00 达到最高值，此后不断下降。

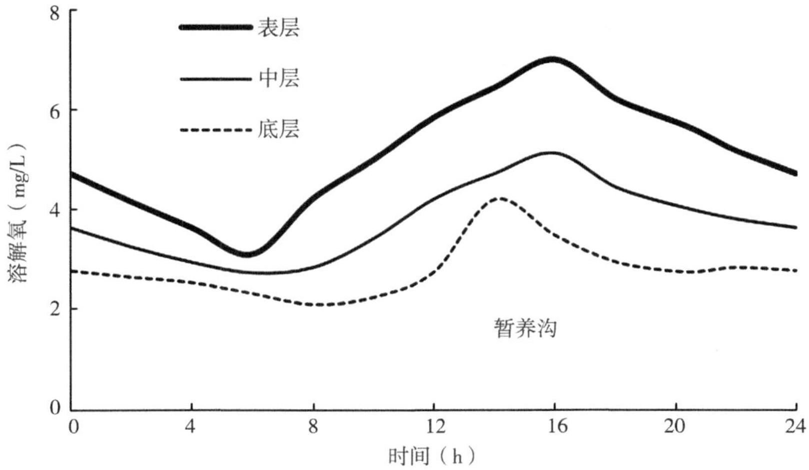

图 4-27　稻渔共作系统暂养沟溶解氧的垂直变化（2003 年 8 月）

围沟水体溶解氧的变化趋势基本与暂养沟相似（图 4-28）。

畦面沟与稻畦面是水层相对较浅的水体，表层与底层水体的溶解氧同样存在差异，畦面沟一般自 6：00 开始上升（图 4-29），至 16：00 达到最大值，此后不断下降，稻畦面水体由于受光较少（图 4-30），溶解氧上升的时间推迟至 8：00，于 16：00 达最高值，此后下降。

总体来看，不同位置及水层一般早晨水中溶解氧垂直变化相对较小，而中午和下午溶解氧分层明显。

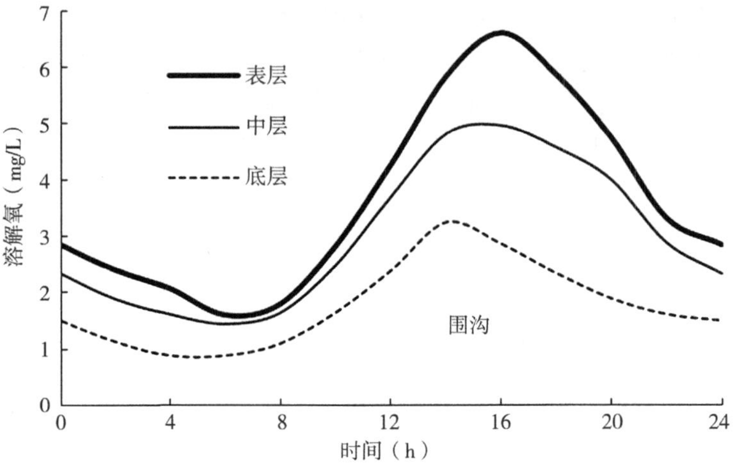

图 4-28　稻渔共作系统围沟溶解氧的垂直变化（2003 年 8 月）

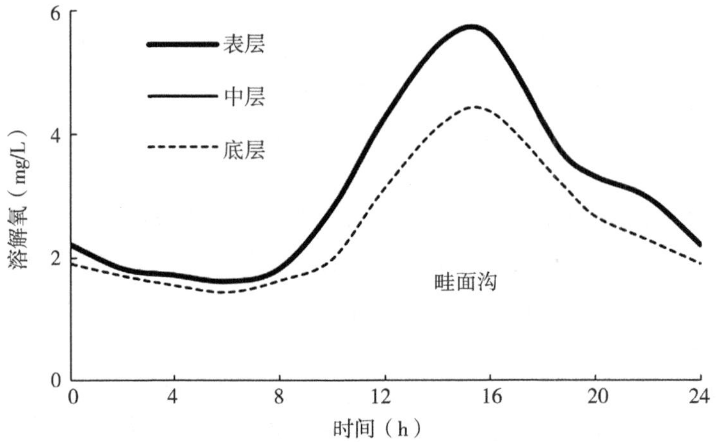

图 4-29　稻渔共作系统畦面沟溶解氧的垂直变化（2003 年 8 月）

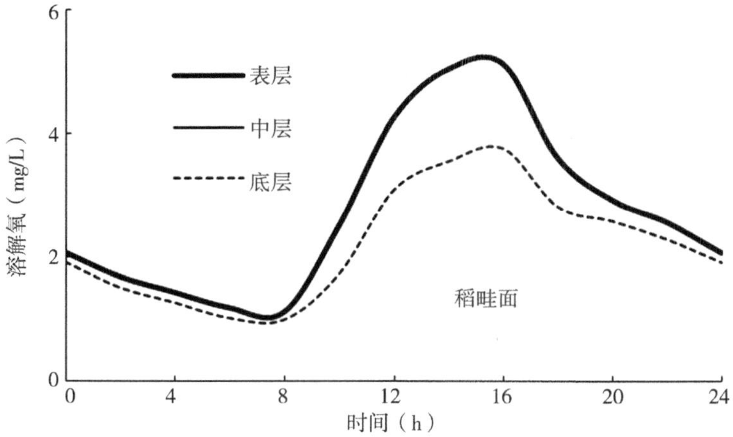

图 4-30　稻渔共作系统稻畦面溶解氧的垂直变化（2003 年 8 月）

第七节　其他水体理化性状

水体环境因素中，对蟹虾影响最大的除温度和溶氧外，还有水的 pH 值、电导率、硬度、透明度以及氨氮、亚硝酸盐和重金属等有毒物质的含量等。

一、pH 值

稳定而适宜的水体 pH 值是蟹、虾养殖的关键之一。蟹、虾养殖最适宜的水体 pH 值为 7.5~8。稻渔共作系统水体中的 pH 值主要受所在地自然环境、水中生物活动和生产管理等的影响。暂养沟、围沟以及稻畦面的底质状况以及进水的水源均会影响水体中的 pH 值；浮游植物的光合作用，消耗水中大量的二氧化碳，也导致水体 pH 值升高；生物的呼吸和有机物分解，产生二氧化碳，同时微生物的厌氧呼吸会产生有机酸，这些都会降低水中的 pH 值。

研究表明，稻渔共作系统内水体 pH 值在一昼夜有明显波动，凌晨最低，而 16：00 左右最高（图 4-31），稻畦面由于光照少，浮游生物光合作用弱，pH 值要小于围沟水体。

水草的大量繁殖对水体 pH 值具有重要的调节作用，据测定，水草区水体的 pH 值要比裸水面大得多，且昼夜变化幅度较大（图 4-32）。

生产中 pH 值过低，主要是由于系统沟系未定期清淤、换排水不及时及有机肥投量过大所致，一般通过施用生石灰来调节。生石灰一方面可以起到迅速改善水体 pH 值状况的作用，另一方面可以提高水体的缓冲能力。在稻渔共作系统的养殖旺

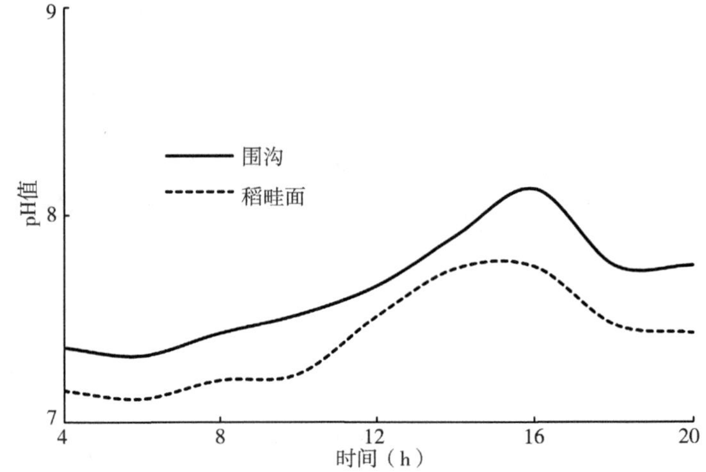

图 4-31　系统不同位置 pH 值变化（2003 年 8 月）

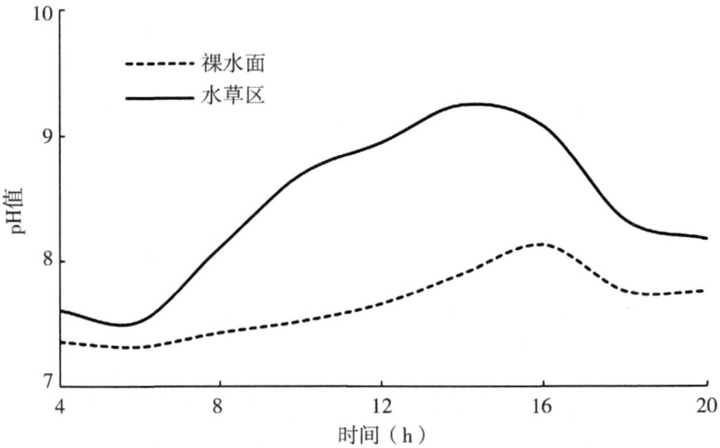

图 4-32　水中植被对水体 pH 值影响（2003 年 8 月）

季不定期向暂养沟、围沟等水体施用生石灰，可以减少水体因有机物过多，微生物厌氧呼吸产生的硫化氢、氨等有害气体，从而保证蟹、虾等的安全生长。

二、水色、透明度及电导率

透明度是指水体的澄清程度，养殖水体的透明度，主要随水体的混浊度而改变，即水中各种微细颗粒和浮游生物所造成的混浊程度，此外水体的底质状况也能影响到透明度的变化。透明度的大小，大体可以表示水中浮游生物量的多少和水质肥瘦的程度。以养蟹为主的稻渔共作生产中养殖水体的透明度一般掌握在30~40cm，暂养沟>围沟>畦面沟（表4-7）。

生产中常用水的成色来表示透明度，主要有肥、活、嫩、爽四个指标。肥：指水中蟹虾等易消化的浮游生物数量和种类都多。其中藻类中的绿藻、硅藻、隐藻、甲藻和金藻居多，此外，轮虫类、枝角类、桡角类等蟹虾爱食的浮游动物也多，因为其优势种群不同，水色常呈绿褐色、茶褐色、绿色或黄绿色。河蟹营底栖生活，大量的浮游生物导致水体溶解氧等昼夜变化幅度过大，且底层水由于受光不足，溶解氧等水平相对较低，因而这一类的水色不适宜于河蟹等的养殖。活：水色随光照强度和时间常有变化，早上色淡，中午和下午转浓，即所渭“早青晚绿”，这主要是蟹虾爱吃的鞭毛虫类，随日光照射强度变化而垂直运动的结果，这类水色当然适宜于以蟹为主的养殖。嫩爽：指水中易消化的藻类较多，而且细胞未衰老，所以水色鲜嫩，肉眼观察很舒服，水很清亮透澈，也是养殖蟹虾较好的水质指标。

电导率是以数字表示溶液传导电流的能力，常用于间接推测水中离子成分的总浓度，稻渔共作系统中水体的电导率在水平位置上存在差异，表现为稻畦面>畦面沟>围沟>暂养沟（表4-7），一般水层越深的水体电导率越低。

表4-7　系统不同水体的透明度与电导率（2003年8月22日）

项　目	暂养沟	围　沟	畦面沟	稻畦面
透明度（cm）	43.5	38.3	32.0	-
电导率（μs/cm）	401	486	524	552

第八节　稻渔共作生态系统的物流能流特征

一、能量投入产出结构

物质与能量的投入产出结构反映了系统物能转化的效率。本研究分别对稻麦两熟生态系统和稻渔共作生态系统进行了物质与能量的投入、产出结构分析。

稻麦两熟生态系统中（图4-33），人工投入主要为种子、机械、燃油、化肥、农药、人工以及较多的留茬秸秆，产出的物质主要为稻麦的经济器官及秸秆类物质。

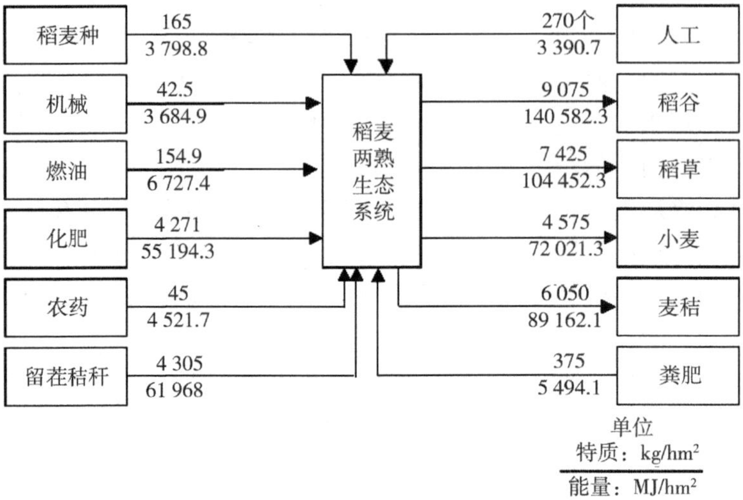

图 4-33　稻麦两熟生态系统物质能量投入产出结构（2002—2003 年）

稻渔共作生态系统中（图 4-34），需要人工投入机械、燃油、化肥、农（渔）药、粪肥、种（苗）、饲料及人工等，产出的物质主要有河蟹、青虾、鱼类等水产品以及稻谷、冬闲作物、田埂作物等农产品和以及秸秆物质。

由表 4-8 可见，稻渔共作生态系统中人工投入的总能量为 $7.96\times10^{10}J/hm^2$，其中有机能（种子、水产苗种、饲料、人工、粪肥）为 $5.58\times10^{10}J/hm^2$，以饲料、粪肥为主，占其中的 90.58%，有机能占总能量的 70.10%；无机能（化肥、农药、渔药、燃油、机械）为 $2.38\times10^{10}J/hm^2$，以化肥和燃油为主，占 78.73%，无机能占总能的 29.90%。能量的投入中有机能占了主体地位。能量总的产投比为 3.11，其中有机能产投比为 4.43，无机能为 10.38。本区年太阳总辐射在 $4.82\times10^9J/m^2$ 左右，稻渔共作生态系统光能利用率为 0.51。

表 4-8　不同稻田生态系统能流特征分析（2002—2003 年）

系　统	投入能（$\times10^{10}J/hm^2$）			产出能（$\times10^{10}J/hm^2$）	产出/投入（$\times10^{10}J/hm^2$）			光能利用率（%）
	有机能	无机能	总计		有机能	无机能	总计	
RF	5.58	2.38	7.96	24.71	4.43	10.38	3.11	0.51
R	7.47	7.01	14.48	40.62	5.44	5.79	2.81	0.84

稻麦两熟生态系统中，人工投入的总能量明显增加，为 $14.10\times10^{10}J/hm^2$，在能量的投入结构上，有机能（种子、粪肥、留茬秸秆及人工等）为 7.47×

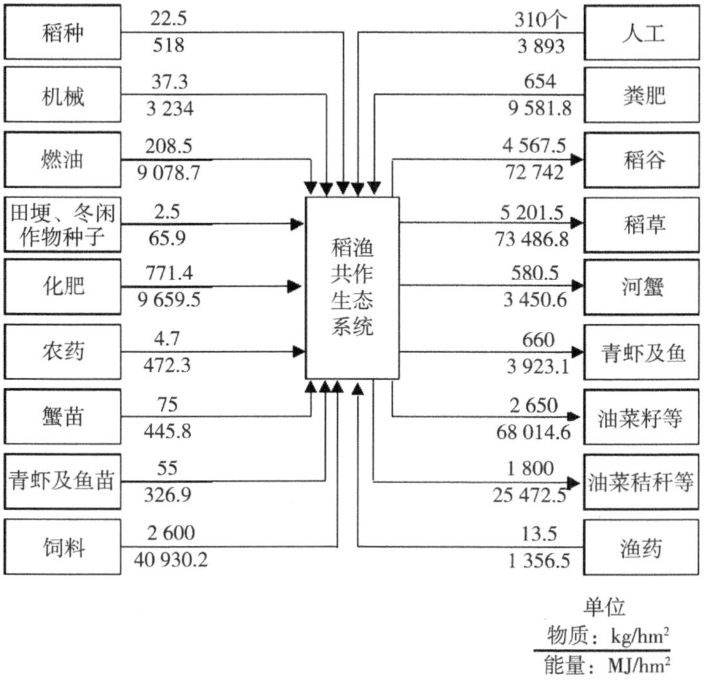

图 4-34　稻渔共作生态系统物质能量投入产出结构（2002—2003 年）

10^{10}J/hm^2，占总投入能的 51.59%，以留茬秸秆为主，无机能为 7.01×10^{10}J/hm^2，占总能的 48.41%。总产出能较高，达 40.62×10^{10}J/hm^2，能量的产投比为 2.81，太阳光能利用率为 0.84。

可以看出，由于稻麦两熟生态系统稻田结构较为单一，种植面积大，加上无机能投入量较高，因而投入总能量显著高于稻渔共作生态系统，接近稻渔共作生态系统的 2 倍。稻渔共作生态系统中有机能投入所占的比例显著高于稻麦两熟生态系统，投能结构更为合理。虽然稻渔共作生态系统的光能利用率要低于稻麦两熟生态系统，但能量产投比则较后者显著为高，因而系统的稳定性和自我维持能力更强。

稻渔共作生态系统是在常规稻田生态系统的基础上加以改造而形成的，稻田的结构和作物安排的模式由于河蟹等水生经济动物的加入而发生了明显的变化，这些势必影响到稻田的总体生产力以及后茬作物的种植。因此，在分析不同类型稻田生态系统的物流、能流特征时，只有综合考虑稻田全年的生产状况，才能更为客观地反映不同类型稻田生态系统的物流、能流特征。而已有的研究大多以常规单一稻作作为对照进行比较，相互的可比性不全面，因而所得结论也与本研究有异。

二、养分输入输出结构

研究对稻渔共作生态系统与稻麦两熟生态系统进行了氮、磷、钾养分的收支平衡状况分析（表4-9），为了计算方面，只考虑人为因素对土壤养分状况的影响。结果表明，两类生态系统的氮与磷供给均有富余，但稻麦两熟生态系统盈余量较稻渔共作生态系统显著为高。钾素的收支平衡不同生态系统存在差异，稻麦两熟生态系统同氮磷一样表现盈余，而稻渔共作生态系统表现亏缺。

但稻麦两熟稻田养分的大量盈余并没有在系统内得到循环利用，表现在基础地力的大幅增加，相反，稻渔共作稻田的地力水平则随种养年限的增加而逐步得到提高（表4-6、图4-7、图4-8、图4-9）。可见，集约化的稻麦两熟生产稻田生态系统养分投入大幅度增加，养分有效化过程得到加强，但养分保蓄的生物学机制被不断削弱，养分在系统内再循环的比率下降，增强了对系统外部投入的依赖性，导致稻田生态系统的养分平衡失调，养分的流失加剧，流失的养分在局部环境中又不断富集，成为公害。而稻渔共作稻田生态系统中，养分的投入与产出的差额相对较小，说明养分在系统内部得到多级利用，再循环比例增加，养分利用率与生产力提高，因而有利于系统内养分的结构平衡，更有利于对稻田及周边生态环境的保护。

表4-9　不同稻田系统养分收支平衡状况（2002—2003年）

类　型	N			P_2O_5			K_2O		
	输入	输出	盈亏	输入	输出	盈亏	输入	输出	盈亏
RF	287.22	200.91	86.31	116.70	98.11	18.59	129.45	186.76	-57.31
R	577.37	289.02	288.35	372.95	122.34	250.61	373.24	266.83	106.41

第九节　相关讨论

本研究案例着重从稻渔共作生态系统的物理结构、生态位利用、种群结构、食物链关系、土壤与水体的理化性状特点以及能量与养分的投入产出结构等方面，分析并阐明了稻渔共作生态系统的生态环境特点。这无疑为系统中水稻的生态学理论及栽培调控和河蟹等的养殖管理提供了科学的参考和依据，同时也有助于系统而正确地分析与研究稻渔共作这一复合型稻田生态农业模式进一步发展的途径。但是应当指出，大规模的稻渔共作生产在我国发展时间尚较短，尤其现今的这种以宽沟深水为主要特征的稻渔共作生产模式，稻渔共作生产目前尚处在“趋利型”生产阶段。因而不可避免地会给生产以及农田生态环境带来一些不利的影响，有些方面的生态学机理研究尚处于空白状态。为此，研究提出以下 4 点探讨。

一、因地制宜地进行稻渔共作田间工程建设

从大面积生产实践上看，稻渔共作生产要获得较高的经济产出，必须以确保蟹虾养殖的安全和获得高产为前提。这就要求提高水体的容量和质量，生产上常通过挖深沟、宽沟来达到这一目的，在较大程度上对稻田原先的结构进行了破坏。随着规模养殖的兴起，较多的稻渔共作稻田是在原有的高产稻田基础上开挖起来的，开挖后的稻田，保存完整的种稻面积一般仅剩原田的 50%~60%。显然如此大规模的稻田改造不利于稻田生态环境的保护与生产力的可持续发展，也越来越背离了当初“在终年积水的稻田中开展稻田养鱼”方针政策。稻渔共作的田间工程应结合低洼稻田及稻田附近的自然的河沟、小池塘等的改造因地制宜地进行。

二、加强人为调控在改善稻渔共作系统生态环境中的作用

稻渔共作生态系统是种植业和养殖业有机结合的一个整体，要实现种稻与养蟹的协调发展和经济高效，就必须加强人为调控在系统中的作用。客观来说，稻渔共作稻田系统内由于水位较浅，单位面积水体容量小，水草数量相对较少等原因，养殖水质条件一般要低于湖泊、河流、水库和池塘，这在国外较多有关稻渔共作的研究中已成为不争的事实，本研究也得出了较多一致的结论，国内的大部分研究过多地注重了稻渔共作生态特征优越性的一面，进一步深入的研究尚未得到足够重视，因而一部分研究结果的论述是不客观的。如何人为调控好稻渔共作系统的生态环境，笔者认为，要做好以下几方面工作：①优化稻田结构，在尽量少破坏稻田原有结构的基础上提高水体总容量，提高水质；②农（渔）用化学品的合理投入方面不仅要选择好安全高效的品种，更要控制总量的投入，以减少对水体的污染；③重视生态调控手段，如应用 EM 技术，投放光合细菌等生物活水菌剂，在进行肥水时，尽量用腐熟的农家肥，提高系统自然繁殖饲料的能力；④系统暂养沟和围沟中的淤泥沉积了大量排泄物、残饵以及稻畦面流失的养分，其对水体质量以及蟹等水生经济动物的生长是有害而无利的，冬闲期清淤还田，可以增强系统养分的内部循环，净化沟系底质环境。

三、稻渔共作对稻田土壤理化性状的影响尚需进一步探讨

本章及前人大量的研究结果表明，稻渔共作条件下土壤理化性状得到明显改善，但在本章的研究中以及大面积生产上也呈现出了一些值得探讨的新问题：

①稻渔共作长期的淹水使土壤变得疏松，表现为容重下降，总孔隙度提高，但随种养年限增加这一改善作用不断被削弱。②土壤孔隙度的增加并未改善土壤的通气性，相反表现为土壤还原性增强，氧化性减弱，可见淹水过程势必降低了土壤的氧化还原电位，较大程度上影响着水稻的生长发育与产量形成。③由于稻渔共作生态系统的养殖水层相对较浅，水质容易恶化，因而需经常换水，频繁地换水与较高的水层是否会流失稻田土壤中除氮磷钾以外的其他重要营养元素，生产上已出现了较多因缺素导致稻渔共作水稻抗病力减弱的例子。④养殖上长期使用大量的石灰及渔药对稻田土壤的理化性状会有何种影响尚不清楚。

四、稻渔共作对稻田甲烷排放的影响尚需进一步阐明

目前全球稻田面积约 $1.446\times10^8hm^2$，其中我国大约 $3.28\times10^7hm^2$，稻田被认为是大气中 CH_4 的重要源地之一，CH_4 和 CO_2 被认为是产生温室效应的主要气体，因此，稻田生态系统中 CH_4 排放的研究历来受到重视。Sebacher 研究认为，水层深度在 10cm 以内时，CH_4 释放速率与水层深度成线性相关，超过 10cm 时不利于 CH_4 的释放。Conrad 等也认为，在超过 10cm 的好气水层中微生物可以氧化 CH_4。根据以上的研究，稻渔共作水稻在其生长过程中绝大部分时段处于 20cm 以上的半深水环境中，稻田甲烷的排放可以受到有效的抑制，但在本研究中未能进行实验论证。而近年来一些研究工作者对养殖稻田生态系统的甲烷排放也开展了不少的研究，从不同角度证明了稻田养殖深水条件对甲烷减排的作用。福建省农科院提出“稻萍蟹立体综合种养模式”稻田甲烷的排放量比常规稻田可以减少 1/3 左右。王华等研究认为，稻田养鸭可以显著地降低稻田甲烷的排放总量，特别是减少甲烷排放高峰期的排放速率与排放量。本研究的稻渔共作模式与上述研究有异同之处，因而有关对甲烷减排的作用尚有待于今后进一步研究阐明。

第五章　研究案例：稻渔共作水稻生态特征与产量品质形成特点研究

第一节　研究目的

稻渔共作作为农渔复合型生态农业的重要组成部分，以往的研究大多将其纳入渔业生产的范畴，稻渔共作已成为淡水渔业生产的一部分，并在大多数教材与科普书籍中专门加以论述。在国外，有关稻渔共作研究的公开报道也大多出现在水产养殖方面的刊物中，直到近几年来，一些国内学者才将稻渔共作纳入稻作生产技术的范畴。因而长期以来对稻渔共作系统中水稻的研究较为滞后，在稻渔共作生态特征方面，大多仅从水稻生长中分蘖、生物重变化及稻谷产量等方面加以分析。较多的研究与报道均提出稻渔共作水稻较常规单作水稻增产，但增产的原因常常是模糊不清的，它们多建立在鱼吃稻田杂草和水稻害虫，以及鱼类的排泄物增肥了地力等假设的基础上，缺乏水稻产量形成的生物学机理研究。

从前文中可见，本研究中的稻渔共作水稻自分蘖盛期直至成熟前 7~10 天均生长在 20~40cm 深水层中，综观以往的研究，这类水稻的生态学知识目前尚处于空白状态，生产中仍沿袭常规的稻作栽培理论与管理技术，因而在生产实践中常常出现水稻产量低，品质劣的情况，甚至出现水稻严重倒伏，不仅水稻严重减收，而且影响水产品生产的现象。

为此，本研究针对性采取比较生态学研究方法，对稻渔共作系统中的水稻生态特征与产量品质形成特点进行初步研究，期望填补稻渔共作水稻生态学理论的若干空白，并为其安全优质高产栽培调控提供理论与实践依据。

第二节　研究方法

一、供试地点与材料

试验于 2001—2002 年进在江苏省兴化市海南镇进行。试验区土壤为脱潜型水稻土中的勤泥土土属，勤泥土土种，较为肥沃。

供试材料：栽培稻（*Oryza sativa* L.）为常优 1 号（中熟杂交晚粳）、苏香粳 1 号（中熟晚粳）；主体水产养殖对象为中华绒螯蟹（又名河蟹，*Eriocheir sinensis* H. Milne-Edwards）。

二、试验设计

试验选择在当地具有代表性、管理较好的稻渔共作稻田（已共作 5 年），以 RF 表示，并以与其相邻的常规稻田（麦茬稻）为对照，以 R 表示，两稻田系统同一供水水源。稻渔共作稻田 1.1hm^2，田内种稻面积 0.62hm^2，常规稻田 0.8hm^2，均划分为面积相等的 3 块，作为试验重复。两年具体的试验设计见表 5-1。

表 5-1　供试处理的设计情况

年　份	处　理	播种日期（月/日）	移栽日期（月/日）	供试品种	栽插密度（株行距）（万穴/hm^2，cm×cm）
2001	RF R	4/24	5/29 6/5	苏香粳 1 号	22.5，30×14.8
2002	RF R	4/28	6/2 6/8	常优 1 号、 苏香粳 1 号	18.0，30×18.5

注：苏香粳每穴 3 本，常优 1 号每穴 2 本。

三、田间试验的主要技术措施

两年试验水稻栽培管理技术基本相似。稻渔共作稻田为一年一熟制，种稻前为空茬，于冬前耕翻晒垡，播栽前整地耙平；常规稻田前茬小麦，麦收后翻耙整平。秧田统一设置在常规稻田预留地内，播种时，常优 1 号与苏香粳 1 号播量分别 425.0kg/hm^2、637.5kg/hm^2，采用湿润育秧方法培育壮秧。播种前，稻种提前 4~5 天经吡虫啉、施百克、浸种灵等药剂浸种 2 天，以防水稻恶苗病等病害发生，落谷前 2~3 天闷种催芽，并整秧田落谷。秧田期肥、水、药管理良好。移栽时，当天拔秧以减少秧苗植伤。

稻渔共作水稻前期浅水分蘖，水层为 5~8cm，6 月 26 日提水控蘖，水层逐步提至 20cm，孕穗后保持水层 35~40cm，并在灌浆中后期水层降至 30cm 左右；常规稻田水层管理按高产生产模式进行。本田期两稻田肥料运筹一致，仅施用基蘖肥。氮肥的运筹方式为：基肥与蘖肥施用比例为 7：3，其中基肥为水稻专用复合肥（兴化市农乐肥料公司提供，含 N 15%、P_2O_5 6%、K_2O 7%）1 050kg/hm^2，并于移栽后 10 天、20 天各追施尿素 73.5kg/hm^2 做蘖肥。总施 N、P_2O_5、K_2O 量分别为

225kg/hm^2、63kg/hm^2、73.5kg/hm^2。

试验针对两类稻田病虫害发生的不同特点进行针对性防治，其中稻渔共作稻田在秧苗移栽前用乙酰甲胺磷和吡虫啉进行高效防治，在大田期分别用井冈霉素、乙酰甲胺磷等对纹枯病、三代三化螟、稻曲病和稻纵卷叶螟等病虫进行防治。常规稻田的病虫草防治参照大面积生产方式进行。

两年稻渔共作稻田系统蟹、虾、鱼苗种放养量相似，于当年2月下旬投入1龄蟹种（长江水系中华绒螯蟹，160只/hm^2）15 000只/hm^2，青虾（体长2cm左右）7 500尾/hm^2，鲢鱼（10尾/hm^2）150尾/hm^2，银鲫（150尾/hm^2）140尾/hm^2。自投入之日起，每天喂食一次，直至收捕。其他养殖管理措施同常规生产模式。

四、试验测定项目与方法

1. 水稻的主要生育期

详细观测与记载不同处理的主要生育时期及其对应的准确日期，包括拔节期、孕穗期、抽（齐）穗期、成熟期，以及对不同处理的最终成熟情况进行评定和分析。根据系统追踪水稻主茎可见叶记数方法确定水稻叶龄进程及主茎总叶片数。每处理出苗后标记部分稻株叶龄，在移栽入大田后定点定株测定30株主茎叶龄并求其平均值，每5天测定一次，直至水稻出叶结束。各生育时期出现的确定标准见表5-2。

表5-2　水稻品种主要生育时期出现的确定标准

生育时期	时期出现的判别标准
拔节期	群体50%以上主茎基部第一节间开始伸长至2.0cm以上
抽穗期	群体50%以上有效单茎的穗顶（不包括芒）自剑叶叶鞘中露出
成熟期	群体95%以上有效穗的95%以上籽粒呈现品种本身的正常熟相

2. 水稻群体生长动态的测定

（1）群体茎蘖消长动态。本田移栽返青后，各小区连续选择具有处理代表性、且生长整齐一致的15穴稻株进行定点标识，重复2次。在返青至抽穗期间每5天一次调查总茎蘖数，同时折算单位面积群体总茎蘖数。并在拔节期、抽穗期结合小区普查（80穴）结果进行对照验证，以检验定点植株的代表性和测定数据的准确性。

（2）群体干物质积累动态。分别在移栽期、有效分蘖临界叶龄期、拔节期、抽穗期、抽穗后20天和成熟期田间植株考苗结束后，将地上部植株样本装袋置于电烘箱中，先将温度升至 105℃下杀青 0.5h，然后在 80℃左右条件下连续烘干 4~5 天至恒重，再经干燥冷却至室温时再称取样本干物质重量，并折算大田群体干物质积累量。

（3）群体叶面积动态。各处理分别于移栽期、有效分蘖临界叶龄期、拔节期、孕穗期、抽穗期、抽穗后 20 天、成熟期各取有代表性且生长正常的稻株 5 穴，测定稻株的叶面积，并折算群体有效 LAI、无效 LAI、高效 LAI。

（4）水稻籽粒灌浆动态。于开花期间田间稻穗中部颖花开花最多时一次性挂牌标记约 200 个同日始花且生长整齐、大小一致的稻穗，并于标记当天开始每 7 天取样 15 个稻穗，等分穗上部与穗下部并分别脱粒后剔除未受精空粒，统计结实籽粒数目，烘干称取干物重。

3. 水稻植株性状的测定

（1）叶片性状。各处理抽穗后 20 天取代表性稻株 4 穴，测定植株上 3 叶叶长、叶宽及面积，根据单茎绿叶数折算群体绿叶数；抽穗期及抽穗后 20 天测定上 5 叶叶绿素含量，以 SPAD 值表示。

（2）茎秆性状。各处理于抽穗后 20 天取代表性稻株 4 穴，测定植株高度、节间长度配置及茎秆（包鞘）粗度，粗度用游标卡尺。

（3）根系性状。各处理于抽穗期测定地下部根的条数、干物重、粗度、黑根比例及根系活力，地上部伸长节上节根发生的台数及数量，根系活力用 α-萘胺法测定。

（4）群体冠层空间结构。各处理于抽穗后 20 天进行大田切片，具体做法为：取有代表性稻株 4 穴，去根清洗后自下向上将自然状态的稻株按每 20cm 截为一段，直至穗部，将各段中绿叶、黄叶、茎鞘、穗依次分检后纸袋包装烘干称重。

4. 水稻植株氮素含量测定

各处理于拔节期、抽穗期、成熟期取样分根、茎、鞘、叶、穗等器官后烘干，经粉碎后测定样品全氮含量。测定采用 H_2SO_4-H_2O_2 混合液法消煮，用半微量凯氏定氮法。

5. 水稻产量构成因素的调查与实收核产

在水稻成熟前约 10 天普查各小区群体有效穗数（每小区 200 穴以上），并计算单位面积穗数。根据单穴平均穗数，选取有代表性的 10 穴正常稻株调查每穗粒数，计算平均每穗粒数和群体颖花量。结实率测定于成熟期选取 10 穴正常稻穗，采用常规水漂法测定进行，并数取三份 1 000 粒完好籽粒晒干至含水量 14%时分别称其重量，计算稻谷千粒重。水稻成熟期收获时，各小区内连续收获 100 穴熟相正常的稻株（即割方），重复 2 次，进行单独脱粒晾晒，计算小区实产，并与理论测产的结果对照核实。

6. 稻米品质的测定

取割方脱粒晒干的稻谷放于自制的铁皮箱内贮藏2个月后进行主要稻米品质性状的测定。测定前各处理统一用NP-4350型风选机等风量风选，测定方法参照中华人民共和国国家标准《GB/T 17981—1999 优质稻谷》和农业部部颁标准NY147—88进行。主要测定稻谷出糙率、精米率、整精米率、垩白率、垩白度、直链淀粉含量、胶稠度、糊化温度以及米粉RVA特性等主要的稻米品质指标。其中出糙率用实验用砻谷机测定；精米率与整精米率用实验室用精米机测定；垩白度是利用垩白分析仪按目测方法测定；直链淀粉含量采用碘蓝比色法；胶稠度采用米胶延长法；蛋白质含量用凯氏定氮法测定精米中的含氮量，换算系数为5.95。

淀粉黏滞性测定采用澳大利亚Newport Scientific仪器公司生产的Super3型RVA（Rapid Viscosity-Analyzer）快速测定淀粉黏滞特性，用TWC（thermal cycle for windows）配套软件进行分析；按照AACC（美国谷物化学协会）规程（1995-61-02）标准方法，当米粉含水量为12.00%时，样品量为3.000g，蒸馏水为25.000g。在搅拌过程中，罐内温度变化如下：50℃下保持1min，以11.84℃/min的速度上升到95℃（3.8min），并保持2.5min，再以11.84℃/min的速度下降到50℃并保持1.4min。搅拌器的转动速度在起始10s内为960r/min，之后保持在160r/min。稻米RVA特征谱用最高黏度（Peak viscosity）、热浆黏度（Hot viscosity）、最终黏度（Final viscosity）、崩解值（Breakdown，最终黏度—热浆黏度）、消减值（Setback，最终黏度—最高黏度）及糊化温度（Pasting temperature）等特征值来表示。黏滞性单位为cP（centipoises）。

五、数据分析

本案例所有数据均采用Excel 2000、SAS 6.12等统计软件程序进行有关的整理与统计分析。

第三节 稻渔共作水稻的生长动态

一、生育进程

2001年和2002年的结果近于一致，与同播期常规栽培水稻相比，稻渔共作水稻两品种拔节提前9~11天，抽穗仅提前2天左右，而成熟则推迟1~4天，全生育期有所延长。可见，稻渔共作水稻播种至拔节阶段时间相对缩短，拔节至抽穗阶段及抽穗至成熟期均有所延长，尤其以拔节至抽穗阶段延长尤甚，多达 7~10 天，这主要是拔节期提前所致（表 5-3）。

表 5-3　不同栽培方式对水稻生育进程的影响

年　份	品　种	处　理	播种（月/日）	移栽（月/日）	拔节（月/日）	抽穗（月/日）	成熟（月/日）	全生育期（天）
2001	苏香粳 1 号	RF	4/24	5/29	7/15	8/30	10/24	183
		R	4/24	6/5	7/26	9/2	10/20	179
2002	苏香粳 1 号	RF	4/28	6/2	7/18	9/1	10/25	180
		R	4/28	6/8	7/27	9/3	10/24	179
	常优 1 号	RF	4/28	6/2	7/20	9/3	10/28	183
		R	4/28	6/8	7/31	9/4	10/26	181

二、茎蘖动态

与常规栽培水稻相比，稻渔共作水稻移栽早，土壤肥力好，故群体前期发展迅速，够苗期前移，高峰苗显著增加。但随着水层的加深，稻渔共作水稻的分蘖及分蘖芽受到了抑制，淹没水下的小分蘖又被蟹、虾、鱼取食，群体茎蘖总量开始下降，且降速较快（图 5-1、图 5-2）。抽穗后开始渐趋平缓，最终成穗数苏香粳 1 号较对照略低，而常优 1 号则高于对照。比较两种栽培方式下水稻的茎蘖成穗率，稻渔共作水稻苏香粳 1 号为 66.2%，低于对照 11.1 个百分点，常优 1 号为 69.9%，低于对照 2.8 个百分点。可见常优 1 号对稻渔共作生态系统深水环境的适应性较强。

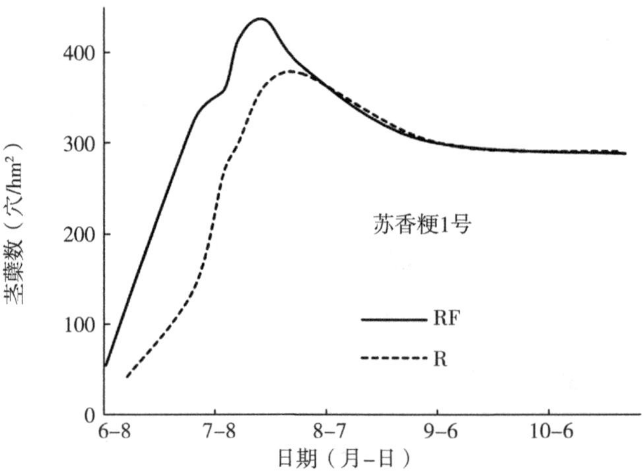

图 5-1　不同栽培方式水稻茎蘖数的动态变化（苏香粳 1 号，2002 年）

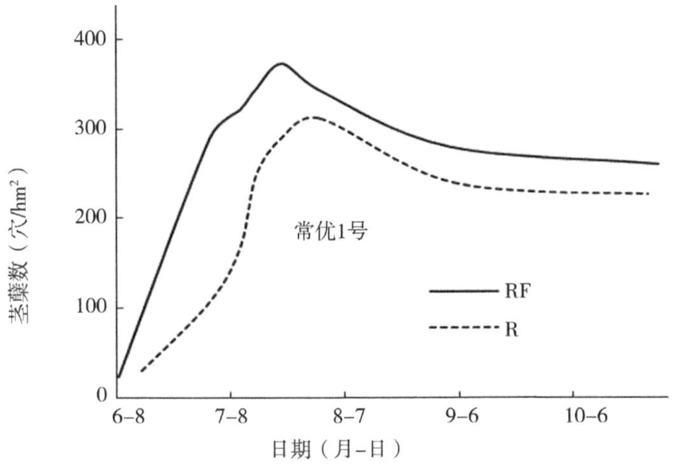

图 5–2　不同栽培方式水稻茎蘖数的动态变化（常优 1 号，2002 年）

三、叶面积发展

由图 5–3、图 5–4 可见，稻渔共作水稻各生育阶段叶面积指数两品种均较常规栽培水稻为高，且到达最高叶面积指数日期提前，LAI 值大。这主要是稻渔共作水稻前期生长旺盛，故拔节前后 LAI 显著为大，但随着中期水层的不断加深，蟹等水生动物取食的加强，至孕穗后 LAI 虽高，但与对照相比，则所增无几。

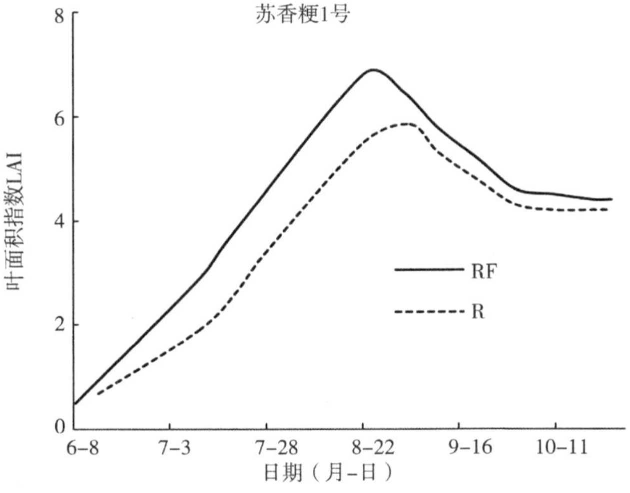

图 5–3　不同栽培方式水稻叶面积指数动态（苏香粳 1 号，2002 年）

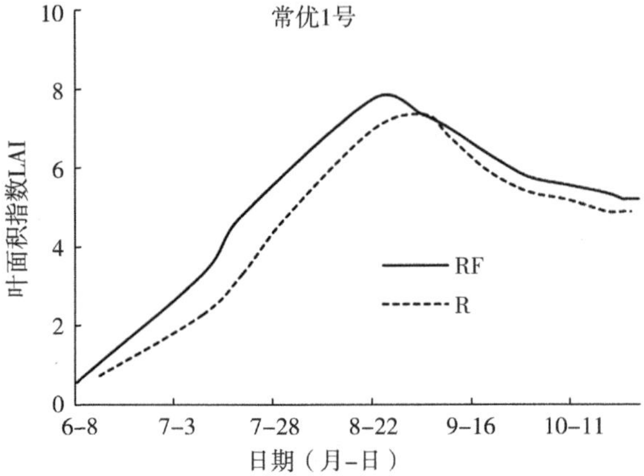

图 5-4　不同栽培方式水稻叶面积指数动态（常优 1 号，2002 年）

四、干物质积累

稻渔共作水稻前期较强的分蘖势及较高的叶面积指数为群体干物质的积累奠定了基础。与常规栽培水稻相比，稻渔共作水稻供试两品种拔节期干物质积累量均较高（表 5-4）。但随着拔节后水层深度的不断加大，稻渔共作水稻一方面要逐步适应此类逆境，另一方面淹没水下的小分蘖、叶片及叶鞘逐步老化、腐烂或被蟹、鱼等取食，因而至抽穗期，干物质积累量较常规栽培水稻所增无几。抽穗后稻田的水层基本稳定，水稻对水层适应性增强，至成熟期，稻渔共作水稻干物质积累增长明显。对水稻的生长率的分析也说明了这一点，稻渔共作水稻拔节前及抽穗后明显高于对照，而拔节至抽穗期阶段则相对较低。

表 5-4　不同栽培方式对水稻干物质积累及作物生长率的影响（2002 年）

品　种	处　理	干物质生产（t/hm^2）			作物生长率（g·m^2/d）		
		拔节期	抽穗期	成熟	出苗-拔节	拔节-抽穗	抽穗-成熟
苏香粳 1 号	RF	4.61 a	12.39 a	17.69 a	6.1	17.3	9.8
	R	4.32 b	12.28 a	16.99 b	5.1	20.9	9.2
常优 1 号	RF	6.16 a	12.74 a	19.99 a	7.9	14.6	13.2
	R	5.16 b	12.61 a	18.82 b	5.8	21.3	11.9

* 方差分析均在同一年份同一品种内进行，字母相同者在 0.01 水平上差异不显著，下同。

五、籽粒灌浆动态

稻渔共作水稻稻穗上部较强势粒与下部较弱势粒粒重在籽粒灌浆各时期均较常规栽培水稻为高，最终粒重增加（图 5-5、图 5-6）。灌浆强度前期稻渔共作水稻高于常规栽培水稻，而后期为低，灌浆速率高峰提前，其中较弱势粒尤为明显。

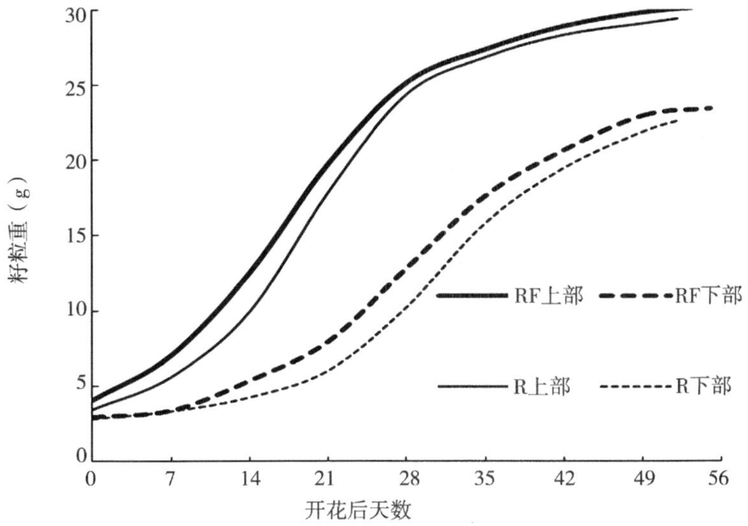

图 5-5　不同栽培方式对籽粒增重的影响（常优 1 号，2002 年）

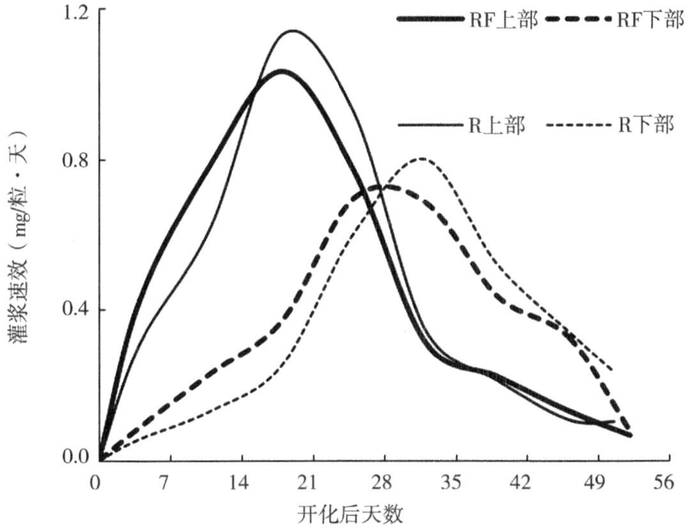

图 5-6　不同栽培方式对籽粒灌浆速率的影响（常优 1 号，2002 年）

第四节 稻渔共作水稻株型特点

一、叶片性状

与常规栽培水稻相比，稻渔共作水稻主茎总出叶数两品种均增加 1 张（表 5-5）。在齐穗后对两品种冠层上 3 张高效功能叶测定表明，剑叶、倒二叶、倒三叶面积均较对照增加，从而有效地扩展了深水层以上的群体绿色光合叶面积。

表 5-5 不同栽培方式对水稻总出叶数及顶部 3 叶叶面积的影响（2002 年）

品种	处理	总出叶数	剑叶			倒二叶			倒三叶		
			长（cm）	宽（cm）	面积（cm^2）	长（cm）	宽（cm）	面积（cm^2）	长（cm）	宽（cm）	面积（cm^2）
苏香粳 1 号	RF	21 a	26.3 a	1.6 a	31.3	36.5 a	1.2 a	33.1	35.8 a	1.3 a	35.2
	R	20 b	21.1 b	1.5 b	24.4	33.5 b	1.1 b	28.6	35.6 a	1.3 a	33.9
常优 1 号	RF	20 a	31.5 b	1.7 a	40.0	40.9 a	1.4 a	41.4	40.0 a	1.3 a	39.3
	R	19 b	35.1 a	1.4 b	37.7	37.6 b	1.3 b	37.2	38.2 b	1.3 a	36.9

抽穗期稻渔共作水稻最大 LAI、有效 LAI 均高于常规栽培水稻，而无效 LAI 则较低，主要是下层叶片淹没水中或被蟹等所取食（表 5-6）。有效叶面积率与高效叶面积率也均高于对照，其中高效叶面积率高出对照 15.5%，主要是上三叶叶片增大的缘故。稻渔共作水稻单茎所带绿叶数较对照为低，而群体总绿叶数高于对照，这是由于同等基本苗条件下常优 1 号在稻渔共作稻田成穗茎蘖数相对较高的缘故。

此外，研究对抽穗期和抽穗后 20 天冠层叶片的叶绿素含量进行了测定分析，结果表明（表 5-7），抽穗期稻渔共作水稻冠层叶片叶绿素含量除倒 5 叶略高外，其余均低于常规栽培水稻，但至抽穗后 20 天倒 1 叶与倒 2 叶则高于对照，其他叶片仍较对照为低。

表 5-6 不同栽培方式抽穗期叶面积组成（常优 1 号，2002 年）

处理	最大 LAI	有效 LAI	无效 LAI	有效叶面积率（%）	高效叶面积率（%）	群体绿叶数（万张/hm^2）	单茎绿叶数（张/茎）
RF	7.86 a	7.81 a	0.06 b	99.27 a	45.39 a	105.38 a	5.80 a

（续表）

处　理	最大 LAI	有效 LAI	无效 LAI	有效叶面积率（%）	高效叶面积率（%）	群体绿叶数（万张/hm^2）	单茎绿叶数（张/茎）
R	6.91 b	6.66 b	0.25 a	96.34 b	39.30 b	102.64 b	6.75 b

表 5-7　不同栽培方式抽穗期及灌浆期叶绿素含量（常优 1 号，2002 年）

处　理	抽穗期（SPAD 值）					抽穗后 20 天（SPAD 值）				
	Ⅰ	Ⅱ	Ⅲ	Ⅳ	Ⅴ	Ⅰ	Ⅱ	Ⅲ	Ⅳ	Ⅴ
RF	46.8 b	47.5 b	48.8 a	49.7 b	51.8 a	44.6 a	44.9 a	42.6 b	34.1 b	29.3 b
R	49.0 a	49.0 a	49.2 a	50.9 a	51.5 a	42.8 b	44.7 a	43.2 a	40.6 a	37.8 a

注：Ⅰ、Ⅱ、Ⅲ、Ⅳ、Ⅴ分别代表倒 1、2、3、4、5 叶。

二、茎秆性状

研究表明，稻渔共作水稻两品种伸长节间数均较常规栽培水稻增加 1 个，在各节长度的分配上，表现为基部节变长，而上部节缩短，株高增加。虽然稻渔共作水稻的中后期生长在深水下，但表现出良好的生态适应性，其通气组织发达，茎秆粗壮，粗度（含叶鞘）较对照增加（表 5-8）。

表 5-8　不同栽培方式对水稻茎秆性状的影响（2002 年）

品　种	处　理	穗长（cm）	Ⅰ（cm）	Ⅱ（cm）	Ⅲ（cm）	Ⅳ（cm）	Ⅴ（cm）	Ⅵ（cm）	Ⅶ（cm）	Ⅷ（cm）	Ⅸ（cm）	株高（cm）	茎秆粗（mm）
苏香粳 1 号	RF	16.6a	28.4	19.4	14.4	10.6	8.6	6.3	5.0	1.9	-	111.1a	18.18a
	R	15.7b	30.7	21.3	15.4	11.7	6.4	3.6	1.5	-	-	106.4b	17.55b
常优 1 号	RF	20.6a	27.2	18.6	14.0	11.2	10.7	5.8	5.4	4.4	2.0	119.8a	18.99a
	R	19.7b	30.7	19.8	16.1	11.0	9.7	4.8	3.3	1.6	-	116.5b	17.91b

注：Ⅰ、Ⅱ、Ⅲ、Ⅳ、Ⅴ、Ⅵ、Ⅶ、Ⅷ、Ⅸ分别代表倒 1、2、3、4、5、6、7、8、9 节。

三、根系性状

试验研究了水稻抽穗期耕作层根系的各项性状特征（表 5-9）。结果表明，在 0~20cm 耕作层内，稻渔共作水稻单穴平均根条数及干物重增加，但根粗度降低，黑根比例增大，根系活力下降。而稻渔共作水稻下部伸长节间上的节根增多，单茎地上部平均节根台数多达 5~6 台，较常规栽培水稻增加 2~3 台，且根数量成倍增多。这是其长期处于较深水层之中一种重要的生态适应性反映。

表 5-9　不同栽培方式对水稻根系的影响（2002 年）

品　种	处　理	地下部根系					地上部根	
		根数（条/穴）	根干物重（克/穴）	单根粗（mm）	黑根比例（%）	根系活力（μg-NA/g·h）	节根台数（台/茎）	节根条数（条/穴）
苏香粳 1 号	RF	1019a	7.52a	0.88b	7.76a	11.25b	5~6	1 079a
	R	915b	7.24b	1.05a	5.53b	27.87a	3	425b
常优 1 号	RF	1177a	8.30a	1.00b	8.94a	15.93b	5~6	1 246a
	R	854b	7.14b	1.15a	4.21b	35.75a	3	524b

四、水稻群体空间结构

稻渔共作特殊的生态环境对水稻群体空间结构产生了显著的影响。对常优 1 号籽粒灌浆期切片法分析表明（图 5-7、图 5-8），稻渔共作水稻较常规栽培水稻植株干物质积累上移，其中绿叶与穗重上移尤甚，因而植株重心也相对上移。这一群体空间结构一定程度上表现为不利于群体的抗倒伏，因而其群体规模一般不宜过大。群体过大，倒伏风险大，近年来的生产实践已证明了这一点。此外，由于水层深度的不断增加和蟹等的摄食，基部黄叶数量减少，有利于群体的透光。

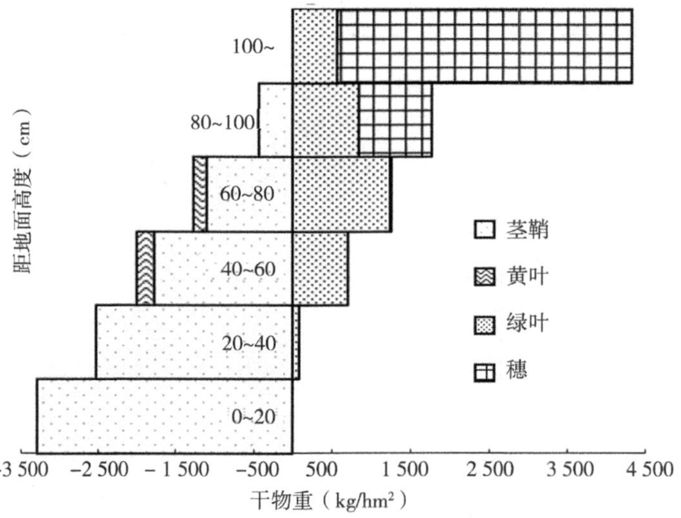

图 5-7　稻渔共作下水稻群体的空间结构（常优 1 号，2002 年）

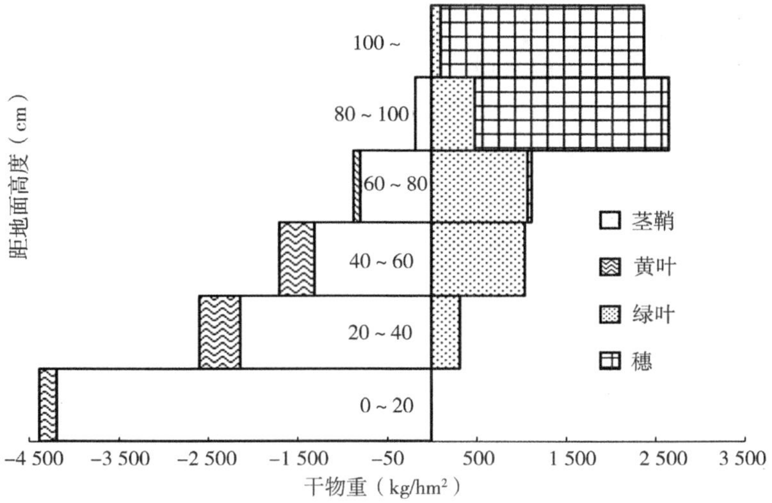

图 5-8　常规稻作下水稻群体的空间结构（常优 1 号，2002 年）

五、植株含氮率

稻渔共作生态系统改善了土壤的物理状况，有利于水稻对养分的吸收，同时，土壤有效养分数量的增加为水稻营养状况改善提供了物质基础。研究对两类栽培方式下水稻在关键生育期植株氮素养分含量进行了测定，结果表明（表 5-10）：稻渔共作水稻各个器官的含量在各生育期均高于常规栽培水稻。

表 5-10　不同栽培方式水稻植株体内氮素养分特征（常优 1 号，2002 年）

处理	拔节（%）			抽穗（%）					成熟（%）				
	茎鞘	叶	根	穗	叶	茎	鞘	根	穗	叶	茎	鞘	根
RF	1.46a	3.25a	0.98a	1.23a	2.16a	0.71a	0.85a	0.64a	1.03a	0.91a	0.57a	0.63a	0.69a
R	1.31b	3.12b	0.86b	0.98b	1.70b	0.60b	0.52b	0.61a	0.88b	0.56b	0.35b	0.40b	0.64a

第五节　产量及其结构

两年的试验表明，与常规栽培水稻相比，稻渔共作生态条件及相应的水稻栽培方式对水稻的产量及其结构影响显著（表 5-11）。常规粳稻品种苏香粳 1 号表现为单位面积有效穗数减少，穗粒数略减，结实率降低，而千粒重提高，最终两年的产量均呈不同程度的下降；而杂交粳稻品种常优 1 号，穗粒数相似，结实率下降，千粒重提高，而单位面积有效穗数显著增加，最终达到了增产的目的。可见，选择大穗型水稻品种，安排适宜的基本苗数，提高茎蘖成穗率，在适宜穗数的基础上通过大穗增加单位面积总粒数是稻渔共作水稻增产的关键。

表 5-11　不同栽培方式对穗部性状及产量的影响

年　份	品　种	处　理	有效穗 （$\times10^4/hm^2$）	穗粒数	结实率 （%）	千粒重 （g）	产量 （t/hm^2）
2001	苏香粳 1 号	RF	291. 90 b	108. 80 b	92. 12 b	26. 14 a	7. 65 b
		R	327. 75 a	113. 90 a	95. 07 a	25. 63 b	9. 10 a
2002	苏香粳 1 号	RF	288. 75 a	107. 48 b	87. 24 b	28. 20 a	7. 63 b
		R	290. 55 a	111. 64 a	92. 51 a	27. 39 b	8. 22 a
	常优 1 号	RF	259. 95 a	173. 87 a	69. 91 b	27. 65 a	8. 74 a
		R	226. 95 b	174. 25 a	76. 93 a	26. 32 b	8. 01 b

第六节　籽粒品质特性

稻渔共作的半深水环境对稻米品质亦有一定的影响。由表 5-12 可见，与同播期常规栽培水稻相比，供试两品种稻米加工品质与外观品质性状得到了一定程度的改善。糙米率、精米率、整精米率均不同程度提高，而垩白率、垩白度则显著降低。在营养品质方面，表现为精米蛋白质含量有所增加。稻米的蒸煮品质性状方面直链淀粉含量降低，而胶稠度与糊化温度品种间存在差异，常优 1 号胶稠度减小而糊化温度升高，而苏香粳 1 号则表现相反。

表 5-12　不同栽培方式对稻米品质性状的影响（2002 年）

品　种	处　理	加工品质			外观品质		营养品质	蒸煮品质		
		糙米率 （%）	精米率 （%）	整精米率（%）	垩白率 （%）	垩白度 （%）	蛋白质 （%）	直链淀粉含量（%）	胶稠度 （mm）	糊化温度（℃）
苏香粳 1 号	RF	84. 53a	76. 72a	75. 93a	42b	5. 3b	6. 84a	15. 12b	74. 0a	68. 8a
	R	84. 27a	76. 74a	75. 86a	57a	9. 7a	6. 55b	16. 53a	70. 4b	70. 4a
常优 1 号	RF	84. 59a	76. 82a	75. 37a	13b	2. 7b	7. 08a	16. 14b	72. 9b	69. 8a
	R	84. 07b	76. 11b	73. 58b	25a	4. 1a	6. 70b	17. 80a	76. 5a	68. 2a

稻米的Rva特征谱是反映稻米淀粉黏滞特征的指标，从表5-13中可以看出，稻渔共作的生态环境使得两品种较常规水稻峰值黏度增加，而回升值减小，这在一定程度上对稻米的食味品质有利。

表5-13 不同稻作方式对稻米Rva特征谱的影响（2002年）

品 种	处 理	峰值黏度	热浆黏度	崩解值	最终黏度	消减值
		（cp）	（cp）	（cp）	（cp）	（cp）
苏香粳1号	RF	2 653	1 574	1 079	2 712	59
	R	2 266	1 424	842	2 561	295
常优1号	RF	2 431	1 358	1 073	2 540	109
	R	2 185	1 255	930	2 417	232

第七节 相关讨论

一、关于稻渔共作半深水稻的定义

目前中国大面积推行的水稻高产灌溉制度在内涵上有两大特征，即是大田期采取间歇水层灌溉与水稻生长中期实施严格的搁田（晒田）。而在稻渔共作生态系统中栽培的水稻，不仅一生中不搁田，而且由分蘖盛期将水层加深至20cm，并不断提升，直至抽穗后上升至40cm左右深度的水层，使水稻在20~40cm渐升的水层中生长期长达100天以上。可见这种水稻不仅一生均处在水层之中生长，而且其最大水层深度约为常规灌溉水稻的10倍。因此田间水分管理系统截然不同于现行常规高产栽培体制下的灌溉制度。然而这种栽培水稻及其生态背景也更不同于世界上许多国家易涝平原或河口三角洲种植的深水稻或漂浮稻。因为深水稻一般是指在有10天以上淹水层深度达100cm以上的环境中生长的水稻生态型。鉴于上述这些情况，为了方便研究与科学地认识这种稻渔共作生态系统中的水稻，张洪程提出暂将其定义为“稻渔共作半深水稻”，似能较客观的体现这种水稻生长的生态型。

二、稻渔共作半深水环境对水稻生育及产量品质形成的影响

稻渔共作水稻区别于常规栽培水稻最显著的特征就是稻田水层的加深。稻田水层的逐步加深有利于满足个体日益增大的蟹等水生经济动物活动和随季节调节水温、改善水质的需要。而对水稻的生育及产量、品质形成而言，有利

有弊。

有利的方面表现在：①分蘖盛期水层的大幅度提高有利于控制水稻无效分蘖的发生，减少植株养分的损耗；②水层的加深扩大了蟹等水生经济动物的活动范围，其在稻田内的活动和新陈代谢的排泄物，疏松了土壤，改善了土壤通透性，提高了土壤肥力，清除了杂草和部分水稻害虫，有力地促进了水稻根系及前期群体的旺盛生长，分蘖旺盛，数量大，干物质积累与叶面积指数增长迅速，为水稻高产群体的形成奠定了良好的物质基础；③深水条件一定程度上改变了稻田的田间小气候，如稻田的气温、水温及湿度等，再加上土壤有机养分的缓效作用，稻渔共作水稻生育期延长，籽粒灌浆历期增加，冠层功能叶不早衰，粒重增加；④半深水条件下水稻的稻米品质尤其是加工品质和外观品质得到了较大程度的改善。

不利的方面表现在：①分蘖盛期后水层的加深使水稻的分蘖及分蘖芽受到了抑制，群体茎蘖总量下降较快，控制不当，茎蘖成穗率过低，造成有效穗数不足，本研究中供试品种苏香粳 1 号茎蘖成穗率较对照常规栽培水稻大幅度下降，单位面积有效穗数偏少；②长期处于深水条件之下，尤其是生育中后期，导致水稻根系活力下降，势必影响到稻穗颖花的分化、穗粒数的形成和籽粒的安全结实，在本试验条件下供试两品种穗粒数及结实率均较常规栽培水稻不同程度下降；③深水条件对稻株的抗倒性等株型特征提出了更高的要求，品种选择及栽培管理不当，倒伏严重，不仅水稻大幅度减产，降低稻米品质，而且会严重恶化水质并危及蟹等水生经济动物的安全。

三、关于稻渔共作半深水稻的深化研究与栽培对策

由于稻渔共作的管理重点是必须首先满足蟹、虾等水生经济动物安全优质高效生产的要求，因此水稻只能被迫长期生长在较深的水层中，且中后期不宜施用穗肥、粒肥，故水稻处在一定意义的逆境中，生产上由于控制不当，造成后期倒伏及大幅度减产的现象时有可见。而在此种生态环境系统中，水稻的系统生育规律与生态生理机理迄今是不清楚的，因此在本研究案例的基础上有待进一步全面深化细化研究，以便加快构筑半深水稻生物学基础。

本研究结果已初步表明，这种半深水稻不仅具有诸多鲜明的生态特征，而且栽培得当，可优质高产，也利于生产绿色食品稻米与水产品。因而如何进一步掌握并针对它的生态特点，采取有效的栽培对策来稳靠地实现这些目标，已成为健康发展稻渔共作的当务之急。从作者等研究与若干生产实践调查来看，目前应抓住以下重点开展研究：①有利于水产品优质高产养殖的水稻群体结构及其生态调控指标；②筛选与选育耐深水、抗病虫、植株高大而抗倒伏的优质

高产偏迟熟粳稻品种（即对深水自调能力强的新品种），并制定适用品种标准；③研究并建立可安全优质高产的仅施用基蘖肥的精确施肥新模式；④提高分蘖成穗率、结实率的机理与技术；⑤螟虫、纵卷叶螟等关键病虫害的无公害防治技术。以上诸方面研究若获得重要进展，稻渔共作半深水稻栽培水平将可提升至一个新的高度。

第六章　研究案例：稻渔共作稻作方式研究

第一节　研究目的

稻渔共作稻田目前大多采用育苗移栽方式，但田间种稻前多为空茬，存在着实施旱直播或水直播有利时空条件。若能推行直播，既可省工节本，也利于协调稻作农事操作与蟹虾等放养管理上的矛盾，且由于直播稻早生快发，对蟹、虾苗种放养影响较小。因而有必要分析与评价不同稻作方式在稻渔共作水稻生产中的应用价值，以便因地制宜合理采用相应的稻作方式，争得稻渔双丰收双高效。

本研究案例以育苗移栽水稻为对照，对水、旱直播方式下稻渔共作水稻的生育特征及产量品质特点进行了系统的分析，以期阐明稻渔共作条件下直播水稻的生育机理及产量品质形成特性，并为稻渔共作水稻轻简栽培及调控提供指导依据。

第二节　研究方法

一、试验地点

试验于2001—2002年在江苏省兴化市海南镇进行。试验区设在连续多年的稻渔共作田块上，面积0.39hm^2，田内种稻面积0.2hm^2。土壤为脱潜型水稻土中的勤泥土土属，勤泥土土种，较为肥沃。

二、试验设计

供试品种苏香粳1号，设置旱直播、水直播两种直播方式。各处理落谷量均为45kg/hm^2，5月1日落谷。以育苗移栽处理为对照，5月1日播种，6月5日移栽，株行距配置为26.7cm×16.7cm，22.5×10^4穴/hm^2，每穴3本，基本苗67.5×10^4株/hm^2。各处理统一基肥为水稻专用复合肥（兴化市农乐肥料公司提供，含 N 15%、P_2O_5 6%、K_2O 7%）1 050kg/hm^2，并于移栽后 10 天、20 天各追施尿素 73.5kg/hm^2，直播稻两处理均于同期追施同量肥料。以上处理重复三次，共划分为 9 个小区。蟹、虾、鱼苗放养量同常规稻渔共作生产。

三、测定内容与方法

观察各处理水稻生育进程；三叶期普查各直播处理基本苗数；记载群体茎蘖数，在处理小区定点，每 5 天记载群体茎蘖一次；秧田四叶期开始标记主茎叶龄，于抽穗期记载主茎总出叶数；主要生育期测定干物重及叶面积指数；主要生育期植株含氮率测定；抽穗后 20 天测定植株茎秆及根系性状；成熟期考查产量结构并核收实产；收获后对稻谷作品质分析。具体方法详见第 5 章相关内容。

第三节　生育特性分析

一、生育进程

稻渔共作条件下，直播水稻较移栽稻拔节期提前 2~4 天，抽穗期仅提前 1~2 天，成熟期提前 2~3 天，全生育期相对缩短（表 6-1）。两直播处理中，旱直播处理各生育期较水直播略有提前。

表 6-1　不同稻作方式下水稻生育进程变化（2002 年）

处　理	播种（月/日）	移栽（月/日）	拔节（月/日）	抽穗（月/日）	成熟（月/日）	全生育期（天）
旱直播	5/1	–	7/19	8/29	10/22	175
水直播	5/1	–	7/21	8/30	10/23	176
育苗移栽（ck）	5/1	6/5	7/23	8/31	10/25	178

二、茎蘖动态与穗数形成

稻渔共作条件下，水稻成苗率不同直播方式间存在差异，旱直播要高于水直播，最终基本苗数也高（表 6-2）。由于避免了移栽植伤，直播稻分蘖力较移栽稻旺盛，最高总茎蘖数及单株最高茎蘖数直播稻均高于移栽稻，其中水直播又高于旱直播。最终单位面积有效穗数移栽稻最高，旱直播其次，水直播最低。茎蘖成穗率也呈相同的趋势。

表 6-2　不同稻作方式下水稻穗数形成特点（2002 年）

处　理	基本苗数（万/hm^2）	成苗率（%）	最高茎蘖数		有效穗数		茎蘖成穗率（%）
			总（万/hm^2）	单株平均（个/株）	总（万/hm^2）	单株平均（个/株）	
旱直播	91.5 a	56.9 a	790.5 b	8.6 b	315.3 b	3.4 b	39.8 b
水直播	84.0 b	52.3 b	837.0 a	10.0 a	303.3 c	3.6 c	36.2 c
育苗移栽（ck）	67.5 c	-	531.0 c	7.9 c	328.4 a	4.9 a	61.9 a

注：成苗率为基本苗数占播种粒数的百分比，播种粒数为播量/千粒重×10^6，千粒重以 28 克计。方差分析中字母相同者在 0.01 水平上差异不显著，下同。

三、叶面积指数变化动态

从叶面积指数变化动态来看（图 6-1），直播稻播种量大，基本苗数多，且省去移栽时的植伤和缓苗，LAI 在各时期均高于移栽稻，而旱直播由于成苗率高，基本苗数多，因而各时期 LAI 均高于水直播处理。

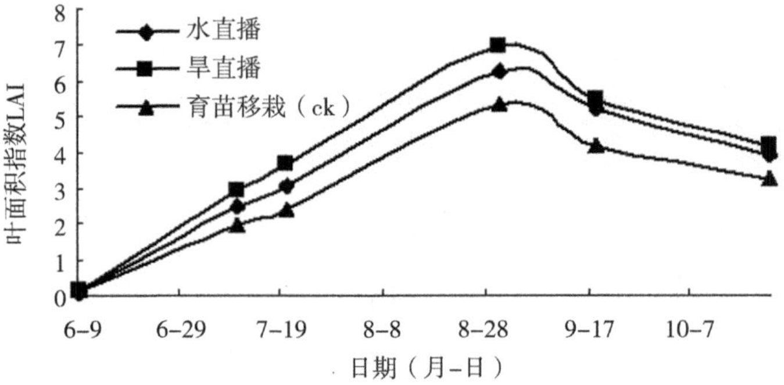

图 6-1　不同稻作方式下水稻 LAI 变化动态（2002 年）

四、干物质积累

由表 6-3 可见，直播稻干物质积累量各时期均低于移栽稻（对照），总干物质积累量移栽稻高于直播稻。水直播处理拔节前较旱直播为高，但此后则明显低于旱直播处理，这可能与水直播前期分蘖多而后期成穗率低有关。比较抽穗前后干物质积累比例可见，直播稻抽穗后干物质积累比例增加，而抽穗前则较移栽稻减少。

表 6-3　不同稻作方式下水稻干物质积累（2001—2002 年）

处　理	拔节（t/hm²）	抽穗（t/hm²）	成熟（t/hm²）	抽穗前干物质占总量（%）	抽穗至成熟增加干物质占总量（%）
旱直播	6.13 b	11.64 b	20.09 b	57.95	42.05
水直播	6.39 b	10.62 c	18.37 c	57.82	42.18
育苗移栽（ck）	7.46 a	12.88 a	20.95 a	61.45	38.55

五、茎秆性状

与移栽稻相比，旱直播与水直播均表现为株高变矮，穗长变短，总出叶数增加。在各节间配置上，均短于移栽稻，且旱直播较移栽稻减少 1 个伸长节间（表 6-4）。总出叶数的增加可能由于直播稻没有秧田后期的群体抑制及移栽后的植伤缓苗过程所致。

表 6-4　不同稻作方式下水稻株型特征（2002 年）

处　理	株高（cm）	穗长（cm）	Ⅰ（cm）	Ⅱ（cm）	Ⅲ（cm）	Ⅳ（cm）	Ⅴ（cm）	Ⅵ（cm）	Ⅶ（cm）	总出叶数(张)
旱直播	99.5c	15.7c	32.0	19.2	11.6	10.8	6.6	3.6	-	19 a
水直播	101.3b	16.1b	30.0	17.6	11.3	10.3	7.5	4.9	3.6	19 a
育苗移栽（ck）	120.1a	17.9a	33.3	21.1	14.6	12.1	10.4	6.3	4.4	18 b

六、根系性状

直播条件下，水稻根系性状较移栽稻发生了显著的变化（表 6-5）。表现为：直播稻因无移栽植伤过程，根系可连续生长，每一节位发生的不定根都能正常生长，经齐穗后测定，直播稻单株根条数及粗度均大于移栽稻，根干重较高，其中旱直播根条数及干重高于水直播，但粗度不如水直播。

表 6-5　不同稻作方式下水稻根系性状（2002 年）

处　理	根数（条/株）	单根粗（mm）	根干物重（t/hm²）
旱直播	394.0 a	1.10 b	1.37 a
水直播	318.5 b	1.15 a	1.28 b
育苗移栽（ck）	274.5 c	1.00 c	1.13 c

七、氮素吸收与积累

由表 6-6 可见，与移栽稻相比，直播稻各时期植株地上部器官含氮率较低。而地下部根系则在成熟前显著高于移栽稻，成熟期较移栽稻略低。直播方式间，水直播含氮率均高于旱直播。氮素积累量各生育期植株地上部分直播稻较移栽稻为低，但根系则以直播稻为高。直播方式间差异较小。

表 6-6　不同稻作方式下水稻植株氮素含量及积累量（2002 年）

处　理	部位	拔　节		抽　穗		成　熟	
		含氮率（%）	积累量（kg/hm²）	含氮率（%）	积累量（kg/hm²）	含氮率（%）	积累量（kg/hm²）
旱直播	上	1.37	104.82	1.06	123.03	0.83	166.20
水直播	地	1.55	98.99	1.16	123.63	0.91	167.51
育苗移栽（ck）	部	1.71	127.23	1.18	151.43	0.94	197.58
旱直播	根	0.76	5.99	0.65	8.87	0.52	7.08
水直播		0.78	5.34	0.69	8.79	0.52	6.75
育苗移栽（ck）	系	0.56	3.18	0.58	6.59	0.54	6.26

植株地上部分氮素的阶段积累量不同稻作方式均表现为前高后低的趋势，拔节前积累量一般占总积累量的 60%左右，其次为抽穗至成熟期，拔节至抽穗期积累量较小（表 6-7）。与移栽稻相比，直播稻氮素阶段积累比例呈前低后高的趋势。

表 6-7　不同稻作方式水稻地上部氮素阶段吸收量（2002 年）

处　理	拔节前		拔节-抽穗		抽穗-成熟	
	积累量（kg/hm²）	比例（%）	积累量（kg/hm²）	比例（%）	积累量（kg/hm²）	比例（%）
旱直播	104.82	63.06	18.21	10.97	43.17	25.97
水直播	98.99	59.09	24.64	14.71	43.88	26.20
育苗移栽（ck）	127.23	64.39	24.20	12.25	46.15	23.36

第四节 产量与品质分析

一、产量及其构成

与移栽稻相比，直播稻产量结构发生了显著的变化。具体表现为单位面积穗数减少，每穗粒数大幅度下降，但结实率与千粒重显著提高，而最终产量较移栽稻为低，并达显著性差异。旱直播穗数及结实率高于水直播，而穗粒数及千粒重低于水直播，最终产量稍高于水直播，但两者间无显著性差异（表 6-8）。

表 6-8 不同稻作方式水稻产量及其结构（2001—2002 年）

处 理	穗数（万/hm^2）	穗粒数（粒/穗）	结实率（%）	千粒重（g）	产量（t/hm^2）
旱直播	315. 3 b	106. 99 b	90. 22 a	28. 67 b	8. 73 b
水直播	303. 3 c	111. 64 b	85. 28 b	29. 21 a	8. 43 b
育苗移栽（ck）	328. 4 a	139. 95 a	74. 69 c	27. 06 c	9. 29 a

二、稻米品质特点

与移栽稻相比，直播稻出糙率、出精率及整精米率等加工品质指标显著为低，其中水直播又低于旱直播，但差异不显著；稻米垩白率、垩白度明显增加，水直播低于旱直播；稻米粗蛋白含量降低，水直播高于旱直播；直链淀粉含量旱直播高于移栽稻，而水直播低于移栽稻；胶稠度呈相反的趋势（表 6-9）。

表 6-9 不同稻作方式稻米品质特点（2002 年）

处 理	出糙率（%）	出精率（%）	整精米率（%）	垩白率（%）	垩白度（%）	粗蛋白（%）	直链淀粉（%）	胶稠度（mm）
旱直播	83. 91 b	76. 08 b	74. 09 b	61. 0 b	13. 64 c	6. 45 c	16. 40 a	75. 0 b
水直播	83. 25 b	75. 61 b	73. 73 b	58. 0 b	10. 18 b	6. 74 b	15. 78 c	86. 5 a
育苗移栽（ck）	84. 95 a	76. 98 a	74. 93 a	55. 0 a	5. 47 a	7. 01 a	16. 09 b	82. 5 a

不同稻作方式间稻米 RVA 谱特征值也存在明显差异（表 6-10），直播稻最高黏度高于移栽稻，消减值旱直播高于移栽稻而水直播则低于移栽稻，糊化温度直播处理均高于移栽稻。

表 6-10　不同稻作方式稻米 RVA 特征谱（2002 年）

处　理	最高黏度（cp）	热浆黏度（cp）	崩解值（cp）	最终黏度（cp）	消减值（cp）	糊化温度（℃）
旱直播	2 598	1 610	1 052	2 759	97	71.3
水直播	2 611	1 444	1 114	2 572	54	71.2
育苗移栽（ck）	2 457	1 406	1 051	2 534	77	69.8

第五节　相关讨论

综上所述，稻渔共作制下水稻直播能省去育秧移栽环节，且稻谷亦可达到 8.25t/hm^2 左右的产量，因此在劳力紧缺地区采用可提高劳动生产率。

但从本研究来看，与移栽稻相比，直播稻尚存在以下主要问题。

一是产量偏低，品质性状趋劣。直播稻虽然加大了播种量，增加了单位面积的基本苗数，生育前期茎蘖发生量大，但至中后期迅速衰减，分蘖成穗率低，最终成穗数仍低于移栽稻，且穗型偏小，产量低于移栽稻。籽粒品质性状尤其是加工品质和外观品质，明显劣于移栽水稻。

二是直播稻虽然自播种后省去了育秧、栽秧、大田整地等环节，减少了对系统内蟹、虾、鱼等水生经济动物的干扰以及避免了种养上的时空矛盾，但稻渔共作水稻播种期较早，水稻出苗以及秧苗生长受前期低温影响较大，因而播期较难确定且大田的管理也没有秧田来得方便。

三是直播稻根系下扎浅，株高矮，在一定程度上不利于群体的抗倒性和逐步加深的半深水环境。

四是稻田内一旦发生严重草害，防治较为困难。调查中发现，稻渔共作稻田内杂草在发生较轻的情况下可通过不断提高的水层和鱼、蟹等水生经济动物的取食达到防治的效果，但当草害大发生时，由于大部分除草剂对蟹、虾、鱼具有毒害作用，稻渔共作稻田内一般较少使用，这就需要大量的人工加以拔除。

五是直播水稻没有固定的株行距，至生育中后期稻行形成“墙形”，也可能在一定程度上不利于河蟹等节肢类动物的活动。

从优质高产稳产统一的综合角度来考虑，稻渔共作系统中一般仍宜采用育苗移栽方式。

关于稻渔共作系统中的水稻直播实用栽培理论与技术，以往几乎处于空白状态。本研究对此所做的工作也是初步的，其优质高产形成的规律以及实现优质高产的关键技术均有待于进一步深化研究。同时，直播稻是否利于蟹、虾、鱼等的生长活动与优质高产，更急需要有多方面的试验结果来阐明。

第七章　研究案例：稻渔共作水稻品种研究

第一节　研究目的

以往在稻渔共作生产上水稻品种选用标准不清，大面积生产上品种呈“多、乱、杂”的现象。根据稻、蟹协同优质高产的要求，从里下河地区稻渔共作制水稻气候条件和生产实际出发（一般冬春空闲，采取一年一熟单季稻种植），在水稻品种的选用上应具备以下特征特性：一是全生育期较长，可与蟹等捕获期相吻合；二是植株高大粗壮，抗倒性强，以适于长期深水层生态；三是抗病虫性好，可大幅度减少农药使用量，以利稻、蟹安全；四是优质高产，有利于稻田综合效益的提高。

本研究案例选择了 28 个不同生育类型的水稻品种进行了系统的比较与分析，以期为稻渔共作生产条件下水稻品种的选择与应用提供依据与参考。

第二节　研究方法

一、试验设计

试验于 2001—2003 年在江苏省兴化市海南镇稻渔共作稻田内进行，设置田间比较试验。以 6 类水稻生育类型品种为对象，选择在稻渔共作生产上有潜力的 28 个水稻品种（系）为试验材料（表 7-1）。

表 7-1　试验的供试验品种及其生育类型（2001—2003 年）

品种的生育类型		供试品种
单季中粳稻	中熟中粳	9801、华粳 2 号、苏 9906、* 9603

（续表）

品种的生育类型		供试品种
单季晚粳稻	迟熟中粳	华粳3号、武育粳3号、泰引1号、宁1272、98-3、香粳T31、W002、扬辐粳4928、*SA2K2040、*E32、盐粳5号、华粳1号、云台香粳、连97-1
	早熟晚粳	武香99-15、99-98、武香粳9号
	中熟晚粳	苏香粳1号、*86优8号、*常优1号、R109
	迟熟晚粳	905、扬大98粳、
杂交中籼组合	杂交中籼	*丰优香占

注：表中所注“*”为杂交稻。

对以上品种（系）进行小区试验，4月24日播种，湿润育秧，5月29日移栽，18×104穴/hm^2，株行距配置为30cm×18.5cm，杂交稻每穴2本，常规稻每穴3本，总施纯氮225kg/hm^2，基肥为水稻专用复合肥（兴化市农乐肥料公司提供，含N 15%、P_2O_5 6%、K_2O 7%）1 050kg/hm^2，并于移栽后10天、20天各追施尿素73.5kg/hm^2。以上品种小区重复三次，小区面积为18m^2（3.6m×5m），间隔0.5m。蟹、虾、鱼苗放养量同常规稻渔共作生产。

二、测定内容及方法

观察各品种主要生育期生育进程；记载群体茎蘖数，在处理区定点，每5天记载群体茎蘖一次；主要生育期测定干物重；拔节长穗期调查不同品种条纹叶枯病的发生情况；抽穗后20天测定植株茎秆等性状及抗倒性；成熟期考查产量结构并核收实产；收获后对稻谷作品质分析。具体方法详见第4章相关内容。

第三节　生育期与抗倒性分析

一、生育进程

为了提高水产品的经济效益和生产的安全性，增加稻蟹共生期，以河蟹为水生经济动物主体的稻渔共作水稻栽培管理要求早播、早栽、早管，水稻的成熟期与河蟹的捕捞期相适应。

里下河地区河蟹等水产品大量捕捞上市一般在10月中旬，因而水稻的收获也应在10月20日后最为适宜。过早收获，一方面影响蟹等水生经济动物在稻田中的安全，另一方面由于稻田不能退水，水稻需带水收割，将导致人力、用工等方面的大量消耗。

由表 7-2 可见，供试品种中，成熟期在 10 月 20 日以后的有常优 1 号、苏香粳 1 号、905、扬大 98 粳。此外由于大部分迟熟粳稻在籽粒灌浆成熟期植株抗倒性较好，可适当延迟收割，因而在 10 月 10 日至 10 月 20 日成熟的品种也具有较大的可利用性，主要有华粳 3 号、武香粳 14 号、98-3、扬辐粳 4928、华粳 1 号、99-98、86 优 8 号及 R109。

表 7-2　供试品种生育期比较（2001—2003 年）

品　种	成熟期（月/日）	生育期（天）	品　种	成熟期（月/日）	生育期（天）
9801	9/7	140	SA_2K_{2040}	10/2	160
华粳 2 号	10/2	160	E_{32}	10/5	163
9603	9/25	153	武香粳 14 号	10/15	178
苏 9906	9/24	152	99-98	10/16	179
华粳 3 号	10/12	170	武香粳 9 号	10/4	167
武育粳 3 号	10/2	160	苏香粳 1 号	10/21	179
泰引 1 号	10/5	163	86 优 8 号	10/16	174
宁 1272	10/1	159	常优 1 号	10/26	184
98-3	10/15	173	R109	10/16	174
香粳 T31	10/4	162	905	10/23	181
W002	9/25	153	扬大 98 粳	10/23	181
扬辐粳 4928	10/12	170	云台香粳	10/3	166
盐粳 5 号	10/2	165	连 97-1	9/25	158
华粳 1 号	10/12	170	丰优香占	9/23	151

二、株型特征与抗倒性

由于稻渔共作稻田后期水层较深，水稻品种若利用不当造成倒伏，不仅会大幅度减产，降低稻米的品质，而且会严重恶化水质危及蟹、虾等的安全。因而水稻的株型特征与抗倒性对稻渔共作水稻品种的选择至关重要。适宜的品种不仅要粗壮抗倒，基部节间较短，还要求有一定的株高优势，以适应长期的深水层生态。供试品种中大部分抗倒性能较好，综合株高、节间配置与田间观察，表现较好的品种有 9603、华粳 3 号、泰引 1 号、SA_2K_{2040}、E_{32}、武香粳 14 号、86 优 8 号、常优 1 号、R109 和扬大 98 粳等（表 7-3）。

表 7-3　供试品种株型特征与抗倒性（2001—2003 年）

品　种	株　高（cm）	穗　长（cm）	Ⅰ（cm）	Ⅱ（cm）	Ⅲ（cm）	Ⅳ（cm）	Ⅴ（cm）	Ⅵ（cm）	Ⅶ（cm）	Ⅷ（cm）	抗倒性
9801	101.8	20.0	34.6	20.6	8.5	7.9	6.4	3.8	-	-	一般
华粳 2 号	94.5	17.4	29.1	19.3	10.2	7.4	7.4	3.7	-	-	强
9603	130.5	26.8	43.8	27.1	12.1	11.5	6.4	2.8	-	-	强
苏 9906	103.5	18.7	30.5	22.6	15.2	10.1	6.4	-	-	-	较强
华粳 3 号	112.2	20.2	28.3	20.9	14.4	7.9	7.3	6.9	3.9	2.4	强
武育粳 3 号	98.6	17.3	27.4	19.8	11.7	8.2	7.7	4.6	1.9	-	一般
泰引 1 号	110.6	18.3	28.8	20.3	18.9	10.6	9.8	3.9	-	-	强
宁 1272	107.1	19.3	28.3	20.5	13.9	8.7	8.3	5.6	2.5	-	强
98-3	108.2	18.4	27.6	20.2	13.0	8.6	6.3	7.3	4.8	2.0	一般
香粳 T31	100.5	20.2	34.7	20.1	8.2	7.4	6.3	3.6	-	-	强
W002	113.1	21.9	38.6	23.0	11.2	9.2	6.0	3.2	-	-	差
扬辐粳 4928	121.5	20.7	36.4	24.6	16.7	9.6	8.3	5.2	-	-	一般
盐粳 5 号	104.1	19.4	30.1	24.1	14.2	8.4	5.6	2.3	-	-	一般
华粳 1 号	101.3	20.6	34.8	20.2	8.3	7.5	6.4	3.5	-	-	较强
SA_2K_{2040}	128.7	31.3	47.2	24.6	12.0	8.3	5.3	-	-	-	强
E_{32}	128.3	26.1	40.2	24.1	14.2	10.7	9.3	3.7	-	-	强
武香粳 14 号	117.5	19.4	33.5	23.5	15.4	10.8	7.2	4.7	3.0	-	强
99-98	109.5	19.5	28.9	20.2	13.5	10.9	8.4	5.6	2.5	-	强
武香粳 9 号	101.0	17.9	28.4	19.6	11.6	8.7	7.9	4.4	2.5	-	一般
苏香粳 1 号	111.7	16.1	28.4	19.4	14.4	11.6	8.6	6.3	5.0	1.9	较强
86 优 8 号	111.0	26.0	43.8	16.9	10.2	7.4	4.6	2.1	-	-	强
常优 1 号	129.9	21.4	34.5	23.4	15.3	11.7	7.5	7.4	5.7	3.0	强
R109	121.4	16.5	31.8	21.2	14.3	11.9	8.2	7.5	7.2	2.8	强
905	113.9	19.8	30.9	18.3	13.1	9.3	7.1	6.6	5.3	3.5	差
扬大 98 粳	127.4	28.9	33.2	20.6	13.8	11.2	6.9	6.3	5.2	1.3	强
云台香粳	93.5	16.2	30.5	20.4	12.7	6.4	5.5	1.8	-	-	强
连 97-1	110.2	18.3	28.5	20.2	19.0	10.7	9.8	3.7	-	-	差
丰优香占	130.3	27.8	37	21.9	20.8	12.1	7.0	3.7	-	-	差

注：Ⅰ、Ⅱ、Ⅲ、Ⅳ、Ⅴ、Ⅵ、Ⅶ、Ⅷ分别代表倒 1、2、3、4、5、6、7、8 节。

三、群体发展动态

稻渔共作水稻需要分蘖力旺盛，尽快达到足够茎蘖数，生长旺盛，干物质积累量高，从而能有效地抵抗深水的逆境和蟹、虾、鱼的取食，综合不同品种茎蘖成穗率与干物质积累量来看，前述筛选的品种中常优 1 号、86 优 8 号、华粳 3 号、SA_2K_{2040}、武香粳 14 号等相对较为适宜于在稻渔共作稻田内应用（表 7-4）。

表 7-4　供试品种群体发展动态（2001—2003 年）

品　种	茎蘖成穗			干重积累	
	最高茎蘖数（万/hm^2）	穗数（万/hm^2）	成穗率（%）	抽穗期（t/hm^2）	成熟期（t/hm^2）
9801	465. 2	312. 5	67. 18	9. 78	17. 23
华粳 2 号	319. 5	226. 5	70. 9	8. 83	14. 95
9603	286. 5	186. 0	64. 7	12. 39	19. 12
苏 9906	289. 5	232. 5	80. 4	6. 66	12. 97
华粳 3 号	304. 5	262. 5	86. 3	12. 28	18. 29
武育粳 3 号	406. 5	273. 0	67. 2	9. 22	17. 04
泰引 1 号	321. 0	237. 0	73. 8	10. 01	17. 23
宁 1272	427. 5	258. 0	60. 2	9. 27	14. 66
98-3	415. 5	220. 5	53. 0	9. 26	19. 01
香粳 T31	331. 5	211. 5	63. 8	11. 83	18. 49
W002	330. 0	276. 0	83. 6	8. 40	13. 17
扬辐粳 4928	375. 0	219. 0	58. 4	7. 61	19. 49
盐粳 5 号	424. 3	317. 0	74. 71	8. 25	14. 26
华粳 1 号	394. 4	228. 0	57. 81	8. 54	14. 78
SA_2K_{2040}	238. 5	175. 5	73. 6	10. 85	18. 83
E32	298. 5	213. 0	71. 4	8. 66	19. 08
武香粳 14 号	351. 0	286. 7	81. 67	12. 19	19. 31
99-98	387. 4	277. 4	71. 61	7. 98	15. 46
武香粳 9 号	438. 5	312. 8	71. 33	9. 23	17. 24
苏香粳 1 号	441. 0	205. 5	46. 4	11. 22	18. 03
86 优 8 号	292. 5	213. 0	72. 8	14. 56	21. 25
常优 1 号	298. 5	222. 0	74. 4	13. 81	23. 34
R109	370. 5	250. 5	67. 4	8. 89	17. 97
905	265. 5	205. 5	77. 2	10. 58	16. 93
扬大 98 粳	244. 5	147. 0	60. 1	10. 61	18. 39
云台香粳	368. 4	266. 1	72. 23	9. 24	16. 79
连 97-1	387. 5	271. 1	69. 96	8. 87	18. 46
丰优香占	272. 9	176. 7	64. 75	9. 14	17. 24

第四节 抗病性与避螟分析

据大面积生产实践与田间观察，里下河地区稻渔共作稻田主要病害为条纹叶枯病，主要虫害为三代三化螟，其他病虫害发生均较轻，一般年份不需防治。为此，本研究针对该“一病一虫”进行品种抗病性与抽穗期避螟的筛选。对于条纹叶枯病除了注重浸种与秧田防治外，不同水稻品种对其抗性差异较大，供试品种中抗性较好的有9801、9603、华粳3号、泰引1号、宁1272、盐粳5号、SA_2K_{2040}、E_{32}、86优8号、常优1号、905、扬大98粳、连97-1和丰优香占（表7-5）。

三代三化螟的发生有其特定卵孵化高峰期，一般在8月20日至9月5日，越迟则越重，能在8月20日前或9月5日后抽穗则发生就会较轻。生产上在里下河地区迟于9月5日抽穗的品种一般存在着后期能否安全成熟的问题，因而未被本试验所采用。

本试验供试品种抽穗期在7月27日与8月31日之间，据观察，抽穗较早的品种（8月10日前），如9801、苏9906、丰优香占等几乎不受三代三化螟的危害，但其成熟期也较早，不利于稻、蟹生育的相互协调；抽穗期在8月11日至8月31日的品种，三代螟发生情况不一，一般抽穗越迟发生越重。综合品种的其他特性，存在抽穗期栽培调控余地并结合药剂防治后表现较佳的品种有华粳3号、泰引1号、盐粳5号、武香粳14号、86优8号等。

表7-5 供试品种避螟与抗病性（2001—2003年）

品种	抽穗期（月/日）	条纹叶枯病抗性	品种	抽穗期（月/日）	条纹叶枯病抗性
9801	7/27	抗	SA_2K_{2040}	8/8	抗
华粳2号	8/14	轻感	E_{32}	8/14	抗
9603	8/11	抗	武香粳14号	8/24	未感
苏9906	8/6	轻感	99-98	8/31	轻感
华粳3号	8/22	抗	武香粳9号	8/23	轻感
武育粳3号	8/18	感	苏香粳1号	8/29	感
泰引1号	8/18	抗	86优8号	8/22	抗
宁1272	8/14	抗	常优1号	8/29	抗
98-3	8/28	轻感	R109	8/30	感
香粳T31	8/23	感	905	8/30	抗
W002	8/15	感	扬大98粳	8/29	抗
扬辐粳4928	8/22	感	云台香粳	8/18	感
盐粳5号	8/18	抗	连97-1	8/16	抗
华粳1号	8/21	感	丰优香占	8/10	抗

第五节　产量与品质分析

一、产量及其构成

水稻是稻渔共作生产经济效益的重要组成部分，因此在不影响系统中河蟹安全生育的基础上，获得水稻较高的产量水平十分重要。稻渔共作系统中为了维护河蟹活动及水质安全的需要，一般栽插密度较低，因此，水稻品种要具有穗数足、穗型大、产量潜力高等特征。本试验条件下供试品种中产量超过 9.0t/hm^2 的主要有华粳 3 号、SA_2K_{2040}、武香粳 14 号、86 优 8 号、常优 1 号（表 7-6）。

表 7-6　供试品种产量及其结构（2001—2003 年）

品　种	穗数（万/hm^2）	每穗粒数（粒/穗）	结实率（%）	千粒重（g）	产量（t/hm^2）
9801	312.5	97.00	73.8	25.05	5.60
华粳 2 号	226.5	163.68	80.17	24.27	7.21
9603	185.4	215.52	84.80	25.91	8.78
苏 9906	232.8	132.92	87.96	27.68	7.53
华粳 3 号	262.7	184.97	90.07	20.84	9.12
武育粳 3 号	273.0	123.31	91.92	27.34	8.46
泰引 1 号	236.9	167.44	78.62	25.20	7.86
宁 1272	257.4	132.84	92.30	25.94	8.19
98-3	220.2	171.76	80.10	24.06	7.29
香粳 T31	211.5	180.56	85.37	24.58	8.01
W002	276.0	98.59	86.73	22.99	5.42
扬辐粳 4928	218.9	152.82	92.87	24.24	7.53
盐粳 5 号	317.0	105.3	96.00	23.50	7.53
华粳 1 号	228.0	160.44	87.25	26.78	8.55
SA_2K_{2040}	175.7	232.09	80.27	28.39	9.29
E_{32}	213.0	191.59	78.90	25.52	8.22
武香粳 14 号	286.7	134.4	90.40	27.03	9.41

（续表）

品　种	穗数（万/hm²）	每穗粒数（粒/穗）	结实率（%）	千粒重（g）	产量（t/hm²）
99-98	277.4	125.8	91.00	24.08	8.40
武香粳9号	312.8	120.1	94.30	25.05	8.88
苏香粳1号	234.8	146.67	82.75	27.60	7.86
86优8号	213.0	207.58	87.33	25.02	9.66
常优1号	222.0	234.12	69.64	26.52	9.60
R109	249.9	129.53	81.93	25.69	6.81
905	205.1	260.01	54.37	21.15	6.13
扬大98粳	147.0	206.67	77.21	24.74	5.80
云台香粳	266.1	108.60	94.50	25.00	7.60
连97-1	271.1	106.10	93.70	25.00	6.74
丰优香占	176.7	221.45	75.45	23.45	6.92

二、稻米品质特性

稻渔共作水稻生长的生态条件较为优越，因而生产的稻谷不仅要突出绿色，更要突出优质才能发挥资源优势。试验所选的大多为生产上市场占有率较高的优质品种以及一些比较有潜力的品系（表7-7）。在稻渔共作生态条件下，供试品种中华粳3号、86优8号、武香粳14号、常优1号等各方面表现均较突出，其中加工品质出糙率、出精率及整精米率分别在83%、73.5%、72%以上，外观品质垩白率与垩白度分别在13.5%、3.0%以下，粗蛋白在6.0%~7.0%，直链淀粉在16.0%左右，胶稠度在77mm以上，糊化温度在72~75℃。

表7-7　不同水稻品种品质比较（2002—2003年）

品　种	出糙率（%）	出精率（%）	整精米率（%）	垩白率（%）	垩白度（%）	蛋白质（%）	直链淀粉（%）	胶稠度（mm）	糊化温度（℃）
华粳2号	83.1	72.3	67.5	20.5	4.4	7.7	16.5	77.1	74.3
9603	81.4	73.8	67.8	21.5	2.9	7.2	15.1	66.1	72.9
苏9906	83.4	73.5	61.9	30.5	9.1	8.4	15.9	78.2	78.4
华粳3号	83.9	73.8	72.1	11.0	1.8	6.2	16.6	78.2	72.0

（续表）

品　种	出糙率（%）	出精率（%）	整精米率（%）	垩白率（%）	垩白度（%）	蛋白质（%）	直链淀粉（%）	胶稠度（mm）	糊化温度（℃）
武育粳 3 号	84.7	76.4	74.2	35.5	8.7	6.8	16.2	70.2	71.3
泰引 1 号	80.9	71.7	67.4	25.0	3.7	6.1	15.7	76.5	72.8
宁 1272	84.4	76.2	67.7	21.5	5.7	7.0	16.3	65.6	72.1
98-3	85.9	74.9	70.0	32.5	4.9	6.6	17.0	64.4	69.0
香粳 T31	83.8	75.8	72.1	12.5	2.8	6.8	17.0	78.2	74.3
W002	81.5	73.2	47.6	10.0	1.7	7.3	15.0	72.5	72.1
扬辐粳 4928	82.9	74.4	73.7	12.0	1.6	6.4	15.1	66.7	72.0
华粳 1 号	85.3	74.6	67.0	27.7	8.8	5.7	17.7	90.0	72.8
SA_2K_{2040}	81.2	73.6	63.6	28.0	5.1	7.7	15.6	69.0	73.7
E_{32}	80.9	72.6	68.6	18.5	3.5	5.8	16.0	71.3	72.9
武香粳 14 号	83.4	75.2	73.1	11.5	3.0	6.7	16.2	78.4	72.3
苏香粳 1 号	84.4	76.1	74.7	61.0	15.6	6.8	15.9	74.4	69.7
86 优 8 号	83.2	74.7	72.3	13.0	2.7	7.0	15.7	77.1	72.9
常优 1 号	84.5	75.7	73.1	13.5	2.7	7.1	16.0	78.2	74.7
R109	84.2	75.8	74.1	15.0	2.4	6.6	15.8	70.2	69.9
905	81.9	70.1	58.9	14.0	4.0	7.2	15.8	64.1	89.4
扬大 98 粳	81.5	73.4	72.3	5.0	1.2	7.9	14.6	77.1	69.8
丰优香占	81.3	73.4	64.5	11.7	5.0	9.5	14.6	86.0	74.3

第六节　相关讨论

安全、优质、高产水稻品种的选择一直是稻渔共作生产的重要研究课题，但以往的研究大部分局限于一些生产总结或定性的判断，缺少系统的试验研究来支撑，生产中常常出现顾此失彼的现象，影响了稻渔共作生产的安全、优质与高效。

综合本研究的系统分析，供试品种中 86 优 8 号、武香粳 14 号、常优 1 号、华粳 3 号等全生育期为 170~180 天，在里下河地区稻渔共作制下与蟹收获期大体吻合，同时水稻本身也符合安全优质高产生产的要求。这几个品种在常规种植条件下，米质均在国标三级以上，其中 86 优 8 号、武香粳 14 号为三级，其余两个均为二级，而在稻渔共作稻田内均达到了二级以上。品种常优 1 号为中熟杂交晚粳，植株分蘖力强，株型高大，对条纹叶枯病、稻瘟病、纹枯病等的抗性较好，但也存在着抽穗期迟，三代三化螟卵块基数大，抽穗期拉得时间过长，灌浆期稻曲病发生严重、后期受温光条件影响结实率表现不够稳定等问题，需要进一步在栽培措施上进行探索与研究；86 优 8 号、武香粳 14 号为早熟晚粳，植株生长量大，抗性强，抽穗期早于常优 1 号，在三化螟轻发生年份能有效地避开三代三化螟卵孵化高峰，由于后期植株抗倒性较强，虽然成熟期要早于常优 1 号，但可适当推迟收割以利蟹虾等的生长，因而其利用前景较好；华粳 3 号为常规迟熟中粳，生育期略短，米质也较好，且抗病性、抗倒性亦好，故也较适宜在稻渔共作稻田内种植。

第八章　研究案例：稻渔共作水稻播期研究

第一节　研究目的

由于稻渔共作生态系统中河蟹等的较高经济价值以及其特殊的生长发育特性，因而生产上在较大程度上水稻的栽培措施必须服从于河蟹等水生经济动物的养殖管理，特别是水层的管理。因而稻渔共作生态系统中的水稻播栽期不仅要考虑到其栽培管理及群体的形成河蟹等的生长发育创造有利的环境条件，还要考虑到水稻本身的安全生育及高产优质的形成。生产上随着蟹苗的生长以及气温的升高，稻渔共作稻田内的河蟹活动范围逐步扩大，需要尽早在稻田内建立逐步加深的水层环境，这就要求水稻早播早栽，实现稻、蟹生育与季节的优化与同步。

本研究根据试验区所在地的气候生态条件及大面积生产上稻田内河蟹养殖的管理实际，通过设置不同的水稻播栽期，分析稻渔共作生态条件下不同播栽期水稻生育与产量品质特性，以期为稻渔共作水稻适宜播期的选择及相应的栽培调控提供理论依据与技术参考。

第二节　研究方法

一、试验设计

试验于2002—2003年在江苏省兴化市海南镇进行，两年供试水稻品种分别为苏香粳1号、常优1号。两年水稻播期均设置4/10、4/20、4/30、5/10四个水平，采用肥床旱育，秧田期统一为40天，大田移栽密度为22.5×10^4穴/hm^2，株行距配置为26.7cm×16.7cm，苏香粳1号每穴3本，常优1号每穴2本。各处理统一基肥为水稻专用复合肥（兴化市农乐肥料公司提供，含N 15%、P_2O_5 6%、K_2O 7%）1 050kg/hm^2，并于移栽后10天、20天各追施尿素73.5kg/hm^2。

小区面积 6m×5m，重复三次，随机排列。两年稻渔共作系统内蟹、虾、鱼苗放养量同常规稻渔共作生产。

二、测定内容与方法

观察各处理水稻生育进程；秧田四叶期开始标记主茎叶龄，抽穗期记载主茎总出叶数；记载群体茎蘖数，在处理区定点，每 5 天记载群体茎蘖一次；主要生育期测定干物重和叶面积指数；齐穗期测定上三叶长、宽和面积；抽穗后 20 天测定植株性状；拔节长穗期调查检测每个处理各重复小区稻田条纹叶枯病穴发生率，然后取平均值；成熟期考查产量结构并核收实产；收获后对稻谷作品质分析。具体方法详见第 5 章相关内容。

第三节　生育特性分析

一、生育进程

研究表明（表 8-1），稻渔共作水稻随播栽期提前，水稻拔节、抽穗、成熟的日期也相应提前，但差距随生育进程的推迟而缩小，从拔节期的 7~8 天缩短至抽穗期的 2~5 天，至成熟期仅相差 1~2 天。播期提前，使稻渔共作水稻全生育期大幅度增加，并相应增加了稻、蟹共生期。

表 8-1　不同播期水稻生育进程变化（常优 1 号，2003 年）

播期（月/日）	移栽（月/日）	拔节（月/日）	抽穗（月/日）	成熟（月/日）	全生育期（天）
4/10	5/20	7/13	8/29	10/20	193
4/20	5/30	7/20	8/31	10/22	185
4/30	6/9	7/28	9/5	10/24	177
5/10	6/19	8/5	9/9	10/25	168

二、茎蘖动态与穗数形成

本试验条件下，稻田的水层随蟹、虾的生长及气温与水温的季节性升高而逐步加深，因而处于同一稻田系统内的各播期处理，随播期推迟，茎蘖最高发生数量减少，单位面积有效穗数亦减少，并导致播期推迟茎蘖成穗率提高的趋势（表 8-2）。由此可见，稻渔共作水稻播期提前有利于利用前期的稻田生长条件发生足够的分蘖，形成足够的穗数，为产量潜力的发挥奠定基础。

表 8-2　不同播期水稻穗数形成特点（常优 1 号，2003 年）

播期	最高茎蘖数（万/hm^2）	有效穗数（万/hm^2）	单株成穗数（个/株）	茎蘖成穗率（%）
4/10	397.4	248.6	5.52	62.55
4/20	367.2	236.0	5.24	64.26
4/30	304.1	216.0	4.80	71.05
5/10	260.0	194.6	4.32	74.85

三、干物质积累

稻渔共作水稻不同播期水平处理干物质积累差异显著，播栽期越早，各生育阶段积累的干物质量越高（表 8-3）。4/10 播种处理与 4/20 播种处理差异较小，至成熟期总生物量后者高于前者，而 4/30 与 5/10 处理显著较低。从不同阶段积累的干物质比率来看，播期较早的处理抽穗后增加的干物质比率要高于播期较迟的处理。

表 8-3　不同播期水稻干物质积累（常优 1 号，2003 年）

播期（月/日）	拔节（t/hm^2）	抽穗（t/hm^2）	成熟（t/hm^2）	抽穗前干物质占总量（%）	抽穗至成熟增加干物质占总量（%）
4/10	3.27	11.09	19.59	56.62	43.38
4/20	3.13	10.90	19.69	55.36	44.64
4/30	2.74	10.33	17.54	58.91	41.09
5/10	2.04	9.20	15.82	58.12	41.88

四、株型性状

由表 8-4 可见，播期推迟，稻渔共作水稻主茎总出叶数减少，4/10 播种处理与 5/10 播种处理相差 1 叶左右。冠层顶 3 叶中，剑叶与倒 2 叶随播期推迟逐渐变短、变窄，倒 3 叶的叶面积迟播处理高于早播处理，上 3 叶的总面积随播期推迟而下降。对茎秆的影响表现为早播处理植株相对较高，以 4/20 播期为最高，播期推迟至 5/10，则株高大幅度下降。

而播期对稻株节间的伸长数目影响较小，4 个播期处理单茎平均伸长节间数均为 8 个。但在节间的配置上，差异明显，基部两个节间，随播期推迟而缩短，

5/10 播种处理均不超过 2cm，其可能是分蘖节的变态伸长所致；中部节间迟播处理较早播处理伸长；上部两个节间，早播处理长于迟播处理（表 8-5）。

表 8-4 不同播期水稻总出叶数及对顶部三叶面积的影响（常优 1 号，2003 年）

播期（月/日）	总出叶数	剑叶			倒 2 叶			倒 3 叶			上 3 叶总面积（cm^2）
		长（cm）	宽（cm）	面积（cm^2）	长（cm）	宽（cm）	面积（cm^2）	长（cm）	宽（cm）	面积（cm^2）	
4/10	20.6±0.5	40.9±3.5	1.8±0.1	75.3	52.6±2.3	1.6±0.1	82.0	44.8±3.4	1.5±0.1	66.3	223.7
4/20	20.4±0.5	39.8±5.5	1.8±0.1	70.4	48.2±4.7	1.6±0.2	74.6	43.0±2.2	1.5±0.1	65.4	210.4
4/30	19.8±0.4	30.3±2.9	1.8±0.1	53.4	43.8±4.0	1.6±0.1	67.9	48.6±1.5	1.4±0.1	70.0	191.3
5/10	19.5±0.5	26.6±3.8	2.0±0.1	52.1	40.4±5.4	1.7±0.1	68.7	43.8±1.7	1.6±0.1	68.8	189.6

表 8-5 不同播期水稻茎秆特征（常优 1 号，2003 年）

播期（月/日）	株高（cm）	穗长（cm）	Ⅰ（cm）	Ⅱ（cm）	Ⅲ（cm）	Ⅳ（cm）	Ⅴ（cm）	Ⅵ（cm）	Ⅶ（cm）	Ⅷ（cm）
4/10	112.4±2.6	21.8±1.1	31.3±2.5	20.9±3.0	12.1±1.4	8.9±2.0	5.8±0.9	4.2±0.7	4.6±0.2	2.8±0.8
4/20	115.2±2.5	21.9±1.8	32.0±2.0	21.5±1.2	12.3±1.0	9.7±0.9	6.9±0.4	4.6±0.7	3.7±0.6	2.6±0.6
4/30	111.9±2.9	19.6±0.8	29.5±1.5	19.6±1.4	15.3±1.4	10.5±0.4	7.2±1.0	4.7±1.8	3.1±0.2	2.4±0.2
5/10	103.0±2.7	19.1±1.1	26.9±2.6	17.8±1.3	13.0±1.2	10.0±1.7	8.5±0.7	5.1±0.6	1.6±0.6	1.0±0.3

注：Ⅰ、Ⅱ、Ⅲ、Ⅳ、Ⅴ、Ⅵ、Ⅶ、Ⅷ分别代表倒 1、2、3、4、5、6、7、8 节。

五、条纹叶枯病发生情况

稻渔共作水稻播期的变化也影响着条纹叶枯病的发生（表 8-6）。试验采用的苏香粳 1 号为感病品种，播栽期越早，条纹叶枯病发生越重，而抗病品种常优 1 号总体发病较轻，同样早播处理发生率高于迟播处理。

表 8-6 不同播期水稻条纹叶枯病发生情况

（穴发生率:%，2002—2003 年）

播期（月/日）	4/10	4/20	4/30	5/10
苏香粳 1 号	26.42	24.00	18.86	10.24
常优 1 号	2.73	1.60	0.95	0.91

第四节　产量与品质分析

一、产量及其构成

稻渔共作条件下，适期早播对水稻产量潜力的发挥具有重要作用。由表 8-7 可见，供试的苏香粳 1 号，较早播种的 4 月 10 日与 4 月 20 日两处理产量显著高于较晚播种的 4 月 30 日与 5 月 10 日两处理，分析其产量构成，主要是单位面积有效穗数的大幅度提高和穗粒数的增加。同样常优 1 号的 4 个播期水平中仍以 4 月 20 日播种处理产量最高，且与 4 月 10 日播种处理差异较小。从产量构成上来看，4 月 20 日以后，常优 1 号播期推迟有效穗数、穗粒数、结实率下降，而千粒重提高。稻渔共作水稻产量及其结构的这种变化在较大程度上是其对稻渔共作环境适应性的表现。播期适宜，水稻生育进程与蟹虾养殖的生产管理同步，有利于水稻产量潜力的发挥和高产的形成，反之，则受其严重制约，造成减产。

表 8-7　不同播期处理水稻产量及其结构（2002—2003 年）

品　种	播期（月/日）	穗数（万/hm^2）	穗粒数（粒/穗）	结实率（%）	千粒重（g）	产量（t/hm^2）
苏香粳 1 号	4/10	325.2	122.34	83.14	27.20	9.00 a
	4/20	318.5	126.67	82.75	27.60	9.21 a
	4/30	299.9	111.26	87.24	28.20	8.21 b
	5/10	269.0	108.40	87.02	27.82	7.06 c
常优 1 号	4/10	278.6	168.59	72.92	26.81	9.18 a
	4/20	269.0	172.73	74.18	27.16	9.36 a
	4/30	231.0	158.88	69.61	27.33	6.98 b
	5/10	220.1	149.79	49.39	27.85	4.53 c

二、稻米品质特点

由表 8-8 可见，不同播期水平对稻渔共作水稻的加工品质的影响较小，但对稻米的外观品质有所影响，垩白率与垩白度随播期推迟而增加。在蒸煮品质方面，迟播处理较早播处理直链淀粉含量提高，米胶变短（表 8-9）。淀粉黏滞特性方面，苏香粳 1 号表现为早播处理峰值黏度高、回复值低的特点，但常优 1 号则相反。

表 8-8　不同播期处理稻米加工品质与外观品质特点（2002—2003 年）

品　种	播期（月/日）	出糙率（%）	出精率（%）	整精米率（%）	垩白率（%）	垩白度（%）
苏香粳 1 号	4/10	84.18	76.23	74.85	58.4	10.45
	4/20	84.38	76.11	74.70	61.0	11.87
	4/30	83.79	76.55	75.58	62.0	15.31
	5/10	83.45	76.43	75.32	64.0	15.65
常优 1 号	4/10	84.60	75.95	72.86	8.5	2.33
	4/20	84.73	76.01	73.22	12.0	2.66
	4/30	84.76	76.46	73.73	16.3	3.47
	5/10	84.57	76.10	73.36	19.3	5.36

表 8-9　不同播期处理稻米营养与蒸煮品质特点（2002—2003 年）

品　种	播期（月/日）	糊化温度（℃）	粗蛋白（%）	直链淀粉（%）	胶稠度（mm）	RVA 特征谱（cp）				
						峰值黏度	热浆黏度	崩解值	最终黏度	消减值
苏香粳 1 号	4/10	74.5	7.01	16.01	76	2 645	1 614	1 082	2 694	65
	4/20	76.1	6.84	16.15	78	2 653	1 574	1 079	2 712	59
	4/30	70.5	6.88	16.44	72	2 344	1 464	880	2 539	196
	5/10	70.6	6.79	16.46	74	2 216	1 346	870	2 500	284
常优 1 号	4/10	68.8	6.28	17.72	88	2 394	1 385	1 009	2 553	159
	4/20	72.9	6.25	18.02	89	2 515	1 437	1 078	2 480	-35
	4/30	71.3	6.14	18.94	71	2 939	1 768	1 171	2 870	-69
	5/10	72.2	5.89	18.48	71	2 937	1 841	1 096	2 886	-51

第五节　相关讨论

综上所述，早播早栽的稻渔共作水稻可以充分利用前期的光温资源条件，在 5 月下旬移栽时秧龄可达 7~8 叶，带蘖 3~4 个。栽入稻田后，由于此时气温尚较低，河蟹个体较小，仍留在暂养沟和围沟内生长觅食，不会对秧苗构成危害，因此可以充分利用这一时段的光温条件，促进秧苗生长发育健壮，尽早发足茎蘖数，在提深水时茎蘖数达至预期穗数的120%~130%，以适应无效分蘖期水层逐步加深的条件。水稻进入无效分蘖期后，此时河蟹个体增大，觅食和活动范围扩大，稻畦面水层不断加深，后发生并淹没于水下的小分蘖成了河蟹摄食的对象，有力地控制了群体的过度发展。因而偏迟熟水稻4月中旬播种，5月下旬移栽，足苗后提深水，一般在8月下旬抽穗，10月下旬安全成熟，不仅可与河蟹生育优化同步，而且也利于水稻优质与高产。

大面积生产上，由于稻渔共作稻田内冬闲利用模式的多样化，水稻播栽期差异很大，如前茬种麦稻田，则移栽期要推迟到常规稻麦两熟稻田大田移栽期前后，这样就严重影响了蟹、虾苗种的放养及养殖管理，特别是蜕壳盛期的水层管理。因此稻渔共作稻田冬闲期一般不应对稻田进行过度的种植利用，以利水稻的早播早栽。较科学的做法是：在冬季或早春耕翻晒垡，平整土地，从而晒干田面，改善土壤的理化性状，熟化土壤，并利用寒冬和初春的低温冻死有害的细菌等微生物，并有利于水稻栽后发苗。此外也有利于冬闲期的清沟清淤，改善沟凼的底质状况，并培肥了稻田土壤，促进了系统内物质与营养的循环。

第九章　研究案例：稻渔共作水稻种植密度研究

第一节　研究目的

稻渔共作水稻适宜的种植密度历来是稻渔共作生产关注的焦点，但迄今国内有关稻渔共作水稻密度试验的报道尚较少，生产上大多在常规水稻栽培的基础上，不同程度地降低水稻种植密度，以达到增加水生经济动物活动空间，提高水体质量的目的。

国外在这一方面目前已有了一定的研究，特别是不同的水稻种植密度对水体浮游生物、水体理化性状及鱼产量的影响已有不少报道，但研究的主要稻渔共作类型和生产条件与现今国内大面积稻渔共作生产状况差异较大。

为此，本研究分别对稻渔共作生产中移栽稻和直播稻设置多个较低种植密度水平的处理（均低于常规稻作高产栽培的密度），探讨其在稻渔共作生态条件下水稻产量形成与品质特性，以期为稻渔共作水稻适宜的种植密度的确定提供理论依据和生产实践参考。

第二节　研究方法

一、试验设计

试验于2001—2002年在兴化市海南镇稻渔共作稻田进行。移栽稻与直播稻的不同种植密度处理设置见表9-1。

2001年试验于4月19日落谷，水育秧，5月26日移栽。2002年育苗移栽方式试验于4月25日落谷，水育秧，6月5日移栽；直播方式试验5月1日落谷，落谷量45kg/hm^2。移栽稻不同栽插规格拉绳定植，2001年苏香粳1号不同穴数水平的栽插规格为 12 万穴/hm^2（30cm×37cm）、18 万穴/hm^2（30cm×24.7cm）、24 万穴/hm^2（30cm×18.5cm）；2002 年常优 1 号不同穴数水平的栽插规格为 9 万穴/hm^2（33.3cm × 33.3cm）、13.5 万穴/hm^2（33.3cm × 22.2cm）、18 万穴/hm^2（33.3cm×16.7cm）、22.5 万穴/hm^2（33.3cm×13.3cm）。各处理重复三次，随机排列，小区面积 18m^2（3.6m×5m），间隔 0.5m。直播稻在出苗后通过间苗形成不同密度水平处理，各处理小区重复三次，随机排列，小区面积 15m^2（3m×5m），间隔 0.8m。

所有试验处理统一基肥为水稻专用复合肥（兴化市农乐肥料公司提供，含 N 15%、P_2O_5 6%、K_2O 7%）1 050kg/hm^2，移栽稻于移栽后 10 天、20 天各追施尿素 73.5kg/hm^2，直播稻处理于出苗后 50 天、60 天分别追施移栽稻等量尿素。蟹、虾、鱼苗放养量同常规稻渔共作生产。

表 9-1　稻渔共作水稻种植密度试验设计

<table>
<tr><td rowspan="4">移栽稻</td><td>品　种</td><td colspan="6">苏香粳 1 号</td><td colspan="8">常优 1 号</td></tr>
<tr><td>年度</td><td colspan="6">2001</td><td colspan="8">2002</td></tr>
<tr><td>穴数（万/hm²）</td><td>12</td><td>18</td><td>24</td><td>18</td><td>18</td><td>18</td><td>9</td><td>13.5</td><td>18</td><td>22.5</td><td>9</td><td>13.5</td><td>18</td><td>22.5</td></tr>
<tr><td>本数</td><td>3</td><td>3</td><td>3</td><td>2</td><td>3</td><td>4</td><td>1</td><td>1</td><td>1</td><td>1</td><td>2</td><td>2</td><td>2</td><td>2</td></tr>
<tr><td rowspan="4">直播稻</td><td>品　种</td><td colspan="14">苏香粳 1 号</td></tr>
<tr><td>年度</td><td colspan="14">2002</td></tr>
<tr><td>方式</td><td colspan="7">旱直播</td><td colspan="7">水直播</td></tr>
<tr><td>密度（万/hm²）</td><td colspan="2">15</td><td>30</td><td>45</td><td>60</td><td colspan="2">75</td><td colspan="2">15</td><td>30</td><td>45</td><td>60</td><td colspan="2">75</td></tr>
</table>

二、测定内容与方法

成熟期考查产量结构并核收实产；收获后对稻谷作品质分析。具体方法详见第 5 章相关内容。

第三节　移栽稻栽插密度分析

一、产量及其结构

2001 年以常规中熟晚粳苏香粳 1 号为供试品种分别进行了同一栽插本数不同栽插规格以及同一栽插规格不同栽插本数的试验。结果表明（表 9-2），同一栽插本数（3 本）条件下，栽插穴数增加，单位面积有效穗数与结实率提高，穗粒数减少，最终产量显著增加；同一栽插规格（18 万穴/hm^2）条件下，栽插本数增加，单位面积有效穗数提高，每穗粒数与结实率下降，最终产量也下降，2 本与 3 本差异不显著。

2002 年以杂交中熟晚粳常优 1 号为供试品种进行栽插规格与栽插本数的二因素随机区组试验。结果表明（表 9-2），在每穴 1 本条件下，随栽插穴数的增加，穗数提高，产量显著上升；在每穴 2 本情况下，随栽插穴数增加，穗数相应增加，但产量在 18 万穴/hm^2 时表现最高，此后则有所下降。综合来看，各处理中以 18 万穴/hm^2，每穴 2 本产量为最高，但与 22.5 万穴/hm^2，每穴 1 本差异不显著。

表 9-2　不同栽插密度对产量及其结构的影响

年　度	品　种	穴数（万穴/hm^2）	本数（本）	穗数（万/hm^2）	穗粒数（粒/穗）	结实率（%）	千粒重（g）	产量（t/hm^2）
2001	苏香粳 1 号	12	3	187.4	121.4	95.6	25.63	5.57 c
		18	3	260.4	116.9	96.1	25.42	7.44 b
		24	3	289.8	112.7	96.4	25.67	8.08 a
		18	2	257.1	117.6	95.8	25.58	7.41 a
		18	3	260.4	116.9	96.1	25.42	7.44 a
		18	4	287.1	101.8	95.0	25.94	7.20 b
2002	常优 1 号	9	1	162.9	207.0	80.0	28.41	7.66 d
		13.5	1	183.9	223.5	76.4	27.57	8.65 c
		18	1	195.3	222.8	76.6	27.36	9.12 b
		22.5	1	202.1	224.8	76.0	27.01	9.32 ab
		9	2	175.1	211.3	77.7	27.68	7.95 d
		13.5	2	186.6	222.3	77.2	27.03	8.66 c
		18	2	212.7	226.2	74.0	26.57	9.46 a
		22.5	2	222.0	225.5	70.4	26.17	9.22 b

二、稻米品质特点

不同的栽插密度对稻米的品质影响不大，其中栽插穴数在 22.5 万穴/hm^2 水平时垩白度较高，但栽插穴数较高的处理胶稠度相对较高（表 9-3）。

表 9-3　不同栽插规格处理稻米品质特点（常优 1 号，2002 年）

穴　数（万穴/hm²）	本　数（本）	出糙率（%）	出精率（%）	整精米率（%）	垩白率（%）	垩白度（%）	粗蛋白（%）	直链淀粉（%）	胶稠度（mm）
9	1	84.24	75.79	73.76	22.5	2.76	6.59	17.21	72.0
13.5	1	84.26	75.59	73.65	18.5	2.28	6.78	17.62	74.7
18	1	84.61	75.45	73.14	22.5	2.69	6.26	17.71	81.2
22.5	1	84.50	75.61	73.32	21.0	4.66	6.96	17.58	78.0
9	2	84.53	75.60	73.52	19.0	2.89	7.23	17.34	77.5
13.5	2	84.52	75.63	73.21	17.0	1.85	6.94	17.89	76.8
18	2	84.34	75.78	73.37	18.5	2.92	6.34	17.27	82.0
22.5	2	84.28	75.79	72.96	24.0	4.56	6.80	17.05	81.4

第四节　直播稻种植密度分析

一、产量及其结构

稻渔共作直播稻的密度水平对产量影响显著，旱直播与水直播表现趋势较为一致（表 9-4）。基本苗增加，单位面积穗数提高，穗粒数与结实率下降，千粒重增加，最终产量逐步提高。旱直播与水直播处理均以 75 万/hm² 基本苗水平产量为最高，这一密度要低于常规稻田大面积生产的直播密度。

表 9-4　不同直播密度处理产量及其构成（苏香粳 1 号，2002 年）

直播方式	基本苗（万/hm²）	穗数（万/hm²）	穗粒数（粒/穗）	结实率（%）	千粒重（g）	产量（t/hm²）
旱直播	15	240.90	125.30	91.49	28.82	7.96 d
	30	269.10	116.42	90.19	29.09	8.22 c
	45	299.55	101.61	90.68	29.82	8.23 c
	60	297.15	110.11	86.75	29.54	8.38 b
	75	315.45	109.10	85.28	30.57	8.97 a

（续表）

直播方式	基本苗（万/hm²）	穗数（万/hm²）	穗粒数（粒/穗）	结实率（%）	千粒重（g）	产量（t/hm²）
水直播	15	245.85	120.54	90.19	28.49	7.61 d
	30	264.60	113.73	90.68	29.67	8.10 c
	45	295.05	108.20	86.75	29.74	8.24 b
	60	299.10	111.40	86.28	29.04	8.35 b
	75	314.85	108.36	86.23	30.45	8.96 a

二、稻米品质特点

研究表明（表 9-5），本试验条件下不同直播密度对稻米品质的影响较小，基本苗较高的处理稻米垩白率与垩白度稍高。水直播与旱直播相比，对应各密度间出糙率、出精率、整精米率前者均低于后者，这与本章 I 中研究的结论是一致的。

表 9-5 不同直播密度处理稻米品质特点（苏香粳 1 号，2002 年）

直播方式	基本苗（万/hm²）	出糙率（%）	出精率（%）	整精米率（%）	垩白率（%）	垩白度（%）	粗蛋白（%）	直链淀粉（%）	胶稠度（mm）
旱直播	15	83.93	76.32	75.18	61.0	6.62	7.38	16.55	70.00
	30	83.47	76.29	75.57	54.0	8.33	6.54	16.71	77.50
	45	83.48	76.15	75.03	60.0	7.89	6.36	16.94	66.25
	60	83.93	75.76	74.15	53.5	9.00	6.78	16.60	72.50
	75	83.86	75.94	74.75	63.5	12.51	7.11	16.77	68.75
水直播	15	83.10	75.57	74.01	57.0	7.59	5.28	16.57	81.25
	30	82.96	75.48	74.28	47.0	6.71	6.11	16.78	77.50
	45	83.27	76.15	74.82	55.0	8.71	5.56	16.51	80.00
	60	83.15	75.67	74.20	43.0	9.00	6.15	16.78	78.75
	75	83.46	75.85	74.68	60.0	11.29	6.77	16.68	78.75

第五节 相关讨论

在育苗移栽条件下，栽插本数较少（1 本）的处理要获得高产须增加单位面积的栽插穴数，而在增加栽插本数条件下（2本），栽插穴数在18万/hm^2水平时就可获得高产，穴数过高对稻米品质不利，此外结合稻渔共作的生产要求，水稻栽插密度过高不利于蟹、虾等的生长与活动和稻田生态环境的改善，因此共作稻田迟熟晚粳大穗型品种栽插规格控制在18万穴/hm^2，每穴2本较为适宜。

直播水稻由于其茎蘖成穗率低，要获得高产须增加播量，提高单位面积的基本苗数，而基本苗数的过多增加不利于稻渔共作稻田环境的优化和蟹等水生经济动物的生长和活动，而且在一定程度上也影响了稻米品质的发挥，旱直播与水直播处理应控制在基本苗60万~75万/hm^2为宜。

第十章　研究案例：稻渔共作水稻施肥模式研究

第一节　研究目的

在全球绿色浪潮的冲击下，世界各国普遍高度重视环境问题，其中食品安全性问题备受关注。农业生产中化肥的投入量逐年增加，有机肥投入量逐年减少，土壤中各种有机和无机营养处于亏损状态，土壤肥力不断下降，致使农田养分循环失去平衡，影响了农作物的产量和品质。

稻渔共作实现了稻田生态系统中多物种互利共生，有效地提高了土壤肥力、增加了土壤有机质含量，使稻田养分循环保持平衡，目前已成为水稻绿色生产发展的重要方向之一。

传统的稻渔共作施肥主要依靠总结实践经验来指导生产，迄今国内外尚无稻渔共作水稻施肥试验研究的系统报道，研究与生产实践中对稻渔共作稻田土壤的供吸肥规律尚不清楚，而且未形成相配套的施肥技术规范。

为此，本研究结合江苏里下河地区稻渔共作生产的实际，采取多组肥料试验，初步系统提出稻渔共作稻田肥料运筹原则与技术，以期为稻渔共作水稻施肥这一生产技术关键提供理论依据与技术指导。

第二节　研究方法

一、试验设计

试验于2001—2003年在兴化市海南镇稻渔共作稻田内进行。2001年进行稻渔共作水稻需氮量及氮肥合理运筹试验；2002年进行生物有机肥一次性基施试验；2003年进行有机肥基施、化肥追施的肥料运筹试验。

（1）需氮量及氮肥合理运筹试验。试验于2001年进行，供试品种苏香粳1号，4月22日播种，6月2日移栽，株行距配置为26.7cm×16.7cm，22.50万穴/hm^2，每穴3本。依总施氮量和氮肥运筹设置5种施肥法：A. 低氮早蘖肥法；B. 中氮早蘖肥法；C. 中氮迟蘖肥法；D. 高氮多次蘖肥法；E. 高氮迟蘖肥法。所用氮肥均为尿素，磷肥统一为基施过磷酸钙600kg/hm^2，钾肥统一为基施氯化钾150kg/hm^2。基肥在水稻移栽前耕翻施入，追肥参照试验设计（表10-1）。每种施肥法设置三次重复，共安排0.33hm^{2}以上的稻渔共作稻田15块。各处理蟹、虾、鱼苗放养量及管理同常规稻渔共作生产。

表10-1　不同施肥模式试验（一）（2001年）

处　理	总施氮量（kg/hm^2）	基肥（kg/hm^2）	追肥（kg/hm^2）		
			6月上旬	6月中旬	6月下旬
A低氮早蘖肥法	180	235.5	156	-	-
B中氮早蘖肥法	225	294.0	195	-	-
C中氮迟蘖肥法	225	294.0	-	97.5	97.5
D高氮多次蘖肥法	270	235.5	117	117	117
E高氮迟蘖肥法	315	274.5	-	274.5	136.5

（2）生物有机肥一次性基施试验。试验于2002年进行，供试品种苏香粳1号，4月25日播种，6月1日移栽，株行距配置为26.7cm×16.7cm，22.5万穴/hm^2，每穴3本，以常规施肥模式为对照，设置2种生物有机肥一次性基施处理，总施氮量225 kg/hm^2，具体见表10-2。小区面积1亩，重复2次。各处理蟹、虾、鱼苗放养量及管理同常规稻渔共作生产。

表10-2　不同施肥模式试验（二）（2002年）

处　理	供试肥料	N（%）	P_2O_5（%）	K_2O（%）	基肥用量（kg/hm^2）	追肥用量（kg/hm^2）
黑丰佳	黑丰佳	18	5	10	1 249.5	-
水稻专用肥	水稻专用肥	10	8	7	2 250	-
ck	尿素	46	-	-	244.5	122.3（6/8）+122.3（6/20）
	过磷酸钙	-	12	-	375	-
	氯化钾	-	-	60	150	-

注：“（）”中为追肥日期。

（3）有机肥基施、化肥追施的肥料运筹试验。试验于 2003 年进行，供试品种常优 1 号，4 月 20 日播种，6 月 2 日移栽，各施肥模式处理设置见表 10-3。基肥于移栽前随耕翻施入，追肥于移栽后 7 天及 6 月 20 日分两次施入，总施氮量均为 225kg/hm^2，湿润育秧，株行距配置为 26. 716. 7cm^2，22. 5 万穴/hm^2，每穴 2 本，小区面积 1 亩，重复 2 次。各处理蟹、虾、鱼苗放养量及管理同常规稻渔共作生产。

表 10-3　不同施肥模式试验（三）（2003 年）

肥　料	基追比	基肥用量（kg/hm^2）	追肥用量（kg/hm^2）
黑丰佳	10：0	黑丰佳 1 249. 5	-
	7：3	黑丰佳 876、普钙 157. 5、氯化钾 63	尿素 147
	5：5	黑丰佳 625. 5、普钙 261、氯化钾 105	尿素 244. 5
常规化肥	5：5	尿素 244. 5、普钙 519、氯化钾 208. 5	尿素 244. 5

二、测定项目及方法

水稻收获后测定土壤肥力性状，常规土壤农化分析法；记载群体茎蘖数，在处理小区各定两点，每点 10 穴，每 5 天记载群体茎蘖一次；主要生育期测定干物重；齐穗期测定茎生各叶长、宽和面积；成熟期考查产量结构并核收实产；收获后对稻谷作品质分析。具体方法详见第 5 章相关内容。

第三节　水稻的需氮量及合理运筹方式

分析大面积生产上稻渔共作水稻产量形成特性，其产量低的主要原因是茎蘖数不足、穗数少，因此攻前期生长、促早发争足穗是稻渔共作水稻肥料运筹的一项关键技术。2001 年对不同施氮量与氮肥运筹方式的处理进行系统分析，表明（表 10-4）：总施氮量低（180kg/hm^2），分蘖肥施用时间早，因穗数较少，产量不高（处理 A）；总施氮量高（亩施 270～315 kg/hm^2），分蘖肥用量大且次数多，结果产量亦不高（处理 D），而分蘖肥施用较晚的产量更低（处理 E）；总施氮量中等（225kg/hm^2），分蘖肥施用早，则产量较高（处理 B）；总施氮量中等（225kg/hm^2），但分蘖肥施用迟（水层深），产量也不高（处理 C）。

表 10-4　不同施肥方式对产量及其结构的影响（苏香粳 1 号，2001 年）

处　理	穗数 （万/hm^2）	穗粒数 （粒/穗）	结实率 （%）	千粒重 （g）	产量 （t/hm^2）
A 低氮早蘖肥法	285.3	111.4	95.7	26.44	8.04 c
B 中氮早蘖肥法	332.7	110.7	96.2	26.30	9.32 a
C 中氮迟蘖肥法	291.9	113.9	96.0	26.63	8.50 b
D 高氮多次蘖肥法	301.7	108.4	95.6	27.00	8.44 b
E 高氮迟蘖肥法	273.9	104.3	96.2	27.44	7.54 d

第四节　生物有机肥一次性基施

一、产量及其结构

试验所选的黑丰佳为腐殖酸类肥，水稻专用肥为包裹型有机配方肥，两类生物有机肥一次性基施对稻渔共作水稻产量影响显著（表 10-5）。与常规施肥对照相比，黑丰佳表现增产，而水稻专用肥则相对减产。从产量构成因子可见，生物有机肥一次性基施使得单位面积穗数与穗粒数下降，其中穗数水稻专用肥下降幅度要高于黑丰佳，结实率与千粒重生物有机肥较对照增加显著。

表 10-5　产量及其构成（苏香粳 1 号，2002 年）

处　理	穗数 （万/hm^2）	穗粒数 （粒/穗）	结实率 （%）	千粒重 （g）	产量 （t/hm^2）
黑丰佳	279.9	140.50	83.28	28.69	9.40 a
水稻专用肥	257.4	140.74	82.76	28.06	8.41 c
ck	303.2	146.68	72.73	27.06	8.75 b

二、稻米品质特点

与对照相比（表 10-6），生物有机肥一次性基施改善了稻米的外观品质，垩白率、垩白度显著降低，精米蛋白质含量下降，胶稠度增加，其中黑丰佳要优于水稻专用肥。此外生物有机肥也有利于改善稻米的淀粉黏滞特征（表 10-7）。

表 10-6 稻米品质特性（苏香粳 1 号，2002 年）

处　理	出糙率（%）	出精率（%）	整精米率（%）	垩白率（%）	垩白度（%）	精米蛋白质（%）	直链淀粉含量（%）	胶稠度（mm）
黑丰佳	84.31	76.65	74.78	53.00	3.74	6.87	16.02	81.75
水稻专用肥	84.23	76.52	73.69	55.50	5.41	6.71	16.14	79.1
ck	84.95	76.98	74.93	61.50	6.12	7.01	16.09	76.25

表 10-7 不同稻作方式稻米 RVA 特征谱（苏香粳 1 号，2002）

处　理	最高黏度（cp）	热浆黏度（cp）	崩解值（cp）	最终黏度（cp）	消减值（cp）	糊化温度（℃）
黑丰佳	2 702	1 666	1 036	2 822	65	69.55
水稻专用肥	2 789	1 517	1 272	2 724	77	70.65
ck	2 457	1 406	1 051	2 534	120	69.75

三、水稻群体发展

研究表明（图 10-1、图 10-2），与对照相比，生物有机肥黑丰佳一次性基施由于基肥较足，有效地促进了稻渔共作水稻前期分蘖的生长，最高茎蘖数较对照显著为高，但至拔节后茎蘖数显著下降，干物质积累量也较对照为低，最终成穗数与生物产量均低于对照。水稻专用肥一次性基施处理各指标均较对照为低。

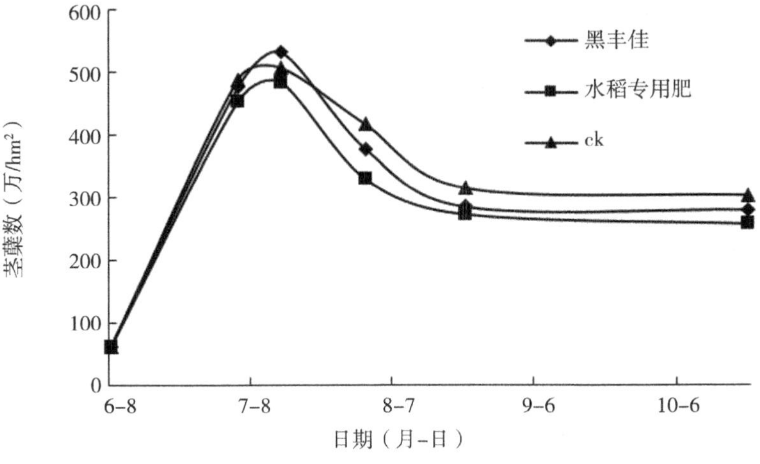

图 10-1 群体茎蘖动态（苏香粳 1 号，2002 年）

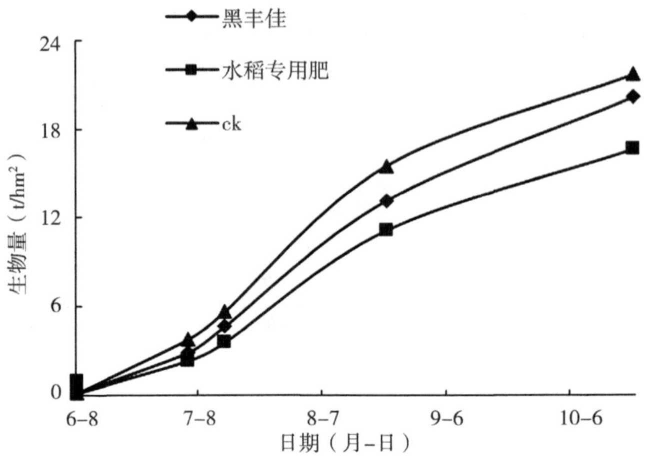

图 10-2　干物质积累动态（苏香粳 1 号，2002 年）

四、土壤肥力性状

研究表明，生物有机肥一次性基施可显著改善稻渔共作稻田土壤的肥力性状（表 10-8），与对照相比，基施黑丰佳与水稻专用肥处理，水稻收获后土壤有机质、全氮、全磷及速效氮、磷、钾含量水平均得到不同程度的提高，其中以有机质、全氮、速效氮与速效磷表现最为显著。黑丰佳的培肥效果要优于水稻专用肥。

表 10-8　不同施肥处理稻田耕作层土壤养分状况比较（0~20cm，2002 年）

处　理	有机质（g/kg）	全氮（g/kg）	全磷（g/kg）	速效氮（mg/kg）	速效磷（mg/kg）	速效钾（mg/kg）
黑丰佳	17.09	1.21	1.76	115	16.99	104
水稻专用肥	16.32	1.02	1.73	101	15.95	103
ck	15.92	1.01	1.70	93	7.32	101

第五节　有机肥基施、化肥追施的氮肥运筹模式

一、产量及其结构

研究表明（表 10-9），在基施黑丰佳、追施尿素的肥料运筹条件下，稻渔共

作水稻随追肥比例增加，单位面积穗数显著提高，穗粒数也相应有所上升，结实率与千粒重则显著下降，最终产量以氮素基追比 5：5 为最高，7：3 次之，但二者差异不显著，显著高于一次性基施处理，更高于常规施肥对照。这说明在同等施氮量条件下，基施有机肥、追施化肥的肥料运筹模式较生物有机肥一次性基施更有利于稻渔共作水稻产量水平的提高。

表 10-9 产量及其构成（常优 1 号，2003 年）

处 理	穗数（万/hm²）	穗粒数（粒/穗）	结实率（%）	千粒重（g）	产量（t/hm²）
黑 10：0	225.0 c	174.32 c	76.45 a	27.93 a	8.38 b
黑 7：3	252.3 b	175.45bc	73.26 b	27.57 ab	8.94 a
黑 5：5	270.9 a	177.45 b	70.07 c	27.04 b	9.11 a
ck	259.4 b	184.70 a	63.15 d	26.37 c	7.98 c

二、稻米品质特点

研究表明（表 10-10、表 10-11），不同施肥模式对稻米出糙率与出精率影响较小，其中黑丰佳 5：5 处理的整精米率略低；黑丰佳对稻米外观品质有改善作用，垩白率与垩白度各处理均较常规施肥对照明显降低；稻米粗蛋白含量随追肥比例的增加而提高，除黑丰佳一次性基施低于对照外，其他均较对照为高；黑丰佳不同处理直链淀粉含量差异较小，均低于对照；胶稠度也均较对照为高，并以黑丰佳 5：5 处理为最高。从淀粉的黏滞性来看，不同黑丰佳处理与对照间差异显著，淀粉黏滞性改善，米质变优（表 10-11）。基肥比例高的处理最高黏度较高，以黑丰佳全层基施处理为最高，黑丰佳 5：5 处理与对照均较低；消减值基肥比例高的处理较低，以黑丰佳 7：3 处理为最低，施用黑丰佳处理均低于对照。

表 10-10 稻米品质特性（常优 1 号，2003 年）

处 理	出糙率（%）	出精率（%）	整精米率（%）	垩白率（%）	垩白度（%）	精米蛋白质（%）	直链淀粉（%）	胶稠度（mm）
黑 10：0	84.72	76.39	73.84	15.0	3.3	5.80	17.38	78
黑 7：3	84.47	76.57	74.40	10.5	1.8	6.25	17.75	77
黑 5：5	84.60	76.76	72.99	11	2.5	6.69	17.79	84
ck	84.83	76.91	74.10	19	4.9	6.12	18.45	76

表 10-11　不同稻作方式稻米 RVA 特征谱（常优 1 号，2003 年）

处　理	最高黏度 (cp)	热浆黏度 (cp)	崩解值 (cp)	最终黏度 (cp)	消减值 (cp)	糊化温度 (℃)
黑 10：0	2 849	1 621	1 228	2 799	-50	69.8
黑 7：3	2 803	1 501	1 302	2 692	-111	69.8
黑 5：5	2 523	1 387	1 136	2 527	4	69.8
ck	2 552	1 390	1 162	2 605	53	68.2

三、水稻群体发展与株型特征

研究表明（图 10-3），各处理中随着黑丰佳占基肥比例的增加，水稻前期茎蘖数迅速增加，最高茎蘖数以黑丰佳一次性基施为最高，但此后基肥比例越大的处理，茎蘖数下降越快，最终以黑丰佳 5：5 处理有效穗数为最高，高于常规施肥对照，黑丰佳一次性基施处理与黑丰佳 7：3 处理均低于对照。

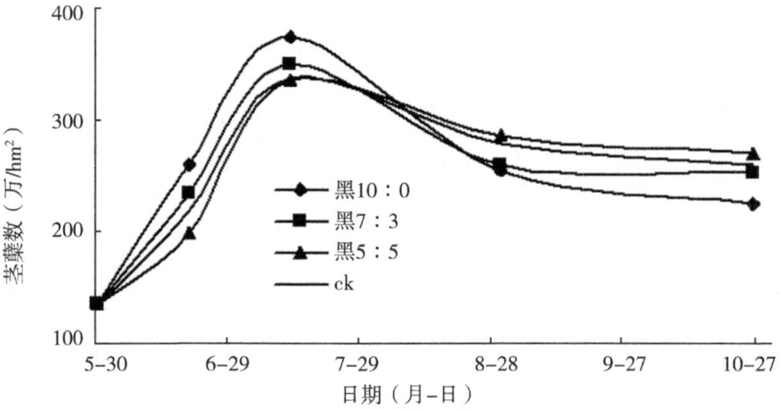

图 10-3　不同处理的茎蘖动态变化（常优 1 号，2003 年）

从干物质积累动态来看，黑丰佳一次性基施在拔节期及抽穗期干物质积累量均高于其他处理，抽穗前积累比例较高，但此后生长变慢，最终生物产量明显低于其他处理，其余各处理间差异较小（表 10-12）。

表 10-12　不同处理的干物质积累动态（常优 1 号，2003 年）

处　理	干物质生产（kg/hm^2）			阶段干物质积累占总生物量比率（%）		
	拔节期	抽穗期	成熟期	出苗至拔节	拔节至抽穗	抽穗至成熟
黑 10：0	3.47	12.71	19.15	18.12	48.21	33.67

（续表）

处 理	干物质生产（kg/hm^2）			阶段干物质积累占总生物量比率（%）		
	拔节期	抽穗期	成熟期	出苗至拔节	拔节至抽穗	抽穗至成熟
黑 7：3	2.92	11.98	20.10	14.51	45.07	40.42
黑 5：5	2.88	12.15	20.45	14.06	45.37	40.57
ck	3.03	12.10	20.14	15.07	45.03	39.91

从冠层三张叶片的形状来看（表 10-13），各处理中均以黑丰佳 5：5 处理叶长、叶宽及叶面积为最大，上三叶总面积黑丰佳 5：5>CK>黑丰佳 10：0>黑丰佳 7：3。

表 10-13 不同处理冠层上三叶叶型比较（常优 1 号，2003 年）

处 理	倒 1 叶			倒 2 叶			倒 3 叶			上 3 叶总面积（cm^2）
	长（cm）	宽（cm）	面积（cm^2）	长（cm）	宽（cm）	面积（cm^2）	长（cm）	宽（cm）	面积（cm^2）	
黑 10：0	33.2	1.6	39.3	45.6	1.5	49.6	43.2	1.5	48.0	136.9
黑 7：3	34.1	1.6	40.5	44.7	1.4	47.3	41.6	1.4	44.0	131.7
黑 5：5	35.7	1.6	43.4	48.4	1.5	54.1	43.2	1.5	49.3	146.8
ck	35.1	1.7	43.9	47.9	1.5	52.5	42.7	1.4	45.5	141.9

第六节 相关讨论

稻渔共作稻田由于饲料等外界物质的长期投入，在生产过程中蟹、虾等不断排泄粪便，物质能量较多地在内部进行循环，使得稻田土壤肥力不断改善，给水稻生长提供了一定数量的有机肥源，故可以降低水稻施肥总量。

同时，水稻栽插后逐步提高水位，特别是进入生育中后期时，水深可达 40cm 以上，严重控制了分蘖及其成穗。因此稻渔共作水稻的施肥关键在于用好基蘖肥主攻穗数。如此运筹还可减轻对水质的不利影响，并对米质改善有利。

本研究表明，稻渔共作稻田每公顷产 9t 左右的优质粳稻总施氮量以 225kg/hm^2 为宜，追肥以分蘖肥为宜，分蘖肥早施，可保证足够穗数并获高产。

生物有机肥因肥效久，对蟹、虾等无毒副作用，更适宜在稻渔共作稻田中使用，腐殖酸类肥黑丰佳一次性基施不仅提高了稻渔共作水稻的产量，而且对稻米的品质也有显著的改善作用。而在基施生物有机肥（黑丰佳）的基础上，于分蘖期追施适量的尿素更有利于稻渔共作水稻产量的提高，其中生物有机肥控制在总施氮量的50%~70%为宜，也较有利于稻米品质的改善。

第十一章　研究案例：稻渔共作水稻病虫防治研究

第一节　研究目的

随着水稻栽培技术的提高，稻米供求矛盾的基本解决，稻米产品的需求出现了多样化、优质化、健康化的发展趋势，尤其是稻米产品安全性已成为社会普遍关注的热点。常规水稻高产栽培的病虫草防治技术，防治对象广，用药次数多，数量大，造成的污染与残留较为严重。而在稻渔共作生态系统中，水稻病虫草防治既要确保蟹等水生经济动物的安全，又要考虑稻渔共作生态条件下水稻病虫草害发生的特殊性，使防治工作达到清洁生产的要求。在生产实践中，较多的生产者仍参照常规高产水稻的病虫草防治指标，从而对蟹等水生经济动物的养殖造成严重影响，同时恶化了稻田及周边的生态环境；也有一些生产者由于担心用药对水生经济动物的影响而在水稻全生育期均不用药，最终导致水稻产量降幅较大，甚至绝收。为此，广大稻、渔研究工作者对稻渔共作水稻的无公害病虫草防治从不同角度进行了较多的研究，并提出了不少的防治技术。

综观前人研究及结果，尚存在以下局限：一是较多的研究针对的是早期的稻田养鱼生产，不能适应当前种类多样、以渔增效的稻渔共作稻田生产新模式；二是随着环保意识和食品安全意识的提高，稻渔共作生产寻求绿色（无公害）病虫草防治途径，而先前的较多生产试验仍立足于对鱼类等无毒无害的基础上；此外，前人的较多研究主要是一些生产试验总结，系统性与科学性不强，且不同稻区病虫草害的发生规律差异也较大。

为此，本研究在对江苏里下河地区稻渔共作水稻常年病虫草害发生特点与规律调查分析的基础上，通过多个试验设置与分析，针对性地提出了稻渔共作水稻无公害防治的策略与具体技术措施，以期为长江下游及同类地区稻渔共作水稻的病虫草综合防治提供理论依据与技术参考。

第二节　研究方法

一、病虫草发生情况调查

1. 大面积生产调查

试验于2001—2002年在江苏省兴化市海南镇进行，在稻渔共作区与常规麦茬稻区各选择具有代表性的10块稻田进行调查，所选水稻品种均为在当地广为种植的苏香粳1号。

秧田期病虫调查①水稻播种后在秧苗三叶期每隔一周调查螟虫（大螟、二化螟、三化螟）落卵量，每秧田查两个1m^2（1m×1m）；②5月20日及移栽前调查灰飞虱数量及条纹叶枯病发生情况，均为每秧田查两个1m^2（1m×1m）。

大田期病虫草发生调查①6月下旬调查螟害率（枯鞘、枯心）、纹枯病、稻飞虱、条纹叶枯病等病虫，每稻田调查4点，每点4m^2（2m×2m）；②7月起调查螟虫、稻纵卷叶螟、稻飞虱、纹枯病、条纹叶枯病、稻瘟病、稻曲病。螟虫、稻纵卷叶螟在产卵高峰期调查产卵量，同时记载被调查户的用药情况，每稻田调查4点，每点4m^2（2m×2m）；③大田发生高峰期调查草相及分布，每稻田定4点，每点4m^2（2m×2m），取出洗净吸干外部水分后分类计数、称重。

2. 不同水稻品种条纹叶枯病发生调查

试验于2003年进行，对常优1号、香粳T31、华粳1号、86优8号、丰优香占五个水稻品种设置稻渔共作与麦茬稻田两种栽培方式处理，4月20日播种，6月1日移栽，22.5万穴/hm^2（26.7cm×16.7cm），常优1号、86优8号、丰优香占每穴2本，香粳T31、华粳1号每穴3本。小区面积24 m^2（4m×6m），重复三次。在各处理小区内调查条纹叶枯病穴发生率，并取平均值。

二、药剂防效试验设计

1. 条纹叶枯病防治试验

在秧苗3~4叶期及移栽前两次用吡虫啉防治，留一个秧板做对照，移栽后调查用药区与对照田病株率与病穴率。

2. 三代三化螟防治试验

试验于2002—2003年分两步进行，2002年进行药剂品种的防效筛选试验，2003年进行药剂的用量与复配试验。

供试药剂及其配比　供试药剂品种见表11-1，两年的试验设计见表11-2。

各处理根据不同药剂使用要求兑水稀释，并以空白清水处理为对照。

表 11-1　药剂试验供试农药成分及其来源

药　剂	$1hm^2$ 常规用量	有效成分	来源
乙酰甲胺磷	3L	30%乳油	浙江温州农药厂
稻螟虫净	0. 6kg	粉剂	浙江温州农药厂
那氏诱导剂 778	0. 6kg	粉剂	云南农业大学生物农药研究所
苦参碱 B	3. 75kg	粉剂	扬州大学农学院植保系
苦参碱 E	3. 75kg	粉剂	扬州大学农学院植保系
大蒜素	3kg	粉剂	江苏兴化普菲利生物制品厂
烟碱	3. 75L	水剂	100 克干烟叶兑水 500ml 熬制
苦槐素	7. 5L	水剂	100 克鲜槐树叶兑水 2 000ml 熬制
印楝素	2. 25L	0. 3%乳油	江苏扬州农药厂
BT	3. 75L	乳油	江苏扬州农药厂

表 11-2　试验处理的设计（2002—2003 年）

2002		2003	
处　理	使用时期	处　理	使用时期
乙酰甲胺磷（常量）	破口期	乙酰甲胺磷（常量）	破口期
稻螟虫净（常量）	破口期	乙酰甲胺磷（3/4 量）	破口期
那氏诱导剂（常量）	破口期	乙酰甲胺磷（1/2 量）	破口期
苦参碱 B（常量）	破口期	印楝素（常量）	破口期
苦参碱 E（常量）	破口期	印楝素（1/2 量；1/2 量）	破口前；破口期
大蒜素（常量）	破口期	印楝素（1/3 量；1/3 量；1/3 量）	破口前；破口期；破口后
烟碱（常量）	破口期	乙酰甲胺磷（1/2 量）+印楝素（常量）	破口期
苦槐素（常量）	破口期	乙酰甲胺磷（3/4 量）+印楝素（1/2 量）	破口期
印楝素（常量）	破口期	乙酰甲胺磷（1/2 量）+印楝素（1/2 量）	破口期
乙酰甲胺磷（1/2 量）+印楝素（常量）	破口期	印楝素（1/2 量）；乙酰甲胺磷（1/2 量）	破口前；破口期
乙酰甲胺磷（1/2 量）+BT（常量）	破口期	印楝素（1/2 量）；乙酰甲胺磷（3/4 量）	破口前；破口期

（续表）

2002		2003	
处　理	使用时期	处　理	使用时期
印楝素（常量）+BT（常量）	破口期	那氏诱导剂（常量）	破口期
清水（ck）	破口期	清水（ck）	破口期

（1）水稻品种和施药方法。供试水稻品种2002年为苏香粳1号（江苏省兴化市农科所提供），2003年为常优1号（江苏省常熟市农科所提供）。在稻渔共作稻田内划分试验小区，实行小区分隔，小区面积6m×4m，每处理重复三次，水稻的其他栽培管理同于常规稻渔共作水稻栽培管理。2002年试验小区苏香粳于9月3日抽穗破口；2003年试验小区常优1号于8月30日抽穗破口，破口前指破口前4天即8月26日，破口后指破口后4天即9月3日。

（2）防效计算方法。使用前调查单位面积有效落卵量，防治后第10天调查单位面积白穗数，并折算成防效，防效（%）=（供试处理白穗率-喷清水处理白穗率）/喷清水处理白穗率×100。

第三节　水稻主要病、虫、草害发生特点

由于稻渔共作水稻播栽期、栽插方式、水肥管理及生态环境等与常规移栽水稻相差较大，因而调查并了解稻渔共作水稻病虫草发生特点与规律，有利于避轻就重，在确保蟹等水生经济动物安全的前提下针对性进行水稻病虫草害的无公害防治。

一、病害

纹枯病发生迟、上升慢、发生轻　据2001—2002年系统追踪调查（表11-3），稻渔共作水稻7月16日始见病斑，见病后病指日上升平均0.12个百分点，8月中旬病情稳定，病穴率最高21.5%，病株率最高2.2%；常规水稻7月初见病，见病后病指日上升平均0.37个百分点，8月下旬病情稳定，病穴率最高35.0%，病株率最高4.3%。

表 11-3　不同农作制稻田水稻病害发生比较（苏香粳 1 号，2002 年）

处　理	纹枯病					条纹叶枯病	
	发病初日（月/日）	病指日上升率（%）	最高病穴率（%）	最高病株率（%）	稳定日期（月/日）	发病高峰（月/日）	病穴率（%）
RF	7/16	0.12	21.5	2.2	8/12-16	6/27-30	21.3
R	7/3	0.37	35.0	4.3	8/24-27	7/6-8	16.3

1. 条纹叶枯病发病早、发病重

由于稻渔共作水稻播种早（4/15～4/25），前期气温低，因而受灰飞虱等传毒为害的水稻条纹叶枯病发生早，栽入大田后发病相对较重。据调查（表 11-3），稻渔共作水稻多数在 6 月底出现发病高峰，平均病穴率为 21.3%，常规水稻于 7 月上旬出现发病高峰，平均病穴率达 16.3%。对不同水稻品种的调查结果也说明了这一点（表 11-4），供试的五个水稻品种对条纹叶枯病的抗性各不相同，其中除丰优香占在两类稻田均不发生外，其他四个品种稻渔共作条件下最高穴发生率均高于常规稻作，但品种间差异较大。

表 11-4　不同水稻品种在两类农作制稻田中条纹叶枯病发生比较（2003 年）

处　理	常优 1 号（%）	86 优 8 号（%）	华粳 1 号（%）	香粳 T31（%）	丰优香占（%）
RF	5.00	5.36	21.30	27.98	0
R	4.41	1.20	11.00	24.00	0

2. 其他病害

2002 年当地水稻细菌性基腐病在常规稻田暴发，严重田块损失 3～5 成，而在稻渔共作稻田中未调查到明显发病田块。此外赤枯病、稻瘟病、稻曲病等的发生也均轻于常规稻田。

二、虫害

由于移栽早，稻飞虱迁入稻渔共作水稻田较常规稻田早 7～10 天，但田间虫量偏低，高峰期百穴虫量白背飞虱、褐飞虱分别比对照减少了 77.44%、74.85%（表 11-5）。而三化螟一代落卵量、残留量和二代发生量较常规稻田分别高 54%、32%和 18%，三代则在稻渔共作稻田呈大发生趋势。据 8 月下旬调查，三代三化螟产卵高峰期稻渔共作水稻落卵量平均 6 975 块/hm^2，防治后平均白穗率 3.46%，而常规水稻落卵量平均 4 005 块/hm^2，防治后白穗率 0.47%。2002

年四代稻纵卷叶螟大发生，常规稻田百穴卵量平均达335粒，重发田块后期白叶率达31.2%，而稻渔共作水稻百穴卵量平均达210粒，未见重发田块。

表11-5 不同农作制稻田水稻虫害发生比较（苏香粳1号，2002年）

处理	白背飞虱百穴虫量	褐飞虱百穴虫量	三化螟一代		三化螟二代落卵量/hm^2	三化螟三代		稻纵卷叶螟百穴卵量
			落卵量/hm^2	残留量/hm^2		落卵量/hm^2	为害率	
RF	125	165	2 010	825	2 730	6 975	3.46	210
R	554	656	1 305	630	2 310	4 005	0.47	335

三、草害

稻渔共作稻田较深的水层环境不利于大部分稻田杂草的生长，加上蟹、鱼等的取食，稻田草害一般发生较轻，仅有的一些夹棵稗可人工拔除，因此一般不应施用除草剂。

第四节　农业防治技术

稻渔共作是生态农业建设中一项重要的病虫草害农业防治技术。从上述的调查研究可以看出，相对于常规稻作而言，稻渔共作对水稻病虫草的发生有明显趋避或抑制作用，除条纹叶枯病与三化螟外，其他常见的病虫草害的发生明显偏低或不发生。这在一定程度上减少了稻渔共作稻田水稻病虫草害的防治对象，有利于优先考虑农业防治措施的实施。据试验分析及作者3年来的实践经验，主要应着眼于以下三个方面。

一是通过耕翻灭茬、春季灌水等措施，压低越冬及冬后三化螟残留基数。耕翻灭茬，可有效地破坏螟虫越冬环境，使其暴露到空气中干化或冻死，提高其越冬死亡率，压低三化螟越冬基数，稻渔共作稻田大多实行冬闲制，比较具备此类条件。在此基础上在翌年春季3—4月三化螟化蛹期间，结合蟹等苗种的放养，实行深水层灌溉，此时幼虫和蛹的抵抗力极低，可进一步压低冬后残虫基数，减少秧田及大田的发生量。

二是选用抗病避虫品种。从调查的结果来看，条纹叶枯病与三代三化螟是当前里下河稻区稻渔共作稻田最主要的病害与虫害，因此选择对条纹叶枯病抗性较强、抽穗期能尽量避开三代三化螟卵孵高峰期的品种，可有效地达到农业防治的目的。

三是尽量统一播栽期、播栽方式和水稻品种，恶化水稻病虫的食料条件。由于稻渔共作稻田后茬利用模式、水稻育秧方式等的差异，水稻播栽期拉得较长，导致水稻分蘖期和破口期跨度大，破口有早、有迟，使三化螟食料条件好，这也是近年来水稻三化螟种群数量急剧上升的原因之一。统一播栽期、播栽方式和水稻品种，有利于采取统一措施，遏制三化螟等虫源的发生与繁衍。

此外对于一些病虫草高发田块，可适当采取稻渔轮作（即种一季稻、养一季水生经济动物），或水旱轮作等措施来改善稻田土壤理化性状及底质，破坏水稻病虫草的生存环境及改善土壤缺素症状所造成水稻抗病性减弱等的状况。

第五节　农药合理使用技术

根据稻渔共作稻田病虫草发生的特点，在优先采用农业防治的基础上，也需进行必要的药剂防治，以保证水稻产量的安全。一般稻渔共作稻田农药防治应遵循以下五个原则：一是所选药剂必须保证对水生经济动物绝对安全；二是注重浸种消毒和秧田期防治，压住病虫基数；三是避免使用除草剂；四是放松对次要病虫防治；五是对后期三代三化螟等重发病虫害选用生物农药或高效、低毒、低残留化学农药进行科学防治。

1. 移栽前狠压病虫基数

共作水稻较早的播种期吸引了螟虫、灰飞虱等虫源，加上移栽至大田后不便于防治。因此，浸种及秧田期必须较常规秧田加强药剂防治。播种前每千克稻种用10%二硫氰基甲烷乳油（扑生畏）1mL 加吡虫啉（10%可湿性粉剂，下同）4g 浸种，预防恶苗病和灰飞虱；秧苗两叶期亩用吡虫啉 10g 加 25%噻嗪酮（又名扑虱灵，可湿性粉剂）50g 防治灰飞虱；秧苗 4~5 叶期亩用 90%杀虫单可湿性粉剂 80g 加吡虫啉 20g；移栽前 3~5 天亩用 5%氟虫腈（又名锐劲特，悬浮剂）50mL 防治飞虱、螟虫。移栽前虫害控制得力，即可有效防止条纹叶枯病等病虫害的发生。需要注意的是以上药剂只能在浸种或秧田期使用，且秧田尽量避免在稻渔共作系统内，可实行肥床旱育等措施进行。

2. 放宽对次要病虫害的防治标准

稻渔共作稻田除条纹叶枯病和三代三化螟外，其他病虫害发生一般较轻，因而可进行适当挑治或不防治。生产中在水稻生长中期及抽穗前，每亩用 5%井冈霉素水剂 300mL 进行防治，对纹枯病和稻曲病有较好的抑制作用。

3. 主攻三代三化螟、兼治稻纵卷叶螟

三代三化螟是近年来长江下游等稻区暴发且为害严重的虫害之一，防治不当，可导致大幅度减产甚至绝收。因而在做好预测预报的基础上，在水稻破口期前后，进行重点防治，还可达到兼治稻纵卷叶螟的效果。2002—2003 年在室内毒力试验的基础上选择了乙酰甲胺磷等化学农药与印楝素、苏云杆菌等生物农药进行了药剂防效试验。2002 年试验表明（表 11-6），30%的乙酰甲胺磷在破口期每公顷施用 3L 可达到较好的防治效果。生物农药中，印楝素使用效果要好于其他药剂。此外，半量乙酰甲胺磷与印楝素复配，防效也较理想。

表 11-6　不同药剂处理对三代三化螟的防效

2002 年			2003 年		
处　理	白穗率（%）	防效（%）	处　理	白穗率（%）	防效（%）
乙酰甲胺磷（常量）	3.10	88.41 a	乙酰甲胺磷（常量）	6.13	77.09 a
稻螟虫净（常量）	19.19	28.23 ef	乙酰甲胺磷（3/4 量）	8.14	69.59 b
那氏诱导剂（常量）	16.94	36.65 d	乙酰甲胺磷（1/2 量）	11.48	57.09 c
苦参碱 B（常量）	25.47	4.75 h	印楝素（常量）	15.09	43.60 d
苦参碱 E（常量）	20.82	22.14 fg	印楝素（1/2 量；1/2 量）	14.81	44.64 d
大蒜素（常量）	18.70	30.07 e	印楝素（1/3 量；1/3 量；1/3 量）	11.88	55.61 c
烟碱（常量）	26.39	1.31 h	乙酰甲胺磷（1/2 量）+印楝素（常量）	6.51	75.68 ab
苦槐素（常量）	20.83	22.10 fg	乙酰甲胺磷（3/4 量）+印楝素（1/2 量）	5.66	78.86 a
印楝素（常量）	16.11	39.75 d	乙酰甲胺磷（1/2 量）+印楝素（1/2 量）	8.03	70.00 b
乙酰甲胺磷（1/2 量）+印楝素（常量）	5.26	80.33 b	印楝素（1/2 量）；乙酰甲胺磷（1/2 量）	7.50	71.97 b
乙酰甲胺磷（1/2 量）+BT（常量）	9.30	65.22 c	印楝素（1/2 量）；乙酰甲胺磷（3/4 量）	6.72	74.88 ab
印楝素（常量）+BT（常量）	20.28	24.16 fg	那氏诱导剂（常量）	18.48	30.94 e
清水（ck）	26.74	0.00	清水（ck）	26.76	0.00

2003 年在此基础上，以乙酰甲胺磷、印楝素为主要供试药剂，进行了剂量、防治期、单剂或复配等组合形式试验，结果表明（表 11-6）：乙酰甲胺磷常规用量（$3L/hm^2$）防效达 77.09%，但随着用量的减少，防效降低。印楝素防治效果要低于乙酰甲胺磷，但在孕穗前后分三次使用效果明显好于破口期一次性使用和破口前及破口期分两次使用。试验通过乙酰甲胺磷与印楝素复配在破口期一次性使用取得了较好的防治效果，其中以 3/4 量的乙酰甲胺磷与 1/2 量的印楝素复配

效果最好，但与 1/2 量的乙酰甲胺磷与全量的印楝素复配效果差异较小，考虑到化学农药使用对蟹、虾等的安全性以及对环境和稻米的残留等问题，后者更适宜在稻渔共作稻田内使用，且防治成本与乙酰甲胺膦单独使用相差不大，有利于进行产业化生产，并在稻渔共作稻田内推广应用。此外不同剂量的乙酰甲胺磷与印楝素分次使用也取得了较好的效果，但增加了用工，且对稻渔共作稻田内蟹、虾的生长较为不利。

第六节　相关讨论

一、稻渔共作稻田病虫草害发生特点及其原因分析

前人较多的研究表明，稻渔共作条件下水稻的病虫草害发生明显轻于常规稻作水稻，有些病虫草害在稻渔共作稻田内发生量甚微，甚至不发生。对此，结合本研究，笔者认为原因可能在以下 4 个方面。

（1）稻渔共作水稻栽插密度低于常规稻田，行距较宽，下部枯黄叶量少，田面沟系多，光照条件好，不利于病虫的发生。

（2）由于稻渔共作稻田需经常换水、消毒，防治蟹虾病虫害需使用较多的药物，这在一定程度上可能杀死或抑制了病菌的发生。

（3）蟹及鱼的活动区域在水稻的基部，所以对于发生于水稻基部的稻飞虱、螟虫产的卵、纹枯病菌核等有较强的摄食作用。

（4）稻渔共作稻田内繁衍的一些浮游生物对病菌可能有抑制作用，例如红萍对纹枯病菌核的物理阻隔和化学抑制作用已有一定的研究报道。

但调查以及试验中稻渔共作稻田水稻三代三化螟的发生量大，防治难度高也成为稻渔共作水稻病虫害发生的一个重要特征，其原因可能在以下 3 个方面。

（1）为了与蟹等水产品捕获同步，稻渔共作水稻一般为偏迟熟品种，本调查及试验采用的品种苏香粳 1 号和常优 1 号，其抽穗期一般在 8 月底至 9 月初，正逢三代三化螟卵孵化高峰期，而大面积生产上其他类型品种大多已经齐穗，虫卵便集中为害，从而加重了稻渔共作水稻三代三化螟的发生量。

（2）由于保护蟹、虾、鱼等的生长安全，药剂使用无论在剂量还是在用药次数上均少于常规水稻，导致了防治效果的差异。

（3）稻渔共作水稻水层深，施药操作难度大，也影响了防效。

相对于常规稻田，稻渔共作稻田由于稻田水层的大幅度提高以及蟹、鱼的长

期取食作用，稻田内杂草发生量一般较少，调查中发现，一些养殖年限较长的稻田即使在冬闲期，稻田内杂草也极为少见。

二、稻渔共作稻田水稻无公害防治的几点思考

稻渔共作的生态条件及生产管理在较大程度上抑制了稻田病虫草害的发生，但对于稻田内发生量大，危害严重的水稻病虫害，其防治难度也明显高于常规水稻生产。主要表现在以下 3 个方面。

（1）稻渔共作水稻所选的药剂必须同时符合水稻和水生经济动物二者的安全利益，因而可选择余地小，常规稻作生产上应用广泛、防效较好的生物农药如锐劲特、阿维菌素等以及无公害化学农药三唑磷等均不能在稻渔共作稻田内使用。

（2）由于稻渔共作稻田水层较深，下层栖息了蟹虾鱼等水生经济动物，因而给药剂喷施增加了难度，也影响了药效的发挥，且客观上也要求尽量减少药剂的喷施操作。

（3）稻渔共作水稻的品种与播栽期需同时符合多个条件，这在一定程度上为抗病避螟品种的选择和播栽期调整增加了难度。

因此，在本研究的基础上，稻渔共作水稻的病虫害防治应重点加强以下 4 方面的研究。

（1）水稻病虫草害的农业防治研究。在不影响蟹等水生经济动物生育与生长前提下通过稻田水层控制技术，达到抑制虫卵及菌核等的发生。此外长期淹水容易造成稻田土壤元素的缺失，从而影响水稻植株抗性的发挥，因而在多年稻渔共作稻田可实行适时的水旱轮作。

（2）继续筛选集生育安全、优质、高产与高抗于一身的水稻品种。在高抗条纹叶枯病等主要病害的基础上，能尽量避开三代三化螟卵孵高峰的为害。

（3）对蟹、虾、鱼等安全且对水稻病虫害防效显著的生物农药品种的研制、复配及使用技术。在常规稻作及其他作物生产上对同类害虫行之有效的农药品种，通过对水生经济动物的毒力试验，尽快运用到稻渔共作水稻生产中，并在三化螟等病虫害防治的适期、用药的适宜剂量及有效的喷药浓度及喷药方法等方面加强研究与应用。

（4）药剂施用对稻渔共作水稻稻米品质影响的研究。以上研究问题的解决，不仅有利于稻渔共作水稻的高产和绿色，更有利于稻渔共作系统经济、生态和社会效益的协调与发展。

第十二章　研究案例：稻渔共作水产养殖研究

第一节　研究目的

传统的稻田养鱼模式多以水稻为生产的主体，利用稻田的空间及便利条件，在稻田内放养青、草、鲢、鲫、鲤等常见家鱼品种，在取得显著经济效益的同时也改善了稻田生态环境条件。

但自 20 世纪 80 年代末 90 年代初以来，随着池塘、湖泊、水库、网箱等养殖技术的日益完善，普通淡水鱼类水产品市场供大于求，价格大幅度下跌，传统稻田养殖模式的经济效益也日益下滑，取而代之的是稻田内蟹、虾、鳖等特种水产动物的养殖，其中在稻田内以蟹为主体辅以青虾和少量鱼类的养殖模式占据了主体地位。

在长江下游地区大体上形成了四类不同的模式。

一是以培育 1 龄蟹种（俗称扣蟹）为主体，投放的蟹苗（Ⅳ～Ⅴ期幼蟹）或仔蟹（Ⅰ～Ⅲ期仔蟹），经 4～7 个月时间的生长，达到规格为 40～200 只/kg 的 1 龄蟹种。

二是以养殖商品蟹为主，投放早繁苗的幼蟹，一般为Ⅴ期幼蟹，当年养成小规格商品蟹。

三是投放 1 龄蟹种经 5～9 个月的养殖，当年养成 100～200g/只的大规格商品蟹。

四是暂养育肥，自 7 月开始，陆续放养规格为 50～100g/只的黄蟹，进行精养催肥，至年底出售大规格商品蟹。

其中前三种模式较为普遍，广泛分布于江苏、浙江等地。

稻渔共作的迅猛发展极大地丰富了蟹、虾等特种水产品市场，成为生态渔业的重要组成部分及产稻区农民致富的有效途径之一，曾被国家科委、农业部列入“九五”星火计划项目。

但在发展中不可避免地也出现了一系列的新问题，主要表现在：

稻田养殖规模迅速扩大，加上河蟹亲本混杂、种质不纯等因素，导致商品蟹产量大幅度上升，但规格显著下降，效益逐年下滑；

一些生产者为了高产，高密度放养，不择手段地大量滥用抗生素、杀虫剂及生长激素等，造成蟹、虾等耐药性增强，发病加重，回捕率降低，严重地影响了蟹、虾等的食用安全品质，同时也污染了稻田及周边的生态环境。

近年来有关稻渔共作系统中蟹虾的养殖技术研究与报道不胜枚举，在国外，稻渔共作目前仍主要以稻田养鱼为主，有关稻田鱼类的生长、管理及农药等的影响也有大量的研究与报道。

本案例在前人的基础上，对以养蟹为主的多种稻渔共作模式进行田间试验分析和筛选，继而重点从稻田生态环境及水稻生产的角度，探明稻渔共作生态系统中养殖水体环境质量改善的途径与技术，并综合其他各方面生产调查与实践经验，系统组装成稻渔共作水产品安全优质高产生产技术，以期为长江下游地区大面积稻渔共作生产增产增效与可持续发展提供理论依据和技术指导。

第二节　研究方法

试验于 2002—2003 年在江苏省兴化市海南镇许介村进行。试验分两步进行，第一步是在 2002 年，进行不同稻田养蟹模式的经济效益分析比较；第二步是在 2003 年，对上年筛选的稻田养蟹模式进行稻田生态环境优化的专题试验分析。

一、主体试验

1. 试验设计

本试验供试的主体水生经济动物为中华绒螯蟹（又名河蟹，*Eriocheir sinensis* H. Milne-Edwards），此外还有少量的日本沼虾（又名青虾，*Macrobrachium niopponens*）和鲢、银鲫。供试水稻品种为栽培稻（*Oryza sativa L.*）中熟晚粳品种常优 1 号（杂交稻）、苏香粳 1 号（常规稻）。

试验设“常优 1 号+1 龄蟹种”（Ⅰ）、“常优 1 号+Ⅴ期幼蟹”（Ⅱ）、“常优 1 号+Ⅲ期仔蟹”（Ⅲ）、“苏香粳 1 号+Ⅴ期幼蟹”（Ⅳ）和“水草+Ⅴ期幼蟹”（Ⅴ）五种模式，后两种模式作为对照。前四种模式在同一稻渔共作稻田内进行，总面积 1. 1hm^2，种稻面积占总面积的 58%，将整个稻田系统划分为四小块，中间用 2mm 孔径的钢丝网分隔，使每小区均有相似的面积及种稻比例。“水草+Ⅴ期幼蟹”模式由于提水深度较高（最高提水深度 80cm），安排在相邻的养殖稻内进行，总面积为 0.78hm^2。各模式河蟹放养规格及密度见表 12-1，青虾和鱼类放养密度各模式统一，分别为青虾 75 000 尾/hm^2，鲢鱼 225 尾/hm^2，银鲫 600 尾/hm^2。

表 12-1　不同模式处理蟹种（苗）放养情况

处　理	苗种类型	数量（万只/hm^2）	规格（只/kg）
Ⅰ	1 龄蟹种	1.2	160
Ⅱ	Ⅴ期幼蟹	1.8	7 240
Ⅲ	Ⅲ期仔蟹	23.4	10 580
Ⅳ	Ⅴ期幼蟹	1.8	7 240
Ⅴ	Ⅴ期幼蟹	2.7	7 240

2. 田间管理

在 3 月 3—6 日苗种放养前对稻渔共作系统暂养沟、围沟进行清淤消毒处理，之后提水并在围沟与暂养沟中投放大量扎成把的水花生并固定，水花生投放密度上放养Ⅲ期仔蟹模式要高于Ⅴ期幼蟹模式，高于 1 龄蟹种模式。3 月 20 日将购回的各类苗种按各模式要求放入暂养沟或围沟中。苗种放养后整个生长季节中做好水质管理和水体消毒工作。放养Ⅲ期仔蟹处理以培育 1 龄蟹种为主，因而尽量少投饵，饲料主要以水草和少量的鱼糜、糠麸为主，放养Ⅴ期幼蟹、1 龄蟹种处理饲料按蟹体重的 8%～10%投喂，以小麦粉、豆饼、麸糠为主，搭配小杂鱼等精料，一日投喂一次。平时注意对蟹、虾病虫害的防治。成蟹与青虾于 9 月下旬至 10 月底陆续捕获上市，鱼在 11 月中旬捕获上市，1 龄蟹种自收稻前开始逐步捕获并转移至池塘暂养出售。

各模式中水稻的种植均采用肥床旱育育秧后移栽，4 月 20 日播种，5 月 30 日移栽，22.5×10^4 穴/hm^2，常优 1 号每穴 2 本，苏香粳 1 号每穴 3 本，株行距为 30×14.8cm，移栽前随耕翻施入有机肥（兴化市农乐肥料公司提供，含 N 15%、P_2O_5 6%、K_2O 7%）1 050kg/hm^2，并于移栽后 10 天、20 天各追施尿素 73.5kg/hm^2 作蘖肥。各稻田根据病虫发生情况做好针对性防治，水稻于 10 月底收割结束。

3. 观测内容与方法

（1）河蟹生长动态测定。对各模式中河蟹自放养后每隔 30 天定期捕获并随机抽样 60 只幼蟹，分雄（♂）、雌（♀）测定个体生长情况，体长、体宽用游标卡尺测量，体重测量时，先将幼蟹体表水分用滤纸吸干，然后用托盘天平称重，并选择代表性 5 只烘干称取干重。对以上数据取平均数，并计算幼蟹体长、体宽、体重与养殖日龄的回归方程。养殖期间派专人巡视，观察河蟹活动及蜕壳情况。

（2）蟹虾等产量测定。对分期捕获上市的河蟹、青虾、鱼等称重，其中对河蟹分雄、雌性别称重并计数，计算个体规格，所有河蟹捕获后计算回捕率。

（3）经济效益计算。记载整个种养过程中各项成本、最终产值，计算单位面积纯收入。

二、辅助试验

1. 底泥耗氧试验

试验于 2003 年 8 月 25—27 日进行，在注有水深 40cm 的塑料水桶中（桶高 45cm，上口直径 40cm，下口直径 30cm），设置黑淤泥层厚度为 0cm、4cm、8cm 三个水平的处理，测定一天中 6：00—22：00 每隔 2h 表层水（水下 10cm 处）及底层水（淤泥层向上 10cm 处）的水体溶解氧含量。测定采用瑞典 Mitler 公司生产的 M_0-128 型溶氧仪。

2. 水草增氧效应试验

试验于 2003 年 8 月 19—21 日进行，在原先自然繁殖或种植了各类水草的稻畦面中进行测定（由于该段稻畦面地势较低，提水后水层深度为 50cm 左右，因而未种水稻），并同时对相邻种稻畦面中水体进行测定。各水草及水稻密度为：苇为 620 茎/m^2 左右；莆为 16 穴/m^2 左右；菱为完全覆盖水面并不堆积；水花生在 4 月上旬从外河中捞取后，扎成把固定于水面中后自然繁殖而成；伊若藻与苦草为完全覆盖水底并不堆积状态；水稻为 45×10^4 株/hm^2，常优 1 号。试验还对水稻、水花生和苦草在上述密度基础上进行人为密度减半后进行水体溶解氧测定。测定点均位于各处理中间位置水表向下 10cm 处，测定时间为 14：00。测定采用瑞典 Mitler 公司生产的 M_0-128 型溶氧仪。

3. 提水深度试验

试验于 2003 年 9 月 25—27 日进行，三天的天气状况相近，均为晴天，通过提水控制，稻畦面水深分别设 20cm、30cm、40cm 三个水平，于 6：00—22：00 每隔 2h 连续测定稻畦面水体表层向下 10cm 处水体溶解氧。测定采用瑞典 Mitler 公司生产的 M_0-128 型溶氧仪。

4. 水质培肥试验

试验于 2003 年 9 月 17—28 日进行，9 月 17 日在注有水深 40cm 的塑料水桶中（桶高 45cm，上口直径 40cm，下口直径 30cm），设置过磷酸钙（用量 10g）、复合肥（用量 10g）、肥渔宝（用量 2. 5g）三个培肥处理，以空白为对照，测定一周后即9/24—9/28连续5天中14：00表层水体（水下10cm处）溶解氧含量。测定采用瑞典Mitler公司生产的M_0-128型溶氧仪。

5. 光合细菌（PSB）施用试验

试验于2003年8月17—22日进行，8月17日在注有水深40cm的塑料水桶中（桶高45cm，上口直径40cm，下口直径30cm），设置高光合细菌浓度（用量4g）、低光合细菌浓度（用量2g）两个处理，以空白为对照，测定3天后6：00—18：00中每隔2h表层水体（水下10cm处）溶解氧含量。测定采用瑞典Mitler公司生产的M_0-128型溶氧仪。光合细菌由江苏西菲利生物科技有限公司提供。

6. 种稻布局试验

试验于2003年8月20—22日进行，设置稻田畦面沟宽度50cm、100cm两个水平处理，其中稻畦面水深30cm，畦面沟水深70cm，分别测定不同畦面沟宽度水平表层水体（水下10cm处）与相邻稻畦面（畦面沟边第4至第5行间稻畦面）水体（水下10cm处）溶解氧含量。测定采用瑞典Mitler公司生产的M_0-128型溶氧仪。

7. 农药室内安全试验

试验按大田防治水稻螟虫剂量亩用90%杀虫单可湿性粉剂（安徽华星化工股份有限公司生产，下简称杀虫单）90g、5%氟虫腈悬浮剂（法国安万特作物科学公司生产，商品名称锐劲特，下简称锐劲特）50mL、20%三唑磷乳油（江苏长青农化股份有限公司生产，下简称三唑磷）120mL、30%乙酰甲胺磷乳油（江苏徐业农富生化有限公司生产，下简称乙酰甲胺磷）200mL、0.3%印楝素乳油（江苏神禾生化有限公司生产，下简称印楝素）150mL，分别配成333、600、250、150、200倍液，以清水作对照，作为室内试验6个处理的供试药剂。

将个体大小较为一致的新鲜河蟹（长江水系中华绒螯蟹）、虾（青虾）、鱼（鲫鱼）分别放入高12.5cm、直径32cm的塑料盆中，河蟹每只重60~80g，每盆放5只，中间放一块砖，供蟹栖息，加4cm左右水层，盆用纱网围好；青虾每只5~6g，每盆放45~50只，水层10cm左右；鲫鱼每条约120g，每盆放5条，水层10cm左右。每处理重复3次，鲫鱼、青虾匀用增氧机增氧。按设置浓度将各处理的药液等量喷于盆中。喷药后河蟹每天于8：00、16：00，鲫鱼、青虾每天于7：30、10：30、15：00、18：00、21：00观察记录死亡情况，直至所有处理全部死亡，统计每盆蟹、虾、鱼个体的平均存活时间，并用SSR法进行方差分析。用药时间为7月29日至8月15日，气温28~35℃。

第三节 稻渔共作模式及经济效益分析

一、稻田环境中河蟹的生长动态

试验对不同模式条件下河蟹的生长动态进行了定期测定（图 12-1）。结果表明，1 龄蟹种自投放后随着蜕壳和生长，体重不断增加，而 V 期幼蟹由于个体起点小，因而增重幅度也相对较小。不同的生长环境对 V 期幼蟹的生长也具有一定的影响，与提水种草环境相比，稻田环境条件下河蟹生长呈前快后慢的趋势，最终成蟹个体较提水种草型为小。

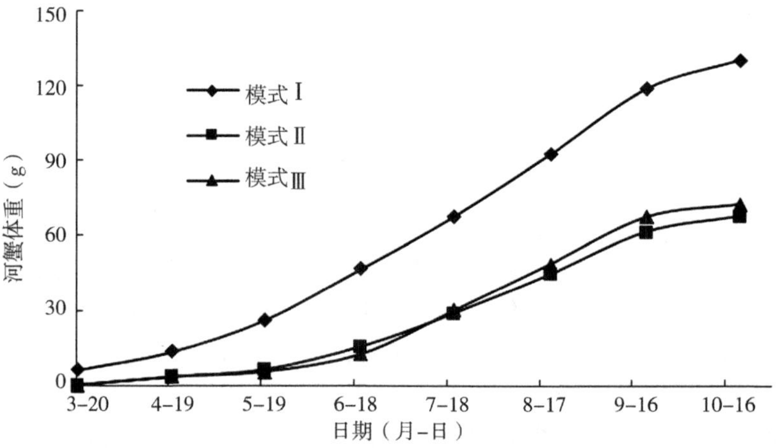

图 12-1 不同模式河蟹生长动态（2002 年）

试验分析了稻田条件下 1 龄蟹种至大规格商品成蟹的生长过程，结果表明（表 12-2），1 龄蟹种在稻田内经过 5~6 次蜕壳后长成成蟹，河蟹生长过程中鲜重与体宽呈指数式关系（雄蟹，$Y = 3.0799e^{0.0069x}$，$R^2 = 0.9894$；雌蟹，$Y = 3.1167e^{0.0075x}$，$R^2 = 0.9798$），河蟹的含水量呈不断下降的趋势。

表 12-2 稻田环境中 1 龄蟹种至大规格商品蟹的生长过程（2002 年）

日期（月/日）	雄蟹（♂）					雌蟹（♀）				
	体长（mm）	体宽（mm）	鲜重（g）	干重（g）	含水量（%）	体长（mm）	体宽（mm）	鲜重（g）	干重（g）	含水量（%）
4/20	3.4	3.2	14.0	3.86	72.4	3.3	3.2	13.2	3.63	72.5

（续表）

日期（月/日）	雄蟹（♂）					雌蟹（♀）				
	体长（mm）	体宽（mm）	鲜重（g）	干重（g）	含水量（%）	体长（mm）	体宽（mm）	鲜重（g）	干重（g）	含水量（%）
5/20	4.1	3.9	30.1	8.82	70.7	4.0	3.8	22.3	6.62	70.3
6/20	5.0	4.7	55.3	15.76	71.5	4.6	4.4	38.1	11.16	70.7
7/20	5.7	5.4	80.8	25.61	68.3	5.1	4.8	55.0	17.38	68.4
8/20	6.9	6.7	108.5	36.46	66.4	5.6	5.4	76.9	25.99	66.2
9/20	7.8	7.5	133.8	45.09	66.3	7.0	6.7	104.0	35.98	65.4
10/20	8.6	8.3	144.3	50.79	64.8	7.8	7.5	116.5	41.59	64.3

二、不同稻渔共作模式产出与经济效益分析

经过8个月左右的稻田饲养，各模式累计蟹、虾、鱼产量及经济效益统计于表12-3。结果表明，投放Ⅴ期幼蟹的三种模式中，河蟹产量以模式Ⅴ为最高，模式Ⅱ其次，模式Ⅳ最低，河蟹的规格以及青虾和鱼的产量也表现出相同的趋势，可见，稻田种草的环境要优于种稻的环境，而种植常优1号则要优于苏香粳1号。放养1龄蟹种的模式Ⅰ河蟹产量较Ⅴ期幼蟹低，但规格较大。放养Ⅲ期仔蟹的模式每公顷可获1龄蟹种540kg左右。从回捕率来看，稻田内Ⅴ期幼蟹高于1龄蟹种，高于Ⅲ期仔蟹，常优1号较苏香粳1号对Ⅴ期幼蟹的回捕率提高较有利，而种稻环境下Ⅴ期幼蟹的回捕率较纯提水养殖为高。同一水稻品种各模式间水稻产量差异不大，品种间常优1号产量高于苏香粳1号。

在经济效益方面，由于各模式在蟹苗种类、数量以及管理上的差异，生产成本各不相同，而经济产值主要受河蟹等水产品的产量及规格所影响，最终经济效益以模式Ⅰ为最高，模式Ⅲ其次，模式Ⅴ再次，模式Ⅱ、Ⅳ相对较低。说明在稻田环境中进行投放1龄蟹种进行大规格商品成蟹培育或繁育1龄蟹种具有显著的经济效益，而放养早繁苗的Ⅴ期幼蟹效益相对较低。

表12-3　不同稻渔共作模式的产出与效益分析（2002年）

模式	河蟹产量与规格				青虾产量（kg/hm²）	鱼产量（kg/hm²）	水稻产量（t/hm²）	总成本（万元/hm²）	总产值（万元/hm²）	纯收入（万元/hm²）
	产量（kg/hm²）	规格（♂）（g/只）	规格（♀）（g/只）	回捕率（%）						
Ⅰ	670.5	142.3	101.2	49.5	121.5	532.5	4.57	1.376	3.883	2.507

（续表）

模式	河蟹产量与规格				青虾产量（kg/hm²）	鱼产量（kg/hm²）	水稻产量（t/hm²）	总成本（万元/hm²）	总产值（万元/hm²）	纯收入（万元/hm²）
	产量（kg/hm²）	规格（♂）（g/只）	规格（♀）（g/只）	回捕率（%）						
Ⅱ	759.0	81.1	55.4	58.2	156.0	540.0	4.53	1.262	2.891	1.629
Ⅲ	541.5	-	-	34.7	183.0	456.0	4.66	1.849	3.980	2.132
Ⅳ	711.0	80.0	54.7	57.8	144.0	367.5	4.25	1.260	2.735	1.475
Ⅴ	904.5	85.2	60.6	47.8	229.5	603.0	-	1.456	3.286	1.830

注：①模式Ⅰ：常优 1 号+1 龄蟹种；模式Ⅱ：常优 1 号+Ⅴ期幼蟹；模式Ⅲ：常优 1 号+Ⅲ期仔蟹；模式Ⅳ：苏香粳 1 号+Ⅴ期幼蟹；模式Ⅴ：水草+Ⅴ期幼蟹。

②总成本包括三个方面：一是水稻生产中种子费、肥料农药费、机械作业费等，二是水产品生产中种苗费、渔药费、饲料费、排灌燃料动力费等，三是固定资产折旧费、土地承包费等。未计人工费用。

③河蟹不同规格价格在 20~50 元/kg 不等，规格越大，价格越高。总产值包括水稻及水产两部分。

第四节　蟹等水产品安全优质高产生产技术

一、稻田的选择与工程建设

1. 田块选择

稻田应选择水源充足，水质清洁，排灌方便，地势平坦，土壤保水能力较强，土质肥沃的田块，以利繁殖浮游生物等活体饵料，土壤以保肥力强的壤土或黏土为宜。稻田面积一般为 0.67~1.33hm² 为宜，面积过小，单位面积投资成本就高，水体对流与交换能力差，水温高，水质较易恶化。

2. 开沟作畦

合理安排好稻田内的一套沟是改善稻田生态环境，提高稻田种养效益的关键。稻田内的沟系主要由暂养沟、围沟和畦面沟三部分构成，不同类型的沟系以及稻畦面，可为河蟹等水生经济动物提供多种栖息、觅食和活动的空间。在稻田一边开挖暂养沟，有条件的可利用田头自然沟、塘，经清整后作为暂养沟。在其他三边开挖环形沟，即围沟，挖出的土用于修筑堤埂，堤埂夯实不漏水，基部宽 3~3.5m，顶部 1m。围沟宽 3~4m，深 1.5m 左右（稻田面向下），这样在最高提水深度时可达近 2m 左右。围沟外侧坡比 1∶2，内侧 1∶1。暂养沟面积占稻田总面积的 10%左右，水深为 2.5m 左右。为使系统内有足够的水体空间以便于河蟹等活动，可视田块大小在稻田内开挖畦面沟，每 8～10m 安排一条沟，沟宽 80～100cm，深度为 40cm 左右，与四周的围沟串通，将开挖的熟土均匀散洒在稻畦面上。畦面沟的合理布置有利于抬高田面，增加水体容量，方便平时的管理操作。总体而言，稻田内种稻面积占总面积 50%～60%，较能兼顾种稻与养殖的效益。

3. 进排水与防逃设施

进水口与排水口一般分布在田的斜对角位置，以使稻田内水体均匀流转，管道要埋得深一些，离沟底 30cm 左右，有利于换水时，排除下层缺氧水。此外河蟹有逃逸习性，稻田必须设墙，在堤埂内侧向下 0.3m 处，沿稻田四周用抗老化塑料膜或钙塑板构建简易防逃墙。

二、河蟹的生物学特征及种苗的选择与放养

1. 中华绒螯蟹的生物学特性

中华绒螯蟹（*Eriocheir sinensis* H. Milne-Edwards）属甲壳纲、十足目、方蟹科、绒螯蟹属，又称河蟹、螃蟹。其生长期一般为两年，在人工精养中，可缩短时间。在河蟹的生活史上，从蚤状幼体、大眼幼体、幼蟹、成蟹到亲蟹，其形态差异十分显著，而每一次变化都发生在蜕壳以后，其躯体也显著增长，所以蜕壳是河蟹生长发育的一个标志，也是其生命活动所必需的一个过程。河蟹一生从卵中孵出的蚤状幼体到最后一次蜕壳大约需蜕壳 18 次。在稻渔共作生态系统中放养的 1 龄蟹种要经 5~6 次蜕壳才能长成商品成蟹。

2. 苗种选择

好的蟹种是高效养殖的关键。在长江下游地区以长江水系的中华绒螯蟹最为适宜，因为长江水系苗种养殖周期稍长，蟹的规格大、生长快、肉质好、价格高。而辽河水系的 1 龄蟹种长成后则因规格小而价格低。必须选择个体整齐、活动敏捷、有嫩壮感、肢体完整健壮、性未成熟的作为放养对象。1 龄蟹种的规格在 160~200 只/kg，该规格在收获时，可长到 6～8 只/kg。此外，水质好或相近的地区培育的 1 龄蟹种成活率高，养殖稻田中培育的 1 龄蟹种成活率更高。

3. 放养技术

1 龄蟹种的放养在当年 10 月份至翌年的 6 月均可放养，但以 2—3 月为宜，每亩放苗 800~1 000 只。搭配的青虾在上年的 10 月下旬或翌年 2—3 月每亩放养 5 000~6 000 尾。鱼种一般放养夏花，以草、鲢、鳙等为主，因为草鱼以稻田杂草及浮水植物为食，鲢鱼以滤食大量浮游植物为主，鳙鱼以滤食大量浮游动物为主，亩放养量草、鲢鱼可为 20 尾左右，鳙鱼为 10 尾左右。这样可以充分利用稻田的饵料资源，净化、活化水质，既促进河蟹生长，又可增加收入。蟹、虾、鱼

苗下塘前要进行严格消毒，能有效地消除其体表附带的寄生虫和病菌。消毒方法为：①在水温为15℃左右，用4%~5%的食盐水（用暂养沟中水），将蟹苗等放入盐水中数秒钟，立即提起1min，再放入盐水中1~2s，提起1min，反复2~3次，而后放入盐水中5~7min。②或用30~50mg/kg浓度的高锰酸钾溶液消毒，方法同前，但浸泡时间控制在20min左右。消毒后将蟹苗等均匀地放入沟中或沟中水草上，让其自然散去，要多点均匀投放。

4. 蟹苗暂养

2—3月购进的蟹苗需进行暂养，暂养在暂养沟中进行，直至水稻分蘖充足后稻田水层大幅度提升，蟹苗等可进入稻田自由觅食，因此暂养期长达4~5个月。暂养沟中应在四周浅水区栽植苦草等水生植物，或将水花生扎成把，漂浮于水面，供蟹苗栖息或隐蔽蜕壳，暂养前期暂养沟水深在80cm左右为宜。蟹苗放养后即开始喂食，3月可少量喂食，4月以后正常喂食，注意经常换水，以防缺氧和水质变坏。

三、创造适宜蟹虾优质高产的生态环境

1. 冬闲清沟与消毒

稻渔共作生产中常会出现这样一种情况，对于一个新建成的稻渔共作稻田前2~3年种养效益较好，河蟹回捕率较高，但此后出现河蟹经常发病、回捕率下降、效益降低的现象。究其原因，主要是忽视了对沟、畦冬闲期的清淤消毒。新开挖的暂养沟与围沟，由于底质较硬，一般底层淤泥较少，不利于病菌和营底栖生活的凶猛鱼类等的生存，但养殖数年后，沟系中淤泥层逐步加厚，大量淤泥无疑为病原体和敌害生物的滋生提供了滋生的场所，影响了河蟹的生长与生存。河蟹为底栖动物，沟系的底质状况对水体溶氧水平及蟹虾的生长关系密切。清沟消毒主要有以下作用：一方面可以改善底质，因为清淤时，大多会排干沟水，将沟底过多的淤泥清除，并且让沟底在阳光下暴晒，或在寒冬冷冻，这些措施会使沟底土壤疏松，改善沟底通气条件，有利于加速腐殖质的矿化过程，消毒措施有利于杀死生物病菌、天敌和争饵的野杂鱼等水生生物；另一方面可以改善水质，沟池中淤泥层越厚，其消耗水中溶氧量也越大，使得养殖水体溶氧水平，尤其是底层水体溶氧量，维持在一个较低的水平，并导致硫化氢、氨等有毒气体大量产生，恶化了水质，严重影响蟹等水生经济动物的生长；此外沟底清除出的肥沃底泥遍撒在稻畦面内，可以有效地培肥稻田土壤，并促进系统内物质与能量的循环与利用，淤泥清除后，沟系水体容量增加，稻畦面相应抬高。本研究对底质中淤泥层不同厚度水平进行了模拟试验，结果表明（图12-2、图12-3），当底部淤泥沉积到一定的厚度时，水体的溶解氧含量显著下降，且与不含淤泥层的对照相

比，溶解氧昼夜差增加。

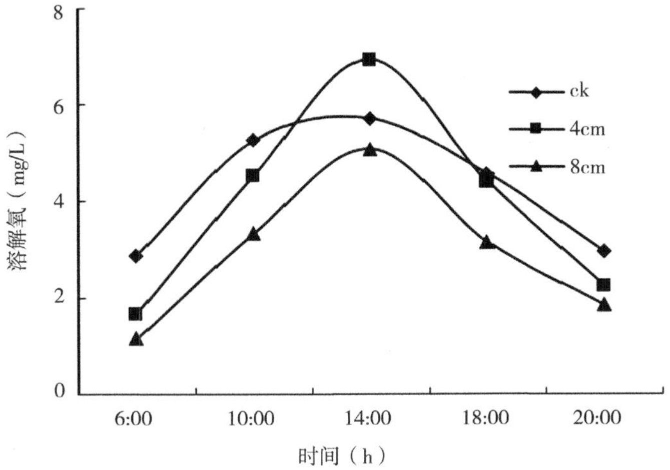

图 12-2　底层黑淤泥沉积厚度对围沟表层水体溶氧的影响

（2003 年 8 月 25 日）

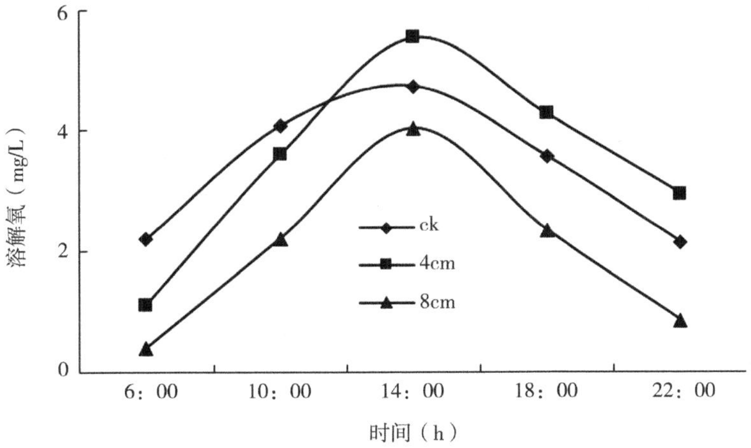

图 12-3　底层黑淤泥沉积厚度对围沟底层水体溶氧的影响

（2003 年 8 月 25 日）

清沟消毒需每年进行或隔年一次，在冬闲期 12 月至翌年 2 月间清除稻田围沟、暂养沟中的淤泥，再用生石灰等药物对沟系和稻畦面等进行消毒。用于消毒的药物主要有生石灰、漂白粉等，禁止使用五氯酚钠、孔雀石绿、氯霉素、红霉素、环丙沙星等。生石灰的效果较好，利用其遇水后发生迅速而剧烈的化学反应，产生氢氧化钙，释放出大量热量，在短时间内使沟水 pH 值上升到 11 以上，从而杀死敌害生物及病菌。消毒时在清淤后的沟中加注 1m 左右深的水，暂养沟与围沟以沟系面积计算，用生石灰 1.88～2.25t/hm^2，兑水泼洒，稻畦面、畦面沟及堤埂用量为 1.13～1.5t/hm^2。

2. 水草栽种

蟹虾的生长环境要求挺水植物、沉水植物、漂浮植物、浮叶植物合理分布，水草的面积要占到水体总面积的 2/3 至 3/4。“蟹要养得好，先看塘中草”，稻渔共作稻田水草的分布具有如下作用：一是栖息作用，蟹在水中一般只能暂时性游泳，大部分时间依靠水草栖息；二是隐蔽作用，蟹虾为防敌害侵袭，主要靠水草掩护，特别是蜕壳时，活动能力、防卫能力很弱，主要靠水草掩护长硬新壳并逐步恢复体质；三是饲料作用，蟹、虾是杂食性动物，水草是其主要的植物性饵料，此外，水草既有利于水中昆虫及微生物繁殖，又提供了天然的动物性饵料；四是清水作用，水草能在光合作用下释放大量的氧气，提高水中溶氧量，特别是水草的种植增加了水体中浮游生物量，使水体的溶解氧水平显著提高；五是有洁水作用，水草能有效吸收水体中的一些有害物质或高温下产生的有毒物质，降低水温，净化水质。

水中的溶氧解大部分是由浮游植物的光合放氧所提供的，不同类型的水生植物对水体溶解氧的影响差异显著。研究表明，挺水植物水体（苇、莆）、浮水植物水体（水花生、菱）、沉水植物水体（苦草、伊若藻）中溶解氧含量以沉水植物为最高，浮水植物次之，挺水植物最低（图 12-4）。

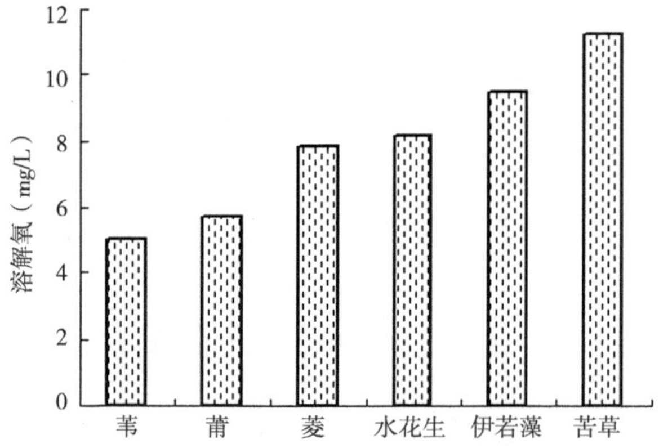

图 12-4　不同水草类型水体溶解氧变化

（2003 年 8 月 28 日，14：00）

而不同密度下水生植物水体溶解氧，挺水植物水稻种植密度越高，溶解氧水平越低，而浮水植物菱与沉水植物苦草则表现为群体密度越高，溶解氧水平越高（图 12-5）。由此说明，水稻作为稻渔共作生态系统内主要的挺水植物，不能完全代替水草，其主要起到供河蟹栖息、隐蔽、蜕壳和洁水的作用。

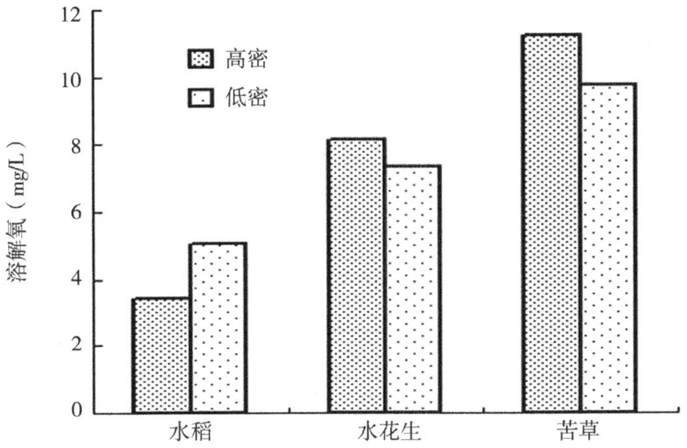

图 12-5　不同水生植物密度对水体溶解氧影响
（2003 年 8 月 28 日，14：00）

因此，在稻渔共作系统沟系内应安排好浮叶植物如水花生、绿萍、菱等以及沉水植物苦草、伊若藻、龙须草等的种植，一般以水花生和苦草为主。水花生一般在 2 月前从河沟中捞取，进行石灰消毒或暴晒，杀灭附着的野生鱼卵和龙虾卵，然后分成若干把用竹竿固定于围沟与暂养沟中。苦草栽种可从河沟连根捞取栽入水中，也可以用种子种植，用种子种植每亩用种 125g，4 月上旬播种。

3. 水质调节

稻渔共作系统内的水体，由于水稻生长期内气温高，水分蒸发量大，蟹等水生经济动物的排泄物多，此外沟系内部分物质的分解及外界投入物质的腐烂变质，水质极易变坏。适时的水质调节是稻渔共作安全高效生产的关键。

（1）水层管理。系统的水层控制应稻蟹兼顾，水稻移栽后随河蟹个体的长大及气温的日渐上升，其活动范围也不断扩大，对水域面积及水层的要求也不断提高，需要及早在稻田内建立浅水层。生产中结合水稻需要和耐深水性，水稻移栽后在稻田内建立 5~8cm 的浅水层，在水稻分蘖长足后逐步提升水位至 20cm，此后至水稻齐穗期逐步加深至 35~40cm 最高水层，水稻灌浆期视气温变化逐步降低水位，保持在 25~30cm，并在收稻前一周排干稻田内水体，以利收稻，此时河蟹大部分捕获结束，余下的进入沟系中生长。稻畦面不同的水层深度对水体溶解氧影响显著（图 12-6），研究表明，随着稻畦面水位的提高，水体溶解氧增加，昼夜差减小。

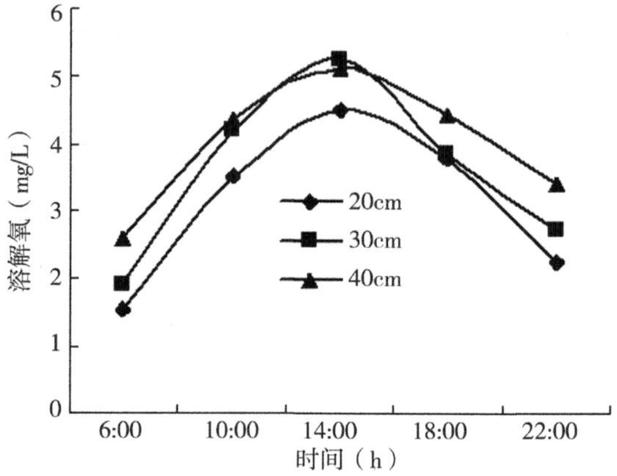

图 12-6　稻畦面不同水深对水体溶解氧的影响

（2003 年 9 月 25—27 日）

种养过程中应定期更换稻田沟系存水，以确保水质清新。换水可采取边排边灌的方法，4—6 月每 10～15 天换水 1/5～1/4；7—9 月每周换水 1～2 次，每次换水 1/3，此外田间由于蒸发量大，应天天注水，保持水深；10 月以后改为每 5～10 天换水一次，每次换水 1/4～1/3。进水口水源要无污染，进水要尽量进水源的上层水，排水口要畅通，排水管道要清到沟底层，以便换水时排除下层缺氧的水。天气特别炎热时，无风闷热、下雾天气，沟内要加大水位，防止造成蟹、虾、鱼翻塘。

（2）水体消毒与补钙。养殖过程中水体的保洁、除菌和水质改善是河蟹等水生经济动物安全高效养殖关键之一。水中钙的含量对河蟹、青虾等蜕壳非常重要，如果缺钙，营养不良，往往导致蜕壳不遂，大批死亡。对水体的定期消毒和补钙，可以调节水体的 pH 值，杀灭水中的寄生虫和病菌，有助于蟹体对钙的吸收并安全蜕壳。方法上主要采用生石灰兑水在暂养沟、围沟和畦面沟泼浇，每月一次，用量为 $300kg/hm^2$。需注意的是，生产中在原来水体硬度本身就大的情况下，施用生石灰应慎重。施用过量，会降低有效磷的浓度，影响浮游植物及水草的生长，另外有机物含量偏低的池塘，生石灰用量过多，也会过度降低水体肥度。

（3）培肥水质。稻渔共作系统中水稻的生长需要施肥，而浮游植物的繁殖也同样需要水体的营养补给。稻田肥料的施用较大程度上培肥了水质，促进了浮游植物及水草的生长与繁殖，但至后期，随着河蟹等摄食强度的增大，水草与浮游植物生长与繁殖的速度不能满足其需要时，应对水体适度培肥，使稻田系统内水体的透明度控制在30~40cm。方法上多以有机肥如粪肥（猪粪、鸡粪或商品有机肥）及磷肥（如普钙）和一些专用水质培肥剂（如“肥渔宝”）进行水体培肥。本研究选择了复合有机肥、普钙和“肥渔宝”三类肥水物质进行水质培肥模拟试验（图12-7）。试验结果表明，培肥后水体的溶解氧水平得到显著改善，其中“肥渔宝”的效果为最佳，其次为复合肥，普钙最低，但均高于对照，这主要是由于水体中浮游生物数量迅速增加的效应所致。值得注意的是，施用有机肥时应在施用前充分腐熟发酵，并少量多次使用，以免其在水体中再分解时耗氧太大造成水体缺氧。

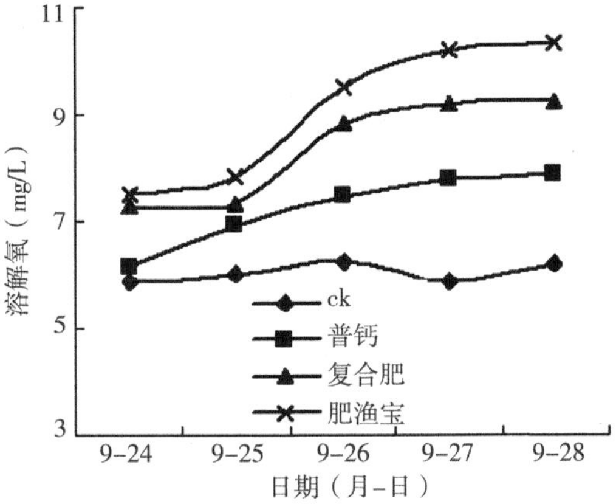

图12-7　不同肥料对水体溶氧的影响

（2003年，14：00）

（4）应用EM技术。EM即有效微生物群，以光合细菌、乳酸菌、酵母菌和放线菌等为主。光合细菌（Photosynthetic Bacteria，简称PSB）是以光和热为能源，以乳酸等为基质，在厌氧条件下能进行光合作用的细菌总称。它是水体中碳、氮、硫循环的重要参与者，可明显改善水质，增加溶解氧，降低氨态氮、硝态氮及硫化物浓度，对净化养殖水体具有重要作用。光合细菌本身的蛋白质含量高达60%，还含有丰富的叶酸、活性维生素类群、辅酶Q、类胡萝卜素等营养成分，是蟹、虾等较为理想的饲料蛋白源和添加剂，近年来，光合细菌在水产养殖上受到了广泛的应用。本研究的模拟试验反映了光合细菌显著的水体增氧作用（图12-8）。

（5）急性增氧。当急性缺氧时，使用过氧化钙、过氧化氢等增氧剂或使用增氧机可迅速增氧。例如在气温很高的夏季，白天表层水温较底层水温高得多，而突然发生雷雨天气，会使表层水温迅速下降，以至比底层水温还低，由于温差的原因，上层水会很快下沉，从而把表层浮游植物光合作用产生的丰富的溶解氧

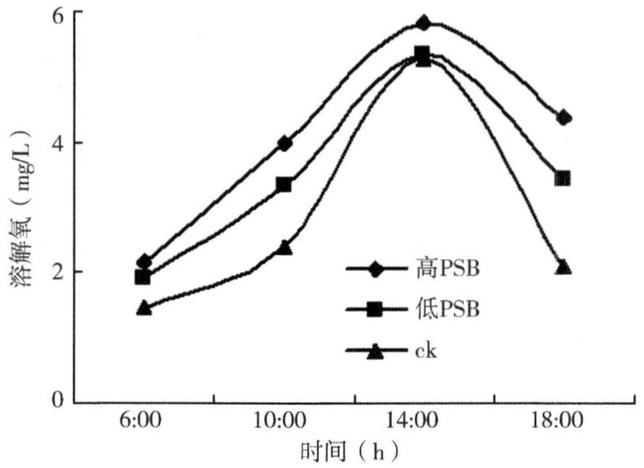

图 12-8　光合细菌对水体溶解氧含量影响

（2003 年 8 月 20 日）

全部带入池底，被底层有机物氧化作用消耗殆尽，整个沟水表层仅有的溶氧立即消失，水体立即缺氧，河蟹上岸、青虾及鱼类浮出水面寻求生存。此外连续的阴雨天，水体中浮游植物光合作用差，而水中一切生物都在耗氧，水体出现氧债，也需要急性增氧。

4. *种稻布局与农药使用*

系统中的水稻及其栽培管理对蟹虾养殖的生态环境有着重要影响，特别是系统内水稻种植布局及水稻生育期内病虫害防治措施尤为值得重视。水稻种植比例不宜过大，系统内过高的种稻比例将直接导致系统内水体的受光面积减少，浮游生物繁殖受到抑制，数量下降，再加上水体流动受阻，严重影响溶解氧水平的提高。据本研究及大面积生产调查结果表明，一般种稻比例占全系统面积的 50%～60%较好，同时要适当增加畦面沟宽度。比较测定表明，当稻田畦面沟宽度由 50cm 增加到 1m 时，显著提高了沟内与相邻种稻区稻畦面水体的溶解氧水平（图 12-9）。水稻的种植密度不宜过密，过密群体郁蔽，透光差，浮游生物繁殖与光合作用受阻，且下层无效分蘖及枯黄鞘增多，腐烂于水体中，恶化了水质，并大量消耗溶氧，一般在（18～22.5）$\times 10^4$ 穴/hm^2 较好。

农药的使用是保证水稻安全生长和产量的重要措施，稻渔共作稻田农药的使用必须以对蟹、虾、鱼等安全无害为前提。由于稻渔共作水稻病虫害的防治主要集中于生育后期的三化螟与稻纵卷叶螟等，因此本研究对防治水稻螟虫较常用的几种农药进行了对蟹、虾、鱼室内安全性试验（表 12-4）。结果表明，20%三唑磷乳油、锐劲特对河蟹存活时间有着显著影响，尤其是三唑磷，其存活时间仅为 1 天，影响最为显著，而 90%杀虫单可溶性粉剂、30%乙酰甲胺磷乳油、0.3%

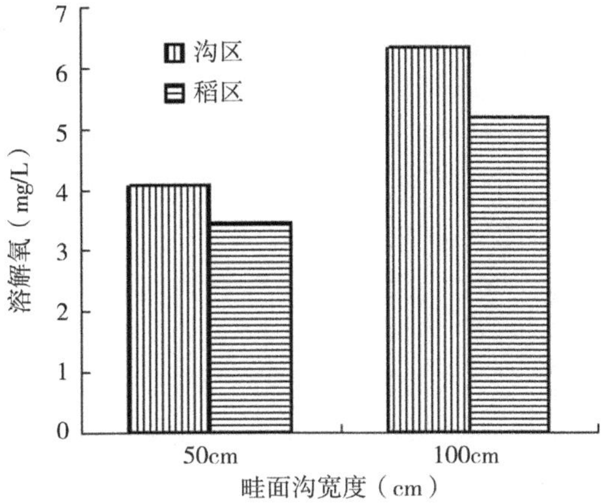

图 12-9　不同畦面沟宽度对水体及种稻区溶氧的影响

（2003 年 8 月 20 日，14：00）

印楝素乳油对河蟹存活时间无影响。对于青虾的存活时间，三唑磷、杀虫单、乙酰甲胺磷均存在不同程度的影响，其中三唑磷影响最大，而乙酰甲胺磷则影响较小，锐劲特和印楝素则没有影响。鲫鱼的存活时间，除三唑磷存在极显著影响外，其他几种药剂均不存在影响。因此，对于常规稻田中使用较多、防效较好的三唑磷、锐劲特等农药均不能在稻渔共作稻田内使用，以免造成蟹、虾、鱼等的中毒死亡。以前的研究与实践对于杀虫单在稻渔共作稻田内使用的报道较多，本研究中杀虫单对青虾表现出一定的毒性，有待进一步深化研究。

表 12-4　防治水稻螟虫所用农药对蟹、虾、鱼的影响

（2002 年 7 月 29 日至 8 月 15 日，江苏兴化）

处理		蟹存活时间(h)	显著性		虾存活时间(h)	显著性		鱼存活时间(h)	显著性	
药剂名	稀释倍数		0.05	0.01		0.05	0.01		0.05	0.01
三唑磷	333	1.0	a	A	8.5	a	A	2.0	a	A
锐劲特	600	3.9	a	B	55.0	c	D	18.1	b	B
杀虫单	250	9.0	b	B	20.4	b	B	17.3	b	B
乙酰甲胺磷	150	9.0	b	B	49.5	c	C	18.2	b	B
印楝素	200	9.1	b	B	56.4	c	D	17.9	b	B
清水对照	-	9.2	b	B	59.9	c	D	18.0	b	B

此外，在农药的施用上，由于本田期农药的使用主要在抽穗前后，此时不仅水稻冠层生物量大，而且蟹虾等个体也已经长大，活动范围扩展，稻田正是它们最主要活动场所，因而应掌握科学的施药方法。一是施药时间，应选取晴天施药，粉剂在早晨露水未干时使用，水剂在傍晚使用，要求尽量将农药喷洒在水稻叶面。晴天中午高温及闷热天气或连续阴天不能施药。雨天勿施药，因为药物易流失，造成药物损失和污染水环境。二是在施药方法上，目前主要采取打药时提高水层，喷雾与地面成45°角，用孔径小的喷雾器或弥雾机，使药物大多留在稻叶上，施药后5~6h进行换水，如施药浓度较大，可将水层再适当加深。或采取隔天分段打药法，第一天在某一段或半块田内打药，另一半田第二天打药，使蟹等有躲藏的机会和场所，不受伤害。

四、饵料的科学投喂

1. 河蟹的食性与饵料的种类

河蟹为杂食性动物，但喜食动物性饵料，如小鱼、虾、螺、蚌、蠕虫、昆虫及其幼虫等，有时也攻击蛙和蝌蚪，并残害同类，对动物尸体尤感兴趣。在饵料的搭配上要求“两头精、中间粗”，即在放养前期和生长后期需要以精料为主，在养殖中期需要以粗料为主。

河蟹的生长速度主要取决于饵料的合理投喂。适用于蟹虾的植物性饲料主要有小麦、豆饼、黄豆、玉米、水花生、苦草、龙须草、南瓜、伊若藻、薯类和各种蔬菜等；动物性饲料主要有螺、河蚌、小鱼、小虾、蚕蛹、肉渣、肠衣、禽畜内脏下脚料等；还有人工配合饲料，它是按照蟹在不同时期生长所需的营养要求，用多种饲料、矿物质、微量元素、药物等加工配制而成颗粒状饲料，一般效果较好。螺是河蟹最佳的活食饵料，既能促进河蟹快速增长，又能起到净化水质的作用。

2. 投饵技术

饵料投喂在放蟹后即可开始，3—5月蟹苗投放不久，要以精料为主，精料占70%左右，以小鱼虾或专用蟹饲料为主，适当搭配一些麦粉、豆饼、麦片等；6—8月以粗料为主，粗料为70%左右，如小麦、豆饼、水草等植物饲料搭配一些小鱼小虾、蚕蛹、畜禽内脏等，并可借助稻田内天然动物植物饵料，如浮萍、绿萍以及水草等，在沟内供幼蟹吃食和栖息隐蔽，此外还有大量的底栖动物及螺、蚌等；9—10月正是其育肥增重期，又以精料为主，增加动物性蛋白饲料，如螺、蚬、蚌、蚕蛹等，搭配饲喂麦类、豆类等植物性饲料。

在饲料投喂量与投喂时间方面，二三月温度较低，蟹虾吃食量较小，少量投喂一些饲料。当水温达到15℃按苗种体重的2%~3%投喂；水温在20℃左右按

4%~6%投喂；水温25℃左右按6%~8%投喂，随着水温的升高和蟹虾等的不断长大，食量加大，投喂量逐步增加，直至后期按预计存量总重的8%~10%的饲料量投喂。此外投喂量的多少还要看蟹、虾的吃食程度，一般以4~5h将投喂的饲料吃完为宜。使用常规饲料时可加入一些蟹、虾饲料添加剂、防病药物，以达到促进生长和防病效果。此外，在其蜕壳前多投喂含钙饲料，或在饲料中添加脱壳素，以增强其脱壳成功率，保证成活。投喂时间上，小蟹期（6月前）每天喂二次，一般掌握在9：00和17：00，随蟹的长大改为一天喂一次（6月后），以17：00为宜。喂料时做到定时、定位、定质、定量。

五、蟹虾病虫害及时预防及敌害生物的清除

对于河蟹而言，虽然稻田的生态环境在较大程度上减轻了蟹病的发生，然而，对于近年来频繁发生的如水肿病、河蟹纤毛虫以及令养殖户极为头痛的颤抖病等，若不加以有效的预防和治疗，同样会损失惨重。

1. 蟹虾等病虫害引起的原因

稻渔共作稻田水体中过量的硫化氢、氨、氰化物、有机农药、重金属离子、酚等，能破坏蟹虾等的鳃和呼吸、循环系统的正常机能，使其窒息而死，水中的各种病菌，有害原生动物，则是通过对蟹虾相应器官的感染，使它们发病、蔓延，并引起死亡。过量的有机物、亚硝酸盐、硫化物、亚铁盐、氨等，都能消耗池水中大量的溶解氧，造成环境缺氧，微生物发生厌氧呼吸，出现厌氧分解，从而产生硫化氢、氨等，又进一步恶化水质，这类毒物还能抑制微生物及蟹虾饵料生物的生长，从而危害蟹虾的健康生长。水稻种植中大量使用农药、除草剂以及药物的不当使用，都会危害蟹、虾、鱼的安全。

2. 蟹、虾病虫害防治方法

稻渔共作稻田中河蟹的主要病害有水肿病、黑鳃病、烂鳃病、长毛病、颤抖病等。蟹、虾为水中生活的小动物，其诊断治疗比陆地动物要难得多，因此应以防为主。本研究采取以下五种方法收效较好：一是用生石灰定期消毒，7月、8月、9月三个月是蟹的发病高峰，从6月开始，每月用生石灰消毒1次，用量300kg/hm^2，兑水后在沟系内泼洒，能起到调节水质、预防病害的作用，同时增强了水中钙质，满足河蟹蜕壳生长对钙质的需要；二是用一些符合无公害（绿色）食品生产的渔用药物进行消毒；三是用生物菌，如光合细菌、反硝化菌等；四是在饵料中加入一些中药如“三黄一板”，即黄连、黄芪、大黄、板蓝根，或者加入蒜泥或商品大蒜素，实践中均取得了较好的防效。

3. 稻田敌害生物的清除

稻渔共作系统内敌害生物主要有水蛇、水老鼠、青蛙、水鸟类、肉食性鱼类

以及青苔等有害水生植物，其中尤以水老鼠危害最大，河蟹夜间在浅水处或堤埂近水处活动，特别是刚蜕壳的软壳蟹，行动缓慢，最易受袭击。因此这些生物敌害必须及时清除。

六、蟹等水产品的捕获

稻田养蟹应及时取捕，一般在 10 月底前后即可取捕，方法可以在进出水口处及围沟内设笼，或在夜间借助灯光在田埂上人工捕捉，最后待收稻后再全田清查捕获，取捕的成蟹可以直接上市或暂养后出售，不达上市规格的可以留作下年继续饲养。

第五节　相关讨论

稻渔共作由于其一地多用以及生态、高效的生产优势近年来在较短的时间内迅速发展到全国绝大多数稻作省份，稻田业已成为蟹、虾等水生经济动物养殖业发展的重要场所。但对于稻田的水产品，比如“稻田蟹”，规格小、外观差等问题也是近年来不争的事实。早期的有关稻渔共作研究绝大部分集中在稻田生态环境的优越性方面，忽视了稻田作为养殖环境某些不利的方面。水稻的生长局限了稻田水体的空间和容量，竞争了水体中浮游生物的光温资源条件，在某种程度上制约了水生经济动物优质高产潜力的发挥。有关这方面的研究近年来也日益受到国内研究工作者的关注和重视。

本研究案例通过水稻品种与蟹苗规格组配模式的田间试验分析与筛选，可见在偏迟熟杂交水稻田中放养 1 龄蟹种，不仅可显著提高商品蟹的规格，而且具有较高的经济效益。稻田的生态环境受种养管理的调控余地较大，措施得当，可显著改善稻田生态环境，从而有利于蟹虾等水产品安全优质的形成。由于所跨学科较多，研究涉及面广，本案例所做的研究尚较初步。

作者认为，有必要在以下 5 个方面进一步加强研究与探索。

(1) 稻田多类水生经济动物的养殖技术。河蟹的暴利时代已经结束，不能再盲目扩大规模，应在现有发展规模的基础上，向其他水生经济动物“分流”，研明相应种养技术关键。

(2) 河蟹种质资源的保护与改善技术。提高苗种的规格与质量，提倡稻田蟹苗自育自养，变“大养蟹”为“养大蟹”，向大规格、高品质的河蟹要效益。

(3) 稻田生态环境的改善途径。通过水稻种植、水质管理等方面的研究与探索，形成结构合理、溶氧充足、天然饵料丰富、水质清洁等特征的稻田生态环境，有利于提高河蟹的外观、规格营养品质。

（4）河蟹优质高产饲喂技术。针对稻田河蟹的养殖特性，进一步研明其食性特点、稻田饵料培育与利用技术、人工饵料合理投喂技术。

（5）稻田成蟹暂养技术。稻田蟹通过后期的暂养可以改善外观品质，并催肥、增重、去腥等，从而有利于提高经济效益。

第十三章　研究案例：稻渔共作优化同步模式研究

第一节　研究目的

以稻田养蟹为主要特征的稻渔共作生产模式在短短几年间迅速由长江下游的江浙地区发展到全国各大稻区，已成为一些地方实施农业产业结构调整，促进农业增效、农民增收的稻田新型利用模式和新的经济增长点。但水稻单产不高、河蟹规格偏小及生产技术滞后等一系列问题严重影响着稻渔共作生产的持续和健康发展。

生产上主要表现为发展缺乏有序的管理和科学技术的支撑，低水平种植与养殖，片面追求养殖面积和产量，忽视稻田水域的生态容纳量，生物间及与季节上搭配不协调，导致稻田正常的生态平衡遭到破坏。而河蟹病害近几年发生频繁，也给生产者造成巨大经济损失，在病害防治过程中滥用药物，不仅加剧生物体内药物残留，而且危害人们的食用健康和周边的生态环境。

因此研究稻渔共作的优化同步模式，协调种植、养殖之间以及与环境的关系，使系统的产出潜力和种养管理协调一致，实现稻渔共作的可持续发展，是我省乃至全国稻渔共作发展的自身需求和必然选择。

第二节　稻渔共作区温、光、水资源特点

试验区所在的江苏省兴化市位于江淮之间，江苏省里下河腹部，南起北纬32°44′，北抵33°13′，东起东经119°43′，西至120°16′，属北亚热带季风湿润区，由于位于北亚热带北缘，东近黄海，境内水面覆盖面大，使农业气候具有过渡性、海洋性、季风性和优于周围地区的特点。

在气象上有“暖中心”之称。常年日光充足、雨水丰沛、气候温暖、四季

分明、炎热不长，严寒较短，无霜期较长，光热资源比较稳定，而降水变化较大。光、热、水峰期同季，但天气变化比较复杂，春季气温回升较慢，冷暖变化大，常年低温阴雨；夏季高温高湿，梅雨季节明显，雨水集中，常有台风暴雨；秋季气温较高，降温较迟，但秋旱或连阴雨相间出现，冬季气温寒冷，雨雾偏少。

该地地势低洼，平均地面海拔 2.4m，境内湖泊众多，河流纵横，属水网圩区，这些河流、湖泊等水系对周围地区的气候影响很大，潮湿的下垫面对低层大气的水汽供给，气团变性都有一定影响。

适合水稻生长的季节一般从 4 月下旬到 10 月底历时半年左右，历经春、夏、秋三个季节。

一、光照资源

本区常年平均太阳总辐射在 $4.82\times10^{9}J/m^{2}$，太阳总辐射的季节变化与温度的季节变化基本一致。全年平均日照时数为 2 313h，日平均 6.3h（图 7-1），日平均气温稳定通过 0℃ 期间的日照数为 2 125h，≥10℃ 期间的日照时数为 1 523h，年日照百分率为 52%。日照的季节变化，春季占年日照时数的 25%，夏季占 30%，秋季占 24%，冬季占 21%。

二、热量资源

温度既是影响水稻生长发育、产量及其品质的重要因素，也是蟹等水生经济动物安全生育与脱壳生长的首要条件。里下河地区热量资源较充裕，年平均气温 15℃左右（图 13-1），一年之内，一月最冷，八月最热，水稻生长季节常年平均气温为 21.5~23.5℃。无霜期常年平均 229 天，无霜冻期（按最低气温≥2℃）常年平均 239 天。日均气温≥0℃的活动积温为 5 486℃左右；日平均气温稳定通过 10℃ 时段为水稻等喜温作物的生长期，一般为 220~230 天，同期积温 4 600℃左右；20℃是水稻旺盛分蘖、安全齐穗的指标温度，也是水稻的适温期，稳定通过 20℃ 的初日，平均出现在 5 月 25 日左右，终日为 9 月 28 日左右，约 125~130 天。

三、水分资源

兴化属里下河地区腹部，境内水陆比例在 3：7 左右，水资源极其丰富，年降水量平均在 1 000mm 左右，在 6—9 月，各月平均雨量均在 100mm 以上，降水的年际变化较大，一般可达 200~300mm，四季雨量分布也很不均衡，春季占 21.1%，夏季占 48.7%，秋季占 20.4%，冬季占 8.8%（图 13-1）。

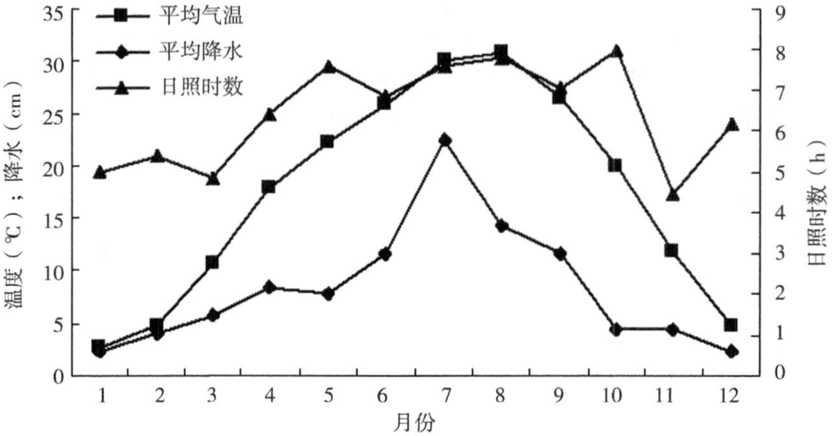

图 13-1　试验区常年气温、日照时数、降水分布

（兴化，1996—2000 年）

第三节　共作 1 龄蟹种生长发育与季节优化同步

稻田的温、光、水资源条件对 1 龄蟹种的生长发育非常重要。河蟹是变温动物，自身缺乏调节体温的能力，体温随着水温的变化而变化。因此，水温的变化将直接影响河蟹的生长和蜕壳。

而水温的变化又受气温的影响，在稻渔共作系统内水体温度一般春季高于气温，而炎热的夏季则低于气温。河蟹在水温 10℃时开始明显摄食，10℃以下摄食能力减弱，在 0℃以下时停止摄食，其最适生长期水温为 22～28℃。

河蟹怕热不怕冷，当水温超过 28℃时蜕壳就会受到抑制。选择在 2—3 月投放的 1 龄蟹种，可以充分利用稻田这一有利的热量资源条件，从投放后的蜕壳生长以及后期的育肥收获均处于较优的水温条件之下，因而有利于其成活率的提高与品质的优化。

稻田的水层深度随气温的升高、河蟹等个体的增大而逐步增加，在夏季高温期一般可达 35cm 左右，从而使稻田水温变化相对于气温大为缓和。

稻田较深的水层十分有利于蟹虾等的栖息与蜕壳生长，据观察，绝大部分河蟹与青虾蜕壳均在稻田内完成，而夏季高温天气，稻畦面是蟹虾主要的栖息场所。

光照对河蟹生长发育的影响是间接的，其主要影响水体中浮游生物的繁殖，以及水体的溶氧状况等水质指标，在1龄蟹种主要的生长季节内，即4—10月，是全年中光热资源最为丰富的时期，十分有利于水体中生物饵料的生长与繁殖，因而在增加水体溶氧量的同时，大大节约了蟹虾等的饲料成本。

6—9月丰富的降雨为稻渔共作系统的深水层的维护和换排水提供了便利。在此种条件下经定点区试验和大量生产的调研表明，规格在160~200只/kg的1龄蟹种2—3月投入稻田，每公顷投放1.2万~1.5万只，一般蜕壳5~6次，在10月底收获时商品规格达6~8只/kg。

第四节　偏迟熟水稻安全生育与1龄蟹种共作期的优化同步

对于偏迟熟水稻而言，4月15日前后播种，肥床旱育，可以充分利用前期的光温资源条件，在5月下旬移栽时秧龄可达7~8叶，带蘖3~4个。水稻肥床旱育可使秧田与稻渔共作稻田分开，有利于在浸种及秧田期集中高效地进行病虫草的防治，某种程度上也避开了秧田药剂选择受蟹等水生经济动物安全要求的限制。

栽入大田后，由于此时气温尚较低，河蟹个体较小，仍留在暂养沟和围沟内生长觅食，一般不会对秧苗构成危害，因此可以充分利用这一时段的光温条件，促进秧苗生长发育健壮，尽早发足茎蘖数，在提深水时茎蘖数达至预期穗数的120%~130%，以适应无效分蘖期逐步加深的水层条件。

稻田的肥料使用也集中在提深水之前的基肥与早分蘖肥上，基肥以生物有机肥为主，为水稻生长发育提供充足的营养条件。

水稻进入无效分蘖期后，此时河蟹个体增大，觅食和活动范围扩大，稻畦面水层不断加深至20cm以上，后发生并淹没于水下的小分蘖成了河蟹摄食的对象，有力地控制群体的过度发展。

稻渔共作期内优越的温、光条件、半深水生态环境以及稻畦面肥料的养分释放繁殖了大量的浮游生物和底栖动物，为蟹虾提供了丰富的饵料资源。而系统由稻畦面向畦面沟、围沟、暂养沟不断加深的水体环境也为蟹虾等提供了生长与栖息的多种生境。

夏季高温到来，水稻群体不断扩大，叶面积指数提高，有效地降低了稻田内水体的温度，利于蟹虾安全避暑。

随着河蟹个体的不断增大，一般在9月进入增肥期，并在10月陆续捕获上市，因而在 10 月中旬即可逐步降低水层，以利于水稻的成熟及收割。

因而偏迟熟水稻 4 月 15 日播种，5 月下旬移栽，足苗后提深水，并在 8 月下旬至 9 月 5 日抽穗，10 月 15—25 日安全成熟，不仅与河蟹生育优化同步，而且也利于水稻优质高产，一般每公顷产量可达 9 吨以上（净面积）。

第五节　稻渔共作优化同步模式

稻渔共作水稻种植实行一年一熟，由于长期深水层覆盖，因而冬闲期一般不应对稻田进行种植利用，这样有利于晒干田面，改善土壤的理化性状，且利用寒冬和初春的低温冻死有害的细菌等微生物。

苗种放养前的 1—2 月，利用冬闲对系统内沟凼进行清淤消毒，有利于改善沟凼的底质状况，并培肥稻田土壤，促进了系统内营养与能量的循环。

在稻渔共作生态体系中 1 龄蟹种与虾苗一般在 2—3 月投放，河蟹于 10 月至 11 月上旬陆续捕捞，生育期在 8~9 个月，青虾在 5—6 月捕捞上市，生育期在 4~5 个月。

偏迟熟水稻的播种在 4 月 15 日左右，一般选用 86 优 8 号、常优 1 号、华粳 3 号、武香粳 14 号等，于 5 月 25 日左右移栽入稻田，生育期为 6 个月左右，在 10 月 15—25 日成熟并收割。

因此稻蟹共生期一般在 5 个月左右，这 5 个月也是一年中温光资源最丰富的季节（图 13-2）。

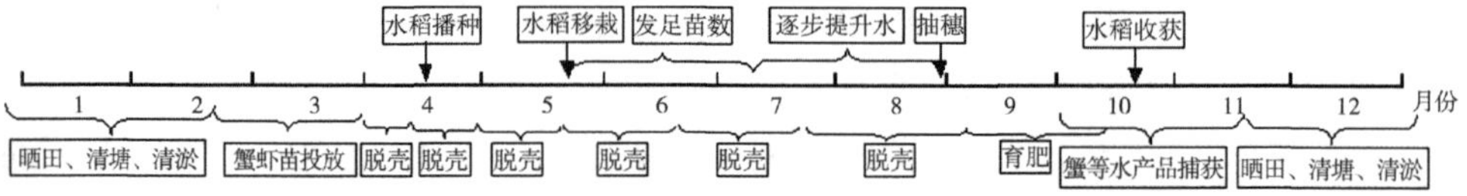

图 13-2　稻蟹生育进程与季节优化同步模式图（江苏里下河地区）

第十四章　研究案例：稻渔共作技术体系效益评价研究

第一节　研究目的

按照农业生态经济系统功能作用的表现形式，可将稻渔共作生产技术体系的效益分为三类，即经济效益、生态（环境）效益及社会效益。经济效益评价则主要衡量系统功能对经济目标的实现程度，揭示系统与外部经济环境之间的平衡状况和经济再生产潜力。生态（环境）效益评价主要对系统运行对生态环境所产生的直接或间接的各种正负影响进行计量与分析，并揭示系统与外部环境之间的平衡状况。社会效益评价主要分析农业生态经济系统的社会适应性程度，揭示系统满足社会需要和对社会所发挥有效作用的状况。

本研究案例对经过水稻种植、蟹等水生经济动物养殖和系统环境优化等关键技术的组装后的优化稻渔共作模式，进行多点试验示范，以常规稻麦两熟模式（ck1）和常规稻渔共作模式（ck2）的调查为对照，进行了经济、生态与社会效益的分析与评价，以期为大面积生产提供参考与指导。

第二节　研究方法

一、试验设计

试验设置优化稻渔共作模式、常规稻麦两熟模式、常规稻渔共作模式三种类型进行比较分析，后两种模式为对照，具体见本文第 3 章的研究案例结果。

试验于 2003 年在江苏省兴化市海南镇许介村进行。供试稻渔共作稻田三块，总面积为 $2.2hm^2$。供试水稻品种为常优 1 号，采用肥床旱育育秧后移栽，4 月 20 日播种，5 月 30 日移栽，22.5×10^4 穴/hm^2，每穴 2 本，株行距为 30cm×

14.8cm，移栽前随耕翻施入黑丰佳876kg/hm²，并于移栽后10天、20天各追施尿素73.5kg/hm²作蘖肥。水稻前期浅水分蘖，水层为5~8cm，6月26日提水控蘖，水层逐步提至20cm，孕穗后保持水层35~40cm；开花灌浆后下降至30cm左右，并在成熟前1周排去水层。在施百克等药剂浸种的基础上，秧苗移栽前用氟虫腈进行高效防治，在大田期分别用井冈霉素、乙酰甲胺磷、印楝素等对纹枯病、三代三化螟、稻曲病和稻纵卷叶螟等病虫进行防治。水稻于10月底收割结束。

各稻田系统内稻畦面占总面积比例均在50%左右，在2月下旬对稻渔共作系统暂养沟、围沟进行清淤消毒处理，之后对沟系提水并在围沟与暂养沟中投放大量扎成把的水花生并固定，3月初在畦边、沟边栽种苦草和伊若藻。3月20日将购回的苗种放入暂养沟或围沟中，其中河蟹（中华绒螯蟹，长江水系，165只/kg）1.5万只/hm²，青虾7.5万尾/hm²，鲢鱼205尾/hm²，银鲫800尾/hm²。放养前用50mg/kg的高锰酸钾消毒。苗种放养后整个生长季节中做好水质管理和水体消毒工作，定期换水，每月1次生石灰消毒，用量为300kg/hm²，兑水后在暂养沟、围沟和畦面沟泼浇。饲料按蟹体重的6%~10%投喂，随个体增大逐步提高比例，以小麦粉、豆饼、麸糠为主，搭配小杂鱼等精料，一日投喂一次。成蟹与青虾于9月下旬至10月底陆续捕获上市，鱼在农历年底捕获上市供春节市场。

二、测定项目与方法

记载整个种养过程中各项成本，对分期捕获上市的河蟹、青虾、鱼等称重计产，根据市价估算效益，水稻成熟期计产并估算效益。以常规稻麦两熟模式与稻渔共作模式的调查结果作对照进行统计分析。

第三节　经济效益分析

试验结果表明（表14-1），优化后的稻渔共作模式由于省肥、少药、免用除草剂等优势，降低了水稻生产成本，节省了劳动力，偏迟熟杂交粳稻的选用，提高了品种的抗性，确保水稻产量潜力的发挥。由于系统内沟、畦、埂配套，各种类型的水体环境分布合理，水质较优。投放的1龄蟹种长成后规格大，青虾和鱼的产量也随之上升，养殖效益提高。优化后的稻渔共作模式较常规稻麦两熟制农田纯收入增加了238%，是常规稻渔共作模式的1.5倍多，每公顷增加纯收入1万多元。

表 14-1　不同稻田利用模式的经济效益分析

（单位：万元/hm^2，2003 年）

生产模式	生产物质成本					产　值				纯收入		
	水稻	小麦	水产	其他	总	水稻	小麦	河蟹	其他	总	纯收入	比 ck1 增
优化稻渔共作模式	0.176	-	0.723	0.476	1.376	0.594 (4.57)	-	2.322 (0.58)	0.968	3.883	2.507	238.0%
常规稻渔共作模式（ck2）	0.213	-	0.580	0.469	1.262	0.444 (3.70)	-	1.685 (0.85)	0.624	2.766	1.504	102.7%
常规稻麦两熟模式（ck1）	0.338	0.292	-	0.158	0.787	1.016 (9.23)	0.513 (5.13)	-	-	1.529	0.742	-

注：①以上数据均以折实面积计。
②水稻与小麦的生产成本包括种子费、肥料农药费、机械作业费、排灌费等。
③水产品的生产成本包括种苗费、消毒与防病用药费、饲料费、排灌燃料动力费等。
④其他生产成本包括固定资产折旧费、修理费、初期费分摊、小农具购置费、土地承包费、田埂及稻田冬闲综合利用生产费等，不计人工费用。
⑤产值栏中括号内均为产量（t/hm^2）。
⑥其他产值包括其他水产品的产值以及田埂作物、冬闲作物产值。
⑦优化稻渔共作模式为试验示范的 3 个农户生产记载，共计 2.2hm^2；常规稻渔共作模式与常规稻麦两熟模式为当地生产调查（详见第 1 章），下同。

第四节　生态效益分析

一、创造了稻田多种生境条件，有利于稻田生态系统生物多样性

稻渔共作生态系统内生境条件多样，水体由稻畦面向畦面沟、围沟、暂养沟逐步加深，形成了由浅入深不同类型的水体环境，水温、溶解氧等主要水质指标适宜，这对于多种生物的生存和繁殖是常规稻田生态系统和池塘生态系统所不能比拟的。在该系统内，挺水植物、浮水植物、沉水植物相间分布，各类水生动物、微生物有了多种生长、繁殖与栖息的环境，这不仅为系统经济利益的主体蟹、虾等水生经济动物丰富了新鲜的饵料资源，同时从生态环境保护的角度看，也极大地保护了稻田生态系统生物的多样性。

2　延长了食物链，物质能量得到高效利用

常规稻田是一个典型的人工生态系统，水稻、杂草、藻类和光合细菌是该系统的主要生产者，它们利用太阳能、二氧化碳、水以及各种无机营养元素，通过光合作用合成有机物质，供人类利用。而杂草、藻类和光合细菌并不给人类提供

有益产品，还和水稻争夺光、水和肥料，需要人工除草，而大量细菌、浮游植物和动物随水流失。稻渔共作复合生态农业体系把两个不尽相同的生态场所有机地结合起来，形成一个新的农田生态系统，与原稻田生态系统相比，由生产者水稻、杂草和消费者蟹、虾、鱼及水生生物构成了一个更为复杂的食物网络结构，水稻小分蘖、杂草、藻类、生物细菌与微型水生动物成了河蟹等水生经济动物优质食物，而系统的排放物则被截留下来作为其他水生植物、动物的肥料或食物，从而使能量、水、肥等的利用率也有了较大幅度的提高，其稳定性及抗御外界冲击的能力也更大。

3　水稻与水产品病虫草害减轻，减少了化学物质使用，有利于农业环境保护

据系统追踪调查，稻渔共作复合生态农业系统内水稻各类病虫大部分发生较轻或不发生（详见第十一章研究案例），稻田内杂草较少并被蟹等摄食，因而不用除草剂并减少了化学农药的使用，或改为生物农药进行防治（详见表 14-2）。化学制剂使用量的减少，使稻田昆虫天敌（蜘蛛、寄生蜂等）数量明显增加（详见第四章研究案例）。由于稻田生物数量大，品种丰富，再加上地形复杂，可改善蟹的活动生境，蟹等水生经济动物病虫害较轻，且传播速度慢，从另一方面减少了渔药使用，一般在放养前做好清塘消毒后，养殖过程中只要定期使用生石灰消毒，不需要使用其他药剂。

表 14-2　不同稻田利用模式水稻生产农药使用比较（2003 年）

生产模式	浸种及秧田期			大田期		
	药剂名称	防治对象	时间及数数	药剂名称	防治对象	时间及数数
优化稻渔共作模式	施百克	二化螟、稻瘟病等	浸种用	井冈霉素	纹枯病及二化螟等	拔节孕穗期
	氰虫腈	二化螟、稻瘟病等	移栽前用	乙酰甲胺磷或印楝素	三代三化螟、纵卷叶螟	破口前后一次
常规稻渔共作模式	施百克	二化螟、稻瘟病	浸种	稻瘟灵	稻瘟病	返青拔节期
	吡虫啉	飞虱	浸种及秧田	扑虱灵	飞虱	7 月中旬
（ck2）	杀虫单	二化螟	秧田 2 次	井冈霉素	纹枯病	拔节孕穗期
				乙酰甲胺磷	三代三化螟、纵卷叶螟	破口前后两次
常规稻麦两熟模式	施百克	二化螟、稻瘟病	浸种	乙苄	杂草	移栽后
	吡虫啉	飞虱	浸种及秧田	吡虫啉	飞虱	返青后 1 次

（续表）

生产模式	浸种及秧田期			大田期		
	药剂名称	防治对象	时间及数数	药剂名称	防治对象	时间及数数
（ck1）	杀虫单	二化螟	秧田2次	稻瘟灵	稻瘟病	返青拔节期
				井冈霉素	纹枯病	拔节孕穗期
				扑虱灵	飞虱	7月中旬
				杀虫单	二化螟、二代三化螟	2次
				三唑磷	三代三化螟、纵卷叶螟	破口前后两次

注：吡虫啉，10%可湿性粉剂；氟虫腈，5%悬浮剂，又名锐劲特；井冈霉毒，5%水剂；乙酰甲胺磷，30%乳油；印楝素，0.3%乳油；施保克，乳油；杀虫单，乳油；稻瘟灵，乳油；乙苄，可湿性粉剂；扑虱灵，25%可湿性粉剂；三唑磷，20%乳油。

四、改善了稻田耕作层土壤理化性状，培肥了地力，减少了肥料投入

稻渔共作稻田长期深水层的覆盖、蟹虾鱼等的新陈代谢和冬闲的塘泥还田，对稻田土壤理化性状产生了显著的影响，土壤水、肥、气、热状况得到了明显改善，表现为容重降低，土壤孔隙度增加，通透性改善，土壤肥力明显提高，土壤有机质及速效氮、磷、钾等含量增加（详见第四章研究案例）。稻田土壤肥力的提高以及养分分解能力的加强，使水稻生产所需的总施肥量减少，一般较常，规稻田施氮总量减少75~105kg/hm^2（详见表14-3）。优化后的稻渔共作模式中由于肥料中有机肥比例增加，前重后轻的施肥措施有利于环境的保护和食品的安全，减轻农业非点源污染。溶解于水中的肥料繁殖了浮游生物并被蟹等水生经济动物取食，降低了对系统外水源的污染。稻田水层的大幅度提高，也可能是抑制甲烷的生成与排放的有效途径。

表14-3　不同稻田利用模式水稻生产肥料使用比较（2003年）

生产模式	肥料组成	总施氮量（kg/hm^2）	基肥比例（%）	有机肥比例（%）
优化稻渔共作模式	腐熟的人畜禽粪等农家肥 腐殖酸肥黑丰佳少量尿素	*225	70%	50%~70%
常规稻渔共作模式（ck2）	腐熟的人畜禽粪等农家肥 尿素、普钙等化肥 常规水稻配方复合肥	*255~300	50%~70%	30%~50%
常规稻麦两熟模式（ck1）	尿素、普钙等化肥 常规水稻配方复合肥	300~330	50%~70%	0%~30%

注：打“*”者为种稻区内的总施氮量。

五、增加了蓄水量，有利于农田小气候的调节

稻渔共作复合生态系统由于挖沟筑埂，水稻生长季节水层提高，极大地增加了稻田蓄水量，因而在干旱季节可发挥隐型水库的功能，而在雨季可缓解抗洪排涝的压力。据观测，一般每亩稻田可增蓄 500m^3 左右的水（种稻区比例以 60%计，平均水深 30cm，沟凼比例以 40%计，平均水深 1.4~1.5m），若建成连片的 1 万公顷标准化稻渔工程田，可增加 7 500 万 m^3 蓄水量，相当于一个投资上亿元，占地数千公顷的中型水库的蓄水量，并且由于水体面积的增大，一定程度上有利于农田小气候的调节，优化农村生态环境。

六、改善了农村生态卫生环境

稻田、沟凼是大量蚊幼、血丝虫等病源生物滋生的地方，而蟹及鱼类则是蚊幼等的克星，可大量地取食，一定程度上控制了蚊虫等的繁殖和疾病的传播，净化了农村的生态环境。稻渔共作是除蚊灭害最经济、最清洁、最科学的一种生物防治方法。

第五节　社会效益分析

一、节本增效，有利于提高农民收入

稻渔共作复合农业生态体系，稻渔兼作，一田多用，提高了土地的利用率，使稻田内的各种物质、能量资源得到充分利用。由于化肥、农药、除草剂等使用的减少，降低了种稻成本。利用稻田优越的生态条件和丰富的饵料生物资源，节省了养殖成本。种养结合，统一管理，节省了劳动力。所有这些对人多地少土地资源非常贫乏的中国来说尤其意义重大。稻渔共作打破了粮食生产单一的经营形式，优化了水网地区农村经济结构，有利于调动农民群众发展“二高一优”农业的积极性，促进农村致富。同时这种技术密集型的生态工程提高了土地利用率，增加了单位耕地对劳力的吸纳力，增加了农民当地就业岗位。

二、食品安全，有利于人体健康

稻渔共作复合农业生态体系生产无公害、绿色农、渔产品，且收获的食物总量中蛋白质大幅度增加，改善了人们的食物结构，增加了高营养食品的供应，不但可以提高生产的效益，增加农民收入，而且有利于人们的身体健康。

三、技术密集，有利于提高农民素质

稻渔共作复合农业生态体系以生态学、生态经济学为理论指导，利用系统方法集成水稻栽培学、水产养殖学、生态学知识的新技术，促进生态、经济协调发展，是一种很有发展潜力的持续农业模式，其示范、推广与应用可以增强农民的生态、资源与环境意识，提高农民的科学、文化素质。

四、因地制宜，有利于发展地方特色经济

长江下游水网地区由于耕地肥沃，河网密布，水面大，湿地资源丰富，历来是我国重要的粮食和水产品的生产基地。但长期以来，注重产品数量的增加，忽视了产品质量的提高，名、特、优产品少。近年来，围绕湿地的综合利用和农业结构调整，稻渔共作、稻鸭共作等复合生态农业蓬勃发展，一批优质绿色食品大米与水产品，迅速占据了国内外市场，具有十分广阔的发展前景，带动了地方经济的发展。在江苏省许多县市，稻渔共作生产得到政府部门的高度重视，已被作为一项重要的农民致富的产业加以开发，并初步形成生产、加工、销售一条龙的产业链。

在通过科技进步、调整产业结构、提高农民收入及加强环境保护被全社会高度重视的新时期，本研究所建立的稻渔共作安全优质高效生产技术体系，有利于显著提高单位面积土地上绿色优质稻米与水产品的产出率及效益，可从一个重要方面为农民排除近几年来经济收入增长的困难，并增强稻米与水产品在国内外市场的竞争力，加快绿色稻米产业与淡水养殖产业的升级，促进稻渔复合农业走向高效化、区域化与产业化，推动稻区生产技术革命，逐步把稻渔共作地区建成环境质量不断改善、农村经济更加繁荣的现代鱼米之乡。因此，本技术体系不仅可在南方同类地区大面积推广，而且也可供北方稻区借鉴或应用。

第十五章　研究案例：稻渔共作生产技术规范研究

第一节　研究目的

稻渔共作是水稻种植与蟹、虾、鱼等水生经济动物养殖二者互利共作的复合生态农业模式。自 20 世纪 90 年代以来，稻渔共作面积在我国急剧上升，已成为农业产业结构调整中备受关注的重点之一。

但同我国大多数生态农业的发展一样，稻渔共作虽有生产实践方面先进的优势，但绝大部分仍停留在生产经验的水平上，缺少规律性的认识，生产技术的科学化、规范化程度不高，生产的水稻与水产品品质不优，产量不稳，不利于技术与生产成果的巩固和进一步发展。因此，加强稻渔共作生态农业体系的科学试验与系统研究，建立安全优质高效的生产理论与技术体系成为当前稻、渔工作者迫切需要解决的重要课题。为此，本研究在长江下游稻渔共作分布最集中、面积最大的江苏里下河稻区（兴化市）稻渔共作生产现状调查的基础上，分别就稻渔共作生态系统中的生态环境、水稻、蟹（虾、鱼等）三个方面要素的特征与相关技术进行系统研究，提出稻渔共作优化同步模式，在此基础上，初步制定了稻渔共作安全优质高效生产技术规范。

第二节　技术规范模拟制定

一、范围

本标准规定了稻渔共作的类型、环境条件、苗种放养、饲养管理、水稻栽培的技术规范。

本标准适用于稻田以蟹为主的蟹、虾、鱼类混养。其他水产动物饲养亦可参照执行。

二、规范性引用文件

下列文件中的条款通过本标准的引用而成为本标准的条款。凡是注日期的引用文件，其随后所有的修改单（不包括勘误的内容）或修订版均不适用于本标准，然而，鼓励根据本标准达成协议的各方研究是否可使用这些文件的最新版本。凡是不注日期的引用文件，其最新版本适用于本标准。

NY/T 393 绿色食品　农药使用准则

NY/T 394 绿色食品　肥料使用准则

NY/T 391 绿色食品　产地环境技术条件

GB 1350—1999 稻谷

NY 5064—2001 无公害食品　中华绒螯蟹

NY/T 5065—2001 无公害食品　中华绒螯蟹养殖技术规范

NY 5071—2001 无公害食品　渔用药物使用准则

NY 5051—2001 无公害食品　淡水养殖用水水质

NY 5055—2001 无公害食品　稻田养鱼技术规范

GB 11607—89 渔业水域水质标准

三、稻渔共作类型

冬闲一熟稻田，放养 1 龄蟹种为主，并混养青虾及少量鱼类。

四、环境条件

1. 水源

水源应符合 NY/T 391、GB 11607—89 的要求。

2. 水质

水质应符合 NY/T 391、GB 11607—89 的要求。

五、稻田选择与改建

稻田应选择水源充足，水质清洁，排灌方便，地势平坦，土壤保水能力较强，土质肥沃的田块，土壤以保肥力强的黏土、壤土为宜。建设面积一般在 0.67~1.34hm^2 为宜。在稻田一边开挖暂养沟，其他三边开挖环形沟，挖出的土用于修筑堤埂，堤埂夯实不漏水，基部宽 3~3.5m，顶部 1m。围沟宽 3~4m，深 1.5m 左右（稻田面向下），这样在最高提水深度时可达近 2m 左右。围沟外侧坡比 1∶2，内侧 1∶1。暂养沟面积占稻田总面积的 10%左右，最高水深可达 2.5m

左右。稻田内开挖畦面沟，每 8~10m 安排一条沟，沟宽 80~100cm，深度为 40cm 左右，与四周的围沟串通，将开挖的熟土均匀散洒在稻畦面上。稻田种稻面积占系统总面积的 50%~60%为宜。进水口与排水口分布在田的斜对角位置，管道离沟底 30cm 左右。稻田必须设墙，在堤埂内侧向下 0.3m 处，沿稻田四周用抗老化塑料膜或钙塑板构建简易防逃墙。

六、苗种放养

1. 放养前准备

（1）清塘消毒。对已建成的稻渔共作系统沟系、稻畦面等要在冬闲期进行清沟与消毒，清除沟中的淤泥，用生石灰对沟系和稻畦面等进行消毒。用于清沟的药物为生石灰，消毒前在清淤后沟中加注 1m 左右深的水，暂养沟与围沟以沟系面积计算，用生石灰 1 875~2 250kg/hm^2 兑水全池泼洒，稻畦面、畦面沟及堤埂用量为 1 125~1 500kg/hm^2。

（2）移植水草。稻渔共作系统应挺水植物、浮叶植物和沉水植物合理分布。种植的水草品种有浮叶植物喜旱莲子草（又名水花生）、绿萍、菱等以及沉水植物苦草（又名水韭菜）、伊若藻、龙须草等，一般以喜旱莲子草、苦草和伊若藻为主。喜旱莲子草，在 2 月前从河沟中捞取，并进行石灰消毒或暴晒，杀灭附着的野生鱼卵和龙虾卵，然后分成若干把用竹杆固定于围沟与暂养沟中，每 5m 为 1 处。苦草栽种从河沟连根捞取栽入水中，也可以用种子种植，用量 2.0kg/hm^2，4 月上旬播种。沉水类水草种植在围沟浅水处及畦面沟内。

2. 蟹种放养

（1）放养时间。1 龄蟹种的放养在当年 2—3 月进行，青虾在上年的 10 月下旬或当年 2—3 月。

（2）蟹种质量。放养长江水系的中华绒螯蟹，1 龄蟹种。必须选择个体整齐、活动敏捷、有嫩壮感、肢体完整健壮、性未成熟的作为放养对象。1 龄蟹种的规格在 160~200 只/kg。以水质好或相近的地区培育的 1 龄蟹种成活率高，养殖稻田中培育的 1 龄蟹种成活率更高。

（3）苗种消毒。在水温 15℃左右，用 4%~5%的食盐水（用暂养沟中水），将蟹苗等放入盐水中数秒钟，立即提起 1min，再放入盐水中 1~2s，提起 1min，反复 2~3 次，而后放入盐水中 5~7min；或用 30~50mg/kg 浓度的高锰酸钾溶液消毒，方法同前，但浸泡时间控制在 20min 左右。

（4）放养密度。1 龄蟹种每公顷放养 12 000~15 000 只（水体比例越大，放养密度越高）。搭配青虾虾苗 75 000~90 000 尾/hm^2，鲢鱼 300 尾/hm^2 左右，鳙鱼 150 尾/hm^2 左右。将消毒后的蟹苗多点投放，均匀地放入沟中或水草上，让其自行散去。

七、水稻栽培

1. 品种选用

水稻要选择优质、高产、抗病、抗倒且耐深水的迟熟中粳、早熟晚粳或中熟晚粳品种。

2. 播栽时间及方式

采用肥床旱育，4 月 15—20 日播种，5 月 25—30 日移栽入大田。加强浸种和秧苗期病虫害防治。

3. 栽插密度

栽插密度为 18 万～22.5 万穴/hm^2，杂交稻每穴 2 本，常规稻每穴 3 本。

4. 施肥技术

肥料使用符合 NY/T 394 的要求。总施氮 180～225kg/hm^2，肥料采用腐殖酸类肥黑丰佳一次性基施，或在基施黑丰佳（占总施氮量的 50%～70%）的基础上，在移栽后 20 天内追施尿素作分蘖肥。

5. 农药使用

农药使用符合 NY/T393 的要求。在做好浸种与秧田期防治的基础上，主要防治螟虫与稻纵卷叶螟，在抽穗破口期用乙酰甲胺磷或乙酰甲胺磷与印楝素乳油的复配剂防治三代三化螟，兼治稻纵卷叶螟，抽穗前后用井冈霉素防治纹枯病与稻曲病。

八、水质管理

1. 水层管理

水稻移栽后在稻田内建立 5～8cm 的浅水层，在水稻分蘖长足后逐步提升水位至 20cm，此后至水稻齐穗期逐步加深至 35～40cm 最高水层，水稻灌浆期视气温变化逐步降低水位，保持在 25～30cm，并在收稻前一周排干稻田内水体，以利收稻，此时河蟹大部分捕获结束，余下的进入沟系中生长。

2. 换水

换水可采取边排边灌的方法，4—6 月每 10～15 天换水 1/5～1/4，7—9 月每周换水 1～2 次，每次换水 1/3，10 月以后改为每 5～10 天换水一次，每次换水 1/4～1/3。

3. pH 值

pH 值在 7～8，每月一次生石灰，生石灰用量以水体体积计为 10～15g/m^3。

4. 透明度

保持30~40cm。必要时通过腐熟的农家肥进行培肥水质。

5. 溶解氧

围沟与暂养沟水体24h中，16h以上大于5mg/L，其余任何时候不低于3mg/L；稻畦面水体16h以上须大于3mg/L。采用光合细菌等可以达到净化水质，提高水体溶解氧水平的作用。

九、饲料投喂

1. 饲料

适用于蟹、虾等的植物性饲料主要有小麦、大麦、豆饼、黄豆、玉米、苦草、龙须草、南瓜、伊若藻、薯类和各种叶菜等；动物性饲料主要有螺、河蚌、小鱼、小虾、蚕蛹等。

2. 日投饲量

2、3月份温度较低，蟹虾吃食量较小，少量投喂一些饲料。当水温达到15℃按苗种体重的2%~3%投喂；水温在20℃左右按4%~6%投喂；水温在25℃左右按6%~8%投喂，随着水温的升高和蟹虾等的不断长大，食量加大，投喂量逐步增加，直至后期按预计存量总重的8%~10%的饲料量投喂。

3. 投饲方法

投喂地点选择在围沟、暂养沟及稻畦面边际的浅水处，喂料时做到定时、定位、定质、定量。

十、病害防治

1. 预防方法

预防应采取如下措施。

a 干塘清淤并消毒；

b 保持养殖水体内大量水草；

c 搞好苗种消毒工作；

d 适时调控好水质。

2. 治疗方法

病害防治药物的使用执行NY5071标准。结合饲料投喂，加入中药“黄连”“黄芩”“大黄”“大蒜素”及光合细菌等可以起到较好的预防和治疗的效果。

十一、日常管理

1. 巡塘

结合早晚投饵察看河蟹蜕壳生长、病害、敌害情况，对敌害生物水蛇、水老鼠、青蛙、水鸟等应及时捕捉和清除。检查水源与系统内水体是否污染、变质、缺氧等。

2. 防逃

定期检查防逃设施及堤埂并及时修补裂缝。

十二、捕捞收获

1. 捕捞

10 月起河蟹开始捕捞，方法可以在进出水口处及围沟内设地笼，或在夜间借助灯光在田埂上人工捕捉，最后等收稻后再全田清查捕捉，取捕的成蟹可以直接上市或暂养后出售，不达上市规格的可以留作下年继续饲养。青虾在 6 月起即可捕捞，鱼在 10 月底后开始捕捞。

2. 水稻收获

水稻在 10 月 15—30 日成熟，稻田在水稻成熟前 1 周排干稻田水分，并等稻田田面较干后割稻收获。

结　语

以稻渔共作为主体的稻田综合种养一直以来都是生态农业理论与产业发展、网络舆情传播及农产品市场营销的热点，然而在实际生产中确有着较多的痛点。这其中最大的矛盾就是稻渔共作因地制宜下的农耕传统与市场逐利的野蛮发展之间的不调和。

在作者看来，在强调农业绿色可持续发展的今天，这种矛盾不是缓解了，而是加深了。面对农业供给侧改革和绿色可持续发展，稻米产业从业者是以科学的态度尊重稻渔共作的生态协调性，还是追逐生态概念、借机提升稻米等产品价格，在市场经济和社交电商蓬勃发展的今天，恐怕更多的人选择了后者。

作者近年来也参观调研了不少稻田综合种养的生产一线基地，看到的“四不像”畸形模式数不胜数。拿作者当年研究的江苏省兴化市来说，属于典型的里下河地区，地势低洼，尤其西北地区，河沟纵横或连片，因此，发展稻渔共作充分发挥了稻田种植和养殖环境的双向优势。但在其他地方，我们过度地去复制这样的模式，一哄而上，明显是缺少天然的环境生态条件，加上近年来国家对耕地的管理越来越规范，造成稻田综合种养四处开花，又“四不像”的情况就不显得奇怪了。

针对当前的稻渔共作发展，作者觉得以下问题依旧突出。

稻渔共作发展缺乏有序的管理和合理的布局，生产呈现无序化。大规模的稻渔共作生产仅有短短的十几年的历史，但发展速度之快，推广面积之广，是以往少有生产模式所能比拟的。常规的水稻生产与水产养殖都经过了漫长的品种演化、区域选择、技术创新等过程才形成今天这种生产格局。而稻渔共作生产一般由地方政府积极提倡、农民自发采纳而在短期内迅速形成较大规模，由于生产技术严重缺乏，加上发展缺少有序的管理和因地制宜的合理布局，生产无序化严重，不同地区经济、生态效益差异显著。

稻渔共作生态学机理研究系统性不强，理论分析多，实践依据仍然较少。稻渔共作在政府推行、技术部门宣传报道、农民生产过程中片面强调高产高效的生态优势，且对稻渔共作的生态学机理理论分析的多，实践依据的少，应用到生产上，常常带来可操作难度大，矛盾与问题突出。而以往较多的研究报道以生产性试验为主，缺乏对稻渔共作生态学机理的系统研究，在稻渔共作生态系统的环境特点、稻田内蟹虾等生长发育特性方面研究薄弱。

稻渔共作生产技术水平低，片面追求经济产出，不注重种养协调发展。稻渔共作生产迅猛扩张的规模和滞后的生长技术是当前稻渔共作发展的突出矛盾，大部分的稻渔共作生产者在从事生产之初没有任何经验与技术积累，但求富心切，在生产中往往不择一切手段，力求高投入高产出，但结果适得其反，因而造成了如今“稻田蟹”“稻田龙虾”等规格小、色泽口味差、效益低、水稻单产低、生产安全性得不到保障的生产格局。稻渔共作生产只有在时间、空间及生物个体大小配合适时、恰当时才能最大程度地发挥二者之间相辅相成的关系。但生产中由于种养不协调，顾此失彼，不少地方稻渔共作生产的进一步发展已面临严重危机。

上述问题客观而实际，需要同行们本着科学的态度，加强协作和研究攻关，共同推进稻渔共作产业因地制宜、适度规模、绿色协调发展。

参考文献

卞有生，金冬霞，邵迎辉，2000. 国内外生态农业对比——理论与实践［M］. 北京：中国环境科学出版社.
卞有生，张凤廷，1999. 中国农业生态工程的理论与实践［M］. 北京：中国环境科学出版社.
蔡晨，李谷，朱建强，等，2019. 稻虾轮作模式下江汉平原土壤理化性状特征研究［J］. 土壤学报，56（1）：217-226.
曹凑贵，汪金平，邓环，2005. 稻鸭共生对稻田水生动物群落的影响［J］. 生态学报（10）：2 644-2 649.
陈灿，郑华斌，黄璜，等，2016. 新时期传统稻鱼生态农业文明发展的再思考［J］. 作物研究，30（6）：619-624.
陈昌齐，刘方贵，1995. 稻田养鱼原理与稻作技术［M］. 北京：中国农业出版社.
单正军，王连生，蔡道基，等，2001. 用稻田模拟生态系统研究农药氯唑磷对水生生物安全性的影响［J］. 南京农业大学学报，24（3）：93-96.
邓强辉，潘晓华，吴建富，等，2007. 稻鸭共育生态效应及经济效益［J］. 生态学杂志（4）：582-586.
顾玲玲，李宏伟，安树伟，等，2017. 稻虾共作种养生态模式及技术应用［J］. 中国水产（11）：91-92.
国家环境保护局，1995. 中国生态农业适用模式与技术［M］. 北京：中国环境科学出版社.
季海军，米长生，陆海空，等，2017. 盱眙县稻虾综合种养的现状、存在问题及对策［J］. 北方水稻，47（1）：62-64.
李岩，王武，马旭洲，等，2013. 稻蟹共作对稻田水体底栖动物多样性的影响［J］. 中国生态农业学报，21（7）：838-843.
林传政，吕泽林，周远清，等，2015. 不同稻鱼共生方式对水稻性状及稻鱼产量的影响［J］. 耕作与栽培，（6）：19-21，43.
毛晓梅，潘建清，黄际来，2009. 稻鸭共育技术在有机稻米生产中的推广应用［J］. 安徽农学通报（上半月刊），15（13）：63，96.
孙业红，闵庆文，成升魁，等，2006. 农业文化遗产旅游资源开发与区域社会经济关系研究——以浙江青田“稻鱼共生”全球重要农业文化遗产为例［J］. 资源科学（4）：138-144.
王欣，闵庆文，吴殿廷，等，2006. 基于全球重要农业文化遗产的旅游开发研究——以青田稻鱼共生农业系统为例［J］. 地域研究与开发（5）：63-67.
王玉堂，王友田，1994. 稻田生态渔业利用技术［M］. 北京：中国农业出版社.
吴万夫，张荣权，2000. 渔业工程技术［M］. 河南：河南科学技术出版社.
熊振民，蔡洪法，1990. 中国水稻［M］. 北京：中国农业科技出版社.
徐琪，杨林章，董元华，1998. 中国稻田生态系统［M］. 北京：中国农业出版社.
杨代凤，董明辉，顾俊荣，等，2019. “稻-虾-草-鹅”周年高效循环种养模式关键技术［J］. 安徽农学通报，25（9）：47-48，52.
杨京平，2001. 农业生态工程与技术［M］. 北京：化学工业出版社：151-155.
杨天娇，易芙蓉，傅志强，2019. 稻虾种养模式的经济效益评价及节本增效途径分析——基于南县的实证研究［J］. 作物研究，33（5）：432-436.
杨勇，胡小军，张洪程，等，2004. 稻渔（蟹）共作系统中水稻安全优质高效栽培的研究Ⅴ. 病虫草发生特点与无公害防治［J］. 江苏农业科学（6）：21-26.
杨勇，张洪程，杨凤萍，等，2004. 稻渔（蟹）共作系统中水稻安全优质高效栽培的研究Ⅱ. 稻蟹生育与季节优化同步模式［J］. 江苏农业科学（3）：14-17.
曾宪磊，陆诗敏，刘兴国，等，2018. 稻蟹复合模式不同区位浮游生物多样性分析［J］. 江苏农业科学，46（12）：67-70.